東京裏返し

社会学的街歩きガイド

Shunya

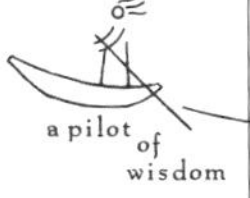

目次

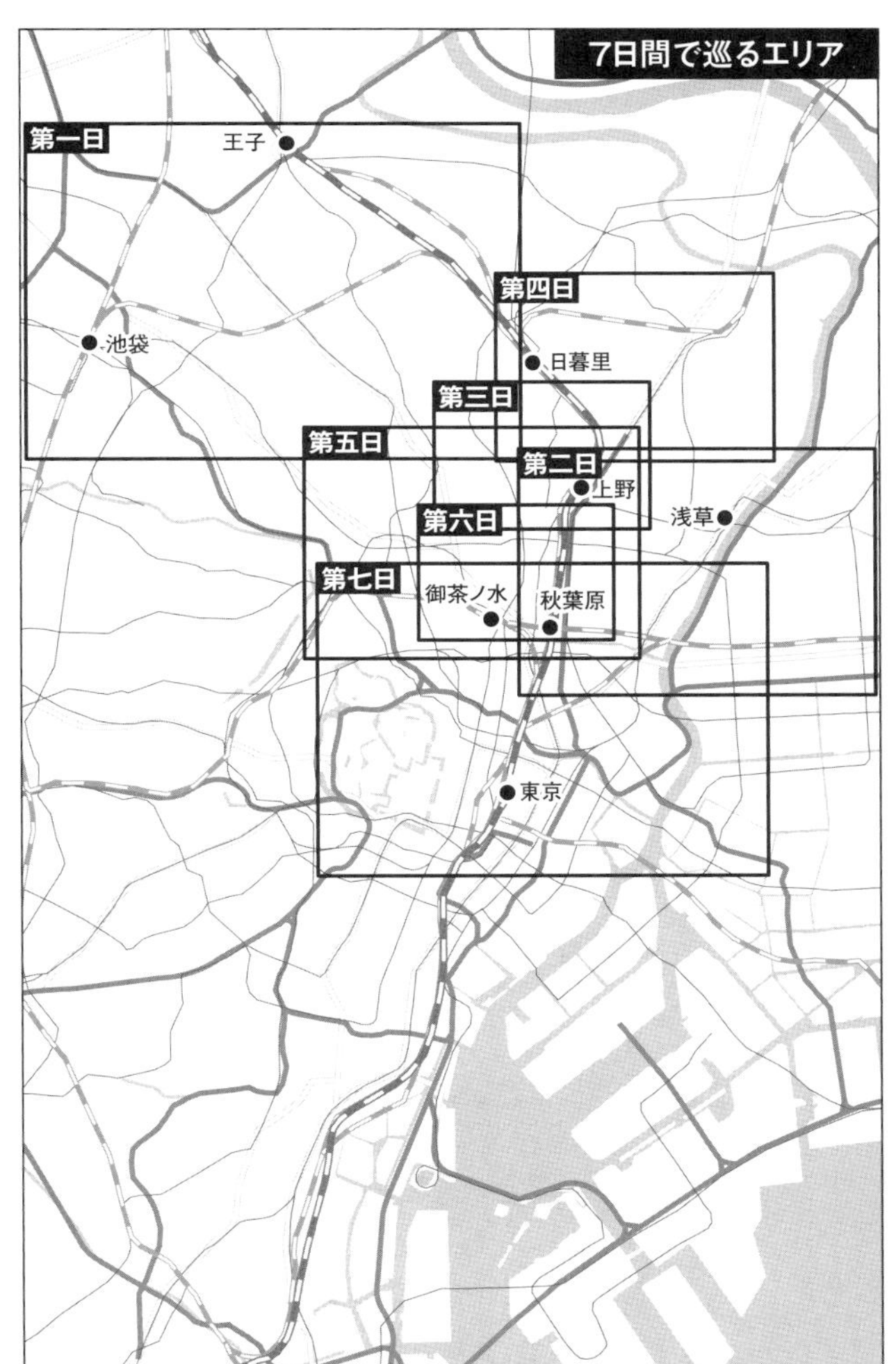
7日間で巡るエリア
第一日
王子
池袋
第四日
日暮里
第三日
第五日
第二日
上野
浅草
第六日
第七日
御茶ノ水
秋葉原
東京

はじめに　モモと歩く東京——時間論としての街歩き

（1）「街歩き」は何を生んでいるのか

今、街歩きが盛んです。このブームを大衆的なレベルで象徴するのは、もちろんＮＨＫの「ブラタモリ」でしょう。二〇〇九年に第一シリーズが放映され始めた頃は、木曜の夜遅い時間帯の番組でしたが、二〇一五年から土曜の夜七時台に移り、視聴率も一〇％以上と、すっかりメジャーな番組になりました。ただ、内容的には木曜夜遅く、フィールドも東京圏に絞っていた頃の方がずっと充実していた気がします。対象が全国に広がり、土曜のゴールデンタイムに移ってからは、何だか普通の観光番組になってしまった印象があります。

「ブラタモリ」人気の背景には、高齢化と余暇時間の増加、健康ブームでちょっと街歩きをして今まで知らなかった土地の歴史に触れ、自分の健康にも役立てたいという層が拡大していることがあるでしょう。しかし、街歩きの隆盛をいくつかの社会学的要因で説明することよりも、もっと大切なことがあります。それは、「街歩き」によって身の回りの都市の経験のされ方が変化してきていることです。渡辺裕さんは『まちあるき文化考』（春秋社、二〇一九年）で、街歩きのブームがさまざまなメディアコンテンツによる物語化と不可分な関係にあるとし、「見慣れた土地の風景が、ちょっと見方を変えることで新たな光のもとに見直され、そこに今までになかった価値が賦与」されていると論じます。

渡辺さんの「まちあるき＝コンテンツツーリズム」論のポイントは、街歩きが単なる物語の追体験以上のものだという認識です。たとえば彼は、コンテンツツーリズムの原型として「文学散歩」に言及しますが、そこで実践されてきたのは、単なる作品の読者による追体験ではなく、「作品を現実の都市と結びつけ、重ね合わせる」生産的な場の生成でした。そこではまず、「作品との関わりの中で都市の記憶が形作られ、また変容を蒙（こうむ）りつつ、われわれの中に刻み込まれ」ます。しかし、そうした作品を通じた集合的記憶は、その都市を巡る集合的イメージが形作られる基盤ともなり、そうしてメディアのなかの物語は「都市の側にも投げ返され、そのイメージを作り変えてゆくというダイナミックな関係」が生み出されます。「街語り」と「街歩き」と「街づくり」のトライアッドな関係が存在するのです。

このように経験の場としての都市＝テクストという前田愛以来の都市論の系譜上で現代の街歩きを捉え返すなら、私たちが日常のなかで自明化しているのとは異なる時間がそこで経験されていることに気づきます。いうまでもなく、文学は日常とは異なる時間の経験であり、この点では映画やマンガ、音楽、さらにはテレビドラマですら同じです。近代産業社会は、人々の日常の時間を画一化する一方で、さまざまなメディア消費を通じて人々に産業的時間とは異なる時間経験を提供してきました。人々は、街歩きを通じ、メディアの物語に編み込まれている時間と、現実の都市に流れている時間の間を何度も跳躍するのです。

ですから街歩きの本質は、日常とは異なる物語的時間を、日常的な都市風景のなかで生きることにあります。これは、たとえば若者たちの「聖地巡礼」に顕著です。聖地巡礼とは、アニメやマンガ、ドラマなどの舞台となった土地や、登場人物に関わる場所に、物語のファンが訪れ、その「聖地」で自分なりの物語を体験し直す現象を指します。ファンは、しばしばその場所にいる自分を撮影してネットに公開します。つまりこの現象は、①ある場所や施設のメディアによる物語化、②ファンによる物語の消費を通じた「聖地」のイメージ構築、③ファンたちが「聖地」として名指された場所を実際に訪れることによる地域の変化、という三つのプロセスを含みます。「聖地」が構築されていくプロセスはメディア論的過程なのですが、「聖地」自体は地理的な場所として生きられるのです。

そして、これがまさに「聖地」への「巡礼」として意識されているのは、この実践が何らかの宗教的とすらいえる心的モメントを内包しているからです。当然、太古からある宗教的な聖地と、現代のこのメディア的な「聖地」の関係が問われますが、両者を成り立たせるメカニズムには同型性もあります。実際、アニメやマンガでは必ずしも作品のなかで描かれている場所がどこをモデルにしているかは明示されないのですが、ファンたちは作品に示されるさまざまな徴候から、描かれているのがどこであるかを推理し、発見的に「聖地」を作り上げていきます。このプロセスは、前近代の人々が、さまざまな徴候から、その土地を聖典に書き込まれている出来事と対応させて「聖地」に仕立てていた解釈実践と似ています。

しかし、メディアの媒介で形成される「聖地」と、太古からの人類的営みのなかで形成されてきた「聖地」には、質的な違いもあります。後者では、ある場所が聖地になっていく際、何らかの物語での言及よりも、その土地のトポグラフィカルな地勢が大きく作用します。方角や高低、水辺との関係、都市や集落の境界線との位置関係などが決定的に重要です。ある場所が聖地になるのは、その場所がそれ以外の空間領域から切り分けられ、特別な意味を付与された場所になるからですが、この切り分けがメディアのイメージに起因するのか、それともその場所の地勢や風景に起因するのかは、やはり大きな違いなのです。

複製技術の爆発が私たちの経験の形式を根底から変えていった近代は、メディアのなかの場所イメージが、実際のその場所における経験を覆っていく過程でした。近年の街歩きの隆盛は、一面ではその極致です。街歩きを通じ、私たちはメディアの語りを追体験しているのです。しかしそれは、同時に人々が実際に街を歩くことにより、その身体的行為を通じた経験の組み直し、つまりその土地の具体的な場所と風景のなかで、私たちの都市経験が発見され直していく契機を含んでいます。「複製技術」と「アウラ」をめぐるヴァルター・ベンヤミンの問いを、このように再定式化することは不可能ではないと私は考えています。

（2）都市に積層する時間層の間を歩く

ここでカギとなるのが、経験の時間性です。都市が空間的な存在なのは、それが同時に時間的な存在だからであり、私たちは都市を、空間的であると同時に時間的な場所の連なりとして経験しています。もっと平たくいうならば、私たちが経験する都市には、さまざまな異なる時間が空間化されて積層しています。街歩きをするということは、その異なる時間の間を移動していくことであり、私たちが十分に敏感であるならば、同じ一つの地域の街歩きにおいても、そこに重層するいくつもの時間とその切れ目を発見していくことができるのです。

私たちがこれから街歩きで経験する時間のなかで、この都市のあちこちに顔をのぞかせる最も深い時間層は、太古からの地球史的時間です。中沢新一さんは『アースダイバー』(講談社、二〇〇五年)で、まさにこの時間を掘り起こしました。中沢さんが論じたように、東京には、まだ地球が氷河期だった時代に形成された洪積層の台地と、その最後の氷河期が終わった約一万年前以降に川や海が運んだ土砂が堆積してできた沖積層の低地という、二つの地質学的時間が重層しています。前者が武蔵野台地であり、後者がそれを東西方向に何匹もの蛇のように裂く川筋や谷筋の土地です。中沢さんの著書が「TOKYO EARTH DIVING MAP」として掲げる地図は、東京の時間的古層を見事に表現しています。

東京の古い神社や寺院は、そのほとんどがこの洪積台地と沖積低地の境界線、台地の崖上に立地してきました。古代人は、海辺や川辺に突き出した岬のような台地の突端部分に強い霊性を感じ、そこに「石棒などを立てて神様を祀(まつ)る聖地を設けた」のだと中沢さんは推理します。そして、これらの台地突端に形成された聖地は、その後の長い江戸や東京の歴史においても、時間の進行の異様に遅い「無の場所」になっていきます。近代化も、「無の場所」は簡単には消去できませんでした。こうして、「猛烈なスピードで変化していく経済の動きに決定づけられている都市空間の中に、時間の作用を受けない小さなスポットが、飛び地のように散在しながら、東京という都市の時間進行に影響を及ぼし続けている」のです。

本書の街歩きが訪れる東京の社寺には、徳川家康以前まで遡るものが少なくありません。それらの社寺は、この地方の洪積台地と沖積低地が入り組んで形成される岬に先住民たちが見出していた無数の聖地の、そのごく一部が近世以降も生き残ったものです。それらの社寺の立地の深層には、この地の地形が抱え込んでいる集合的記憶の古層が広がっているのです。

だからこそ、東京の古層の時間と出会うためには、川筋や台地の際が特別に重要です。私たちがこれから街歩きをしようとしているのは、主に上野台地と本郷台地の東の一帯で、この二つの台地は隅田川と石神井川、神田川という三つの川で境界づけられます。かつての石神井川の下流は不忍池を含み、神田川の下流は今の日本橋川を含みます。これらの川と台地のさまざまな際に、私たちは中世、古代以前まで遡る時間の層を見出していくでしょう。

しかし、自然は文明に、冷たい時間は熱い時間にどこかで制圧され始めます。それが、この地球上での過去数千年に及ぶ人類の歴史でした。文明的秩序による東京の自然地形の制圧は、最初に徳川家康がここで大規模な都市改造に着手した時から始まります。本書の街歩きでも訪れるように、仙台堀開削による神田川の流路変更はそのクライマックスでしたが、徳川幕府は外堀の開削や日比谷の埋め立て、市街地での多数の堀の開削によって、近世都市江戸を、文字通り「水の都市」として大発展させました。江戸の時間層は、それ以前の太古からの時間層を抹殺したわけではなく、むしろそれを巧妙に利用していったと思います。その巧妙さは、とりわけ幕府の不忍池や上野台地の利用法に顕著です。

東京の地層と結びついた中世以前の時間と徳川幕府の都市改造が実現した近世の時間の関係が、対立的というよりも再利用的であったのに対し、近世と近代の時間の関係ははるかに敵対的です。東京の歴史的時間に再び断層が入るのは明治維新期ですが、そこで政策的に演出された近代の時間は、近世までの江戸の時間層を全否定しました。

この敵対的な否定のプロセスを最もはっきり示すのは上野で、この地が公園となり、ここに博覧会場や博物館、動物園、大学などが建てられていくなかで、江戸の聖地として栄華を誇った寛永寺境内は粉々になります。それにもかかわらず、私たちが街歩きで確認していくように、現代の上野には、なお中世以前の時間層と近世江戸の時間層、さらに明治以降の時間層が共在しています。明治国家は東京を、近代的な時間だけで埋め尽くせなかったのです。戦後になってもまだ、東京には古層へと至る過去の時間が幾重にも堆積し続けました。

同じような異なる時間の積層は、高速道路の下の川筋を子細に眺めることによっても、はっきり浮かび上がってきます。これらの川の底に見えるのは、「アースダイバー」たちが掘り起こす沖積層の時間です。そしてこの沖積層の土砂を削って両岸に築かれていった江戸の石垣が、今もまだ残っています。さらにその川筋には明治以降、日本橋から聖橋（ひじりばし）までのいくつもの見事な石やコンクリートの橋が架けられ、それが今日でも川筋のランドスケープの要になっています。やがて高度成長期、このすべての歴史的時間の重層に、首都高速道路が蓋（ふた）をするのです。したがって、中世から近世、近代までの異なる時間の積層が今も東京の足元にあることは、高速道路の下の水上を移動すれば如実にわかりますが、普段、高速道路や一般車道を移動している限り、まったく気づくことができません。

こうした異なる時間の積層には、他にも東京都心のさまざまな場所で遭遇することができます。私たちは、やがて東京大学の本郷キャンパスでも、同じような複数の時間層が、ほとんど放置されているような仕方で並存しているのを発見するでしょう。実際、このキャンパスを注意深く歩けば、弥生時代の痕跡にも、江戸の姫や奥女中たちが過ごしていた時間の痕跡にも、そしてもちろん明治以降の国家が推進しようとした時間の痕跡にも出会うことになります。そして、このキャンパスがそうした異なる時間層を擁しているのは、ここが本郷台地の際から不忍池に向かう斜面にあるという地形的特徴と深く結びついています。

ですから私たちがこれからする街歩きは、空間的な旅であると同時に時間的な旅です。私たちはこの東京に積層している異なる歴史的時間をワープします。そうした旅において注意深くなければならないのは、時間と時間の断層、異なる時間の境界線をまたぐ時です。このタイムマシンは、ただ乗っていれば目的地に到着するのではなく、自分の足で注意深く時間と時間の断層をジャンプしなければなりません。散漫に歩いていると、表面を覆う現代の風景に気を取られて、その端々に走る断層、つまり現代都市のあちらこちらに、その都市の歴史の無意識が噴出する切れ目があることに気づかないで通り過ぎてしまいます。街歩きの達人は、歴史の遊歩者です。しかしその歴史は、数万年から数十年までの異なる幅で地層をなして街のあちらこちらに露出しています。私たちには、現代都市の考古学が必要なのです。

(3) モモと一緒に東京を街歩きする

ミヒャエル・エンデの『モモ』（大島かおり訳、岩波書店、一九七六年）は、ある年齢以上の人ならば大概は読んだことのある児童文学の傑作です。モモは、大都会のはずれの古代の円形劇場の廃墟（はいきょ）に住む小さな女の子で、彼女はカメとともに時間泥棒たちから盗まれた時間を取り返します。「灰色の男たち」として描かれる時間泥棒たちは、いうまでもなく現代資本主義のメタファーです。彼らは、「時間節約をしてこそ未来がある！」と街の人々に囁きかけ、それと呼応するかのようにラジオやテレビ、新聞は、「時間のかからない新しい文明の利器」がいかに役に立つかを強調し、生活の効率化こそが「人間が将来『ほんとうの生活』ができるようになるための時間のゆとりを生んでくれる」と約束しました。知らず知らずのうちに、人々は自分の時間を明け渡してしまう、つまり、より効率的で便利な日常に身を置くようになるのですが、そうするとますます忙しくなり、彼らの「一日一日は、はじめはそれとわからないほど、けれどしだいにはっきりと、みじかくなって」いったのです。

モモは、そうした「灰色の男たち」の合理性がまるで通用しない他者でした。ですからモモと時間泥棒たちとのぎりぎりの闘争として描かれるこの物語が、現代資本主義に対する時間論的批判であることは広く知られています。

しかし、ここで改めてこの作品に注目したいのは、この物語が、近代を超える時間論であると同時に都市論でもあるからです。物語は、時間論的にと同時に、空間論的にも展開しています。モモが住みついた円形劇場は古代都市の痕跡です。円形劇場が栄えていた時代から長い時間が流れ、かつての「大都市はほろび、寺院や宮殿はくずれおちました。風と雨、寒気と熱気に、石はけずられ穴があいて、大劇場も廃墟と化しました」。しかし、それでも今日、現代都市の「新しいビルディングのあいだのそこここに、むかしの建物の円柱や、門や、壁の一部がのこっています」。そして、モモがその忘れられた古代都市の痕跡に住みついたのは、決して偶然ではありません。

現代都市の開発の波はこの廃墟の円形劇場の近くにまで迫ってきます。モモの親友の一人は「道路掃除夫のベッポ」でしたが、彼は大昔の市の外壁あたりを掃除していた時、その外壁にはめ込まれた他の石とは違う色のいくつかの石を見つけ、そのような石のはめ込みをしたのは「昔の自分たち」だと言いました。都市の風景を凝視すると、「その底のほうに、ほかの時代がしずんでいる、ずっと底のほうに」と彼はモモに語りかけています。

その一方で、モモは男たちの追跡を逃れ、カメに導かれるままにこの都市の迷路のような路地を抜け、荒廃し老朽化した地区を通ります。そこでモモが見たのは、「黒いまっ四角の石の台の上に、ものすごく大きな白い卵」を置いた記念碑であり、道沿いの家は、人間が「住むためのものではなくて、なにかべつの、よくわからないふしぎな目的のためにつくられている」ようでした。その先には、時間の流れが反転してしまう「さかさま小路」があり、この小路を後ろ向きに進むと古代ギリシャの時間神、クロノスのような老人の住む「どこにもない家」にたどり着きます。老人が人間に時間を手渡す存在であることはすぐに明かされますが、謎解きの会話の後、モモは老人に「あなたは死なの？」と尋ねます。

エンデがここで描いた「さかさま小路」や「どこにもない家」は、実はどの都市にも存在する場所だと私は思います。それは、墓地です。「ふしぎな目的のためにつくられている」とモモが思いながら通り過ぎたのは、墓地に林立する墓のイメージに近く、エンデは、生きられる時間が創造される源となる場所として廃墟と墓地を、逆に生きられる時間が失われていく場所としてせわしなく活動が繰り広げられるオフィス街を捉えています。廃墟に住むモモが時間泥棒から人間の時間を取り返せたのは、彼女だけが遠くの過去からの声、死者たちの記憶の声と自分の心のなかの声を響き合わせることができたからです。

私は、このようなモモを私たちの街歩きのもう一人の隠れた随伴者にしたいと思います。モモと一緒に歩くには、「さかさま小路」に向かう地区で「オソイホド　ハヤイ」、つまりゆっくり歩けば歩くほど前に進むことができた彼女の経験を踏まえなければなりません。街を速く移動しすぎることは、街を見失うことです。

街を見失わないために、ゆっくり移動することの価値を復権させましょう。エンデが『モモ』のなかで示した時間論を、私たちは東京の街歩きにも活かしましょう。この東京都心の街歩きでは、過去が常に現在の都市のなかに存在し続けていることを確認し、同時に都市をゆっくり動いていくことの価値を再発見していきたいと思います。何よりも、モモの冒険が「灰色の男たち」から人々の時間を取り返す挑戦であったのと同じように、私たちの街歩きもまた、高度成長期以降の開発主義の東京から、再び人間的時間を取り返す戦略を含むことになります。

(4) 七日間の都心街歩きを始めよう

私たちはこれから、ちょうど一週間の東京都心街歩きをしていきます。都心といっても、本書で焦点を当てるのは都心北部、つまり千代田区北部、文京区、台東区を中心とする地域です。北は都電荒川線、東は隅田川、南は日本橋川、西は飯田橋から王子までの地下鉄南北線で囲われたあたりを、これからの街歩きのメインターゲットとします（ただし、都電荒川線沿線はその外も含みます）。なぜ、この地域に注目するのかについては、本書で繰り返し説明しますが、一言でいえば、この都心北部は、戦後の高度成長期、とりわけ一九六四年の東京オリンピック前後になされた都市改造で周縁化されてきた地域だからです。

明治・大正期まで、この都心北部地域は東京の文化的中心でした。明治維新以降、さまざまな制圧や改造がこの地域を襲いましたが、それでもその文化的中心性はなかなか失われませんでした。しかし、戦後の東京改造は、これらの地域を根本から変え、東京の文化的中心は南西の港区、渋谷区、新宿区へと移ります。東京の超高層化は、現在もこの転換の延長線上でなされていますが、他方、近年の街歩きは、ピカピカに再開発された都心南西部よりも、むしろいぶし銀的な都心北部で盛んです。私たちは、この地域で街歩きを重ね、今、東京という都市で経験される時間軸に、どのような変容が生じているのかを考えます。

七日間の街歩きですが、大まかに最初の二日間と次の二日間、さらにその次の二日間がそれぞれセットになっており、川筋を回る第七日に、できるだけそれまで回ってきた諸地区全体をつなぎたいと考えています。そして、このすべての街歩きが、東京という都市の時間をテーマにしています。

最初の二日間で焦点にしていくのは、移動の速さです。東京のなかに緩やかな移動の時間軸、つまりスローモビリティの仕組みをどのように入れていくか。東京を、一九六四年の東京オリンピックが目指した「より速く、より高く、より強く」という価値に呪縛された都市（「灰色の男たち」の都市）から、むしろ二一世紀に私たちが追求すべき「より愉（たの）しく、よりしなやかに、より末永く」という価値が息づく都市（モモたちの都市）にどう転換していくかという課題に、街歩きをしながら挑戦したいと思います。

そして、そのために本書が提案するのは、東京都心に路面電車を復活させること、具体的には、現在の荒川線を延伸し、浅草、上野、秋葉原、神保町、飯田橋なども回っていくスローでバリアフリーな環状トラムを実現することです。この提案に沿って、私たちは第一日には鬼子母神から荒川線に乗って街歩きを始め、第二日にはまだトラムのない秋葉原から上野を経由して浅草まで旅します。

第三日と第四日の街歩きで私たちが考えていくのは、東京がその長い歴史のなかで積層させてきた四つの時間層の関係です。東京は三回「占領」された都市であるというのが、本書の基本的な視点です。最初の占領は一六世紀末、徳川家康によってなされ、二回目の占領は一九世紀後半、明治維新のなかで薩長政権によってなされ、三回目の占領は一九四五年、米軍によってなされました。このそれぞれの占領後、東京都心は大規模に改造・改変されていきます。

しかし、ここが街歩きにとっては決定的に重要なのですが、武蔵野台地の東端で大小の川が複雑な微地形を形成してきたこの都市では、過去の時間層の痕跡が完全に抹消されてしまうことはありませんでした。家康以前の東京、薩長以前の東京、米軍と高度成長期以前の東京が、今もまだら模様に残り続けています。東京では、過去が目に見える都市の痕跡として生き続けているのです。――これは、東京という都市の最も貴重な面白さであり、私たちが大切にしていくべき価値です。第三日と第四日には、上野から谷中にかけての一帯を中心に、この微地形のなかで入り組む異なる時間層を存分に渡り歩いてみたいと思います。

第五日と第六日の街歩きは、先ほど述べた聖地巡礼とつながります。つまり、都市のなかの非日常的な時間の場を歩いていきます。非日常的な時間として取り上げるのは、一方は「知の時間」、他方は「聖なる時間」です。どちらも世俗の日常的な時間には従属しません。どこか、そのような時間の流れを超えた地平でこそ営まれるという性質を持っています。

しかし、両者が日常を超越する仕方は違います。「知の時間」は日常を水平的に超えます。日常の時間では、私たちは来月のことや一年後のことで頭がいっぱいになってしまうのに対し、「知の時間」が相手にするのは、もっとずっと短いかずっと長いかです。一瞬であるか、数十年、数百年、数千年、数万年、数億年であるか、桁外れの幅を持った時間です。

他方、「聖なる時間」は神仏との関係を生きる垂直的な時間ですから、この時間は礼拝や祈禱（きとう）、墓参に使われます。私たちは、前者では神保町から本郷の東大キャンパスまでを歩き、後者ではニコライ堂や湯島聖堂、神田明神、湯島天神といった社寺会堂を渡り歩くつもりです。これらの「知の時間」や「聖なる時間」の諸空間は、概して東京都心北部の尾根筋にあります。

尾根筋を歩く五日目、六日目に対し、最終日、私たちは日本橋川、神田川、隅田川などの川筋を巡ります。第一日に、石神井川に沿って街歩きをしますので、初日と最終日で、私たちは、隅田川、石神井川、神田川、日本橋川という都心北部の四つの川すべてを体験することになります。

東京は、そもそも川の都市です。ベネチアのような運河の都市とは少し違い、台地を削り取りながら川が蛇行し、台地の突端が複雑な地形をなし、低地では水運が経済を支えた時代が、明治のある時期まで続きました。そこから展望されていた東京の未来は、この都市のその後の実際の歴史とは異なります。大正以降の東京は、「川の都市」から「陸の都市」へ、とりわけ鉄道と路面電車の都市へと変化していきました。さらに戦後は、その路面電車も消え、自動車と高速道路の都市に変貌します。この大転換のプロセスを通じ、私たちが何を感じられなくなってしまったのか、都市からどんな時間が失われたのかを歩きながら考えます。

今日、川辺への関心が復活してくるなかで、日本橋川や神田川、隅田川の水上ツアーに参加するのはかなり容易になっています。これは、一つの可能性です。川の上からこの都市を眺め直すことで、東京という都市の見え方はかなり変わります。

今のところ、川からの眺めは、多くの人々にとって裏側の眺めです。川沿いのほとんどのビルは、川に背を向け、その向こうの表通りばかりを意識して建てられています。しかし、川から都市を眺めることがより多くの人々に経験されていくならば、どこかで川からの眺めをこの都市の表の顔にしていく機運が生まれるでしょう。つまり、東京を裏返す可能性が出てくるのです。

この本では、それぞれの日の街歩きの最後に、未来の東京への提案をしています。スローモビリティの路面電車の復活、首都高速道路の撤去、上野駅正面玄関口の広場のリデザイン、上野公園のナイトパーク化、寛永寺と不忍池の復興、都心北部の多様な宗教の連帯、木造低層の歴史ある街を世代を超えて守る制度改革等々です。これらの計画は、「東京文化資源区」構想として、実際に都心北部で動き出しているものです（https://tcha.jp/）。この構想は、歴史的な文化資源が集積している上野や本郷から秋葉原、神保町までの都心北部を、路面電車や散歩道などのインフラでも、文化イベントや知的コンテンツでもつなぎ、半径約二―三キロの「古いから新しい」統合的文化ゾーンを創り出していこうとするものです（図）。私自身、この構想を立ち上げたメンバーの一人で、今も全体の推進役をしています。

私たちはこの構想で、現代東京の表層下に生き続ける過去の資産を蘇らせようとしていますが、これは決して「復古」ではありません。私たちが認識すべきなのは、ただ過去を切り捨て、右肩上がりの直線的な時間軸の先に「未来」を追い求めてきた近代が、決定的に終わりつつあることです。「成長」の時代から「成熟」の時代への歴史の大転換のなかで、過去は直線

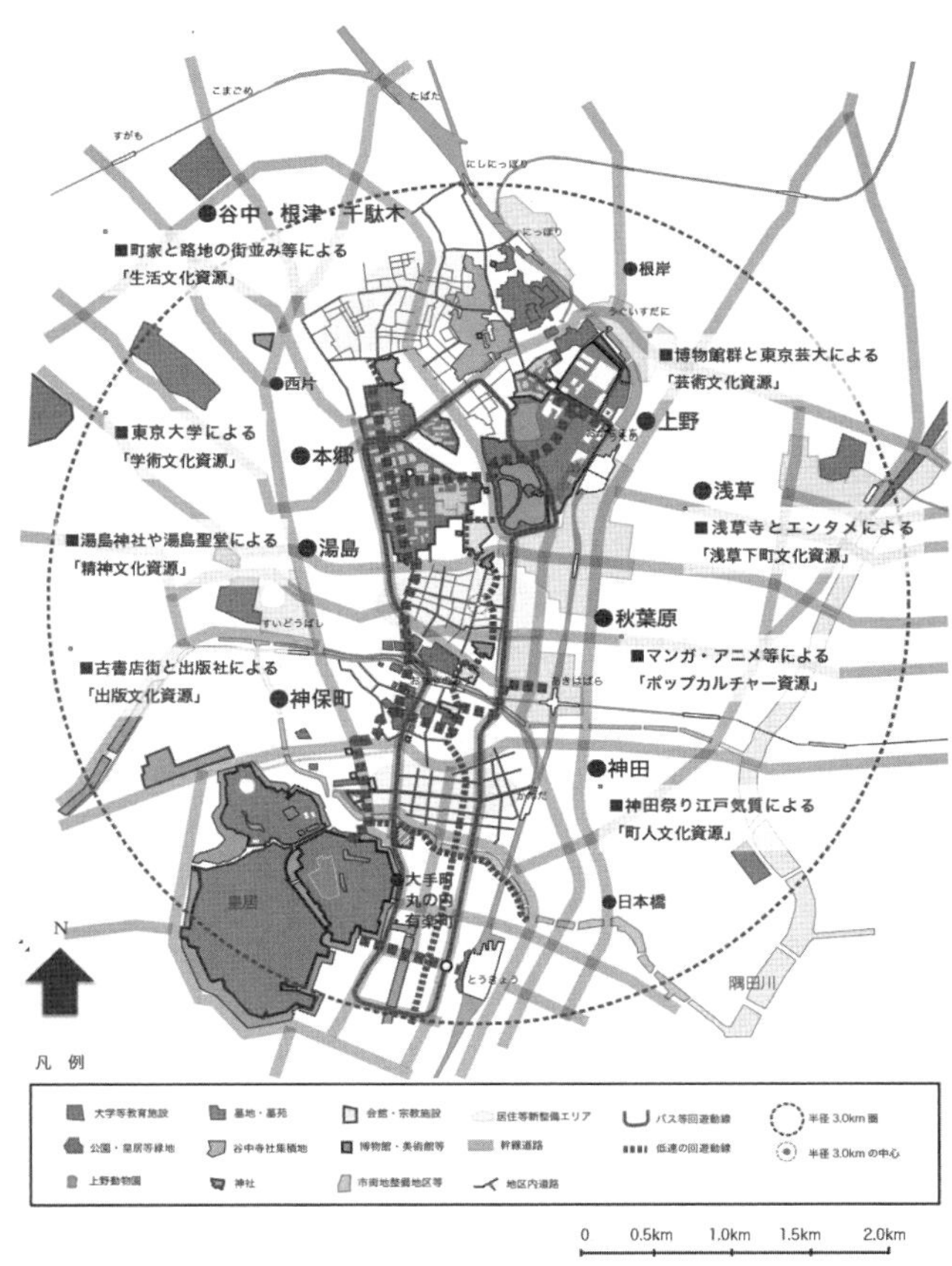

図　「東京文化資源区」構想の対象エリア
（出典／東京文化資源会議ホームページ https://tcha.jp/about/scope/）

的な時間軸の後ろに切り捨てられるべきものではなく、むしろ螺旋を描く時間軸の先でさまざまなヴァリエーションを持って反復されるものとなります。まさしく、モモがその道連れのカメから学んだように、「オソイホド　ハヤイ」時代が来ているのです。

さて、私が集英社新書編集部との街歩きを終えたのは二〇一九年秋です。翌二〇二〇年春、東京は新型コロナウイルス感染症拡大のなかで活動の停止状態を経験しました。加速度的にスピードアップしてきた都市に、急ブレーキがかけられたのです。突然の活動停止に直面し、私たちは際限のない都市のスピードアップが崩壊の危機を孕むことに気づきました。二一世紀の東京を、さらなる超高層化と情報化を遂げ、大量の人とモノ、資本が強靭なシステムに支えられて高速で行き交う都市にしていこうとする方向に、私は同意できません。なぜならば、それは人間的な都市ではあり得ないからです。都市を人間のためのものに取り返すには、むしろスローダウンこそ必要です。本書の街歩きは、そのための有効な方法を模索する旅なのです。

第一日　都電荒川線に乗って東京を旅する

王子駅
GOAL
都電荒川線（東京さくらトラム）
飛鳥山公園
紙の博物館
渋沢史料館
音無親水公園
音無さくら緑地
JR山手線
巣鴨地蔵通り商店街
巣鴨駅
東京メトロ南北線
都営三田線

石神井川
首都高速中央環状線
東武東上線
板橋駅
近藤勇の墓
JR埼京線
庚申塚駅
首都高速中央環状線
首都高速5号池袋線
東京メトロ副都心線
東京メトロ有楽町線
池袋駅
東京メトロ丸
西武池袋線
都電荒川線（東京さくらトラム）
雑司が谷案内処
都電雑司ヶ谷駅
雑司ヶ谷霊園
鬼子母神堂
副都心線
有楽町線
START 鬼子母神前駅

《冒頭講義〜都電荒川線とは何か？》

（1）スローモビリティの東京

東京に新しい時間軸を挿入する。これが、モモとともに東京都心を旅する今回の試みの最初の目標です。時間軸にはさまざまな次元がありますが、第一は速度です。モビリティと言い換えても構いません。私たちの歩く速度は、だいたい時速四キロです。もちろん、時速三キロでゆっくり歩く人も、時速五キロで速く歩く人もいます。しかし、私たちが歩きながら見ている街の風景は、この時速四キロの速度に相関して現れているのです。

これに対し、自動車の走行速度は時速四〇キロくらい、歩く速度の約一〇倍です。もちろん、渋滞ではこれより遅くなりますし、高速道路では速くなります。ですからこれは、渋滞のない一般道での速度です。ちなみに山手線の平均速度は停車時間を入れて時速約三五キロですから、動いている間だけなら車と同じくらいだと思います。つまり、自動車や電車の車窓から街の風景を眺める時、私たちは時速四〇キロの街を見ているのです。

時速四キロの街と時速四〇キロの街の間には、決定的な断層があります。時速四キロで街を歩いている時、私たちの身体はなお街の一部です。私たちは街の風景のなかに身を置きながら、二つの場所の間を移動します。ところが時速四〇キロとなると、私たちの身体はもう街のなかにはいません。電車や車のなかの人間は、街から切り離され、車窓越しに外の風景を自分とは離れた世界に属する映像的なイメージとして消費するのです。

考えるべきは、この二つの速度の間の境界線はどこにあるのかです。都市のなかを移動する人間が、その移動している空間に内在していると感じられる限界はどのくらいの速さなのか——。私の仮説ですが、それはだいたい時速一三—一四キロくらいなのではないかと考えています。時速一三キロというのは、街中の自転車の速度です。これはまた、今日、テーマとなる路面電車とほぼ同じ速さなのです。

つまり、都市のモビリティには時速四キロから一三キロくらいまでの低速移動と時速四〇キロ以上の高速移動があり、前者では乗客はまだそれぞれの場所から乖離していません。街で佇む人や歩いている人と同じ空間のなかで、彼らとの挨拶や目線のやりとりができる速度で風景のなかを通り過ぎているのです。そして、この速度で都市を移動する代表的な公共交通が路面電車です。路面電車は、いわば「走る歩道」です。実際、スローモビリティの価値が見直されて路面電車、つまりトラムは世界的に復活の機運にあります。

(2) 路面電車の東京はなぜ失われたのか

スローモビリティの代表選手である路面電車、今でいうトラムが、都心交通の手段としてバスや鉄道、地下鉄、タクシーなどに比べて優れている点はいくつもあります。第一に、トラムは鉄道や地下鉄、さらには多くのバスに比べ、徹底してバリアフリーで、高齢者にも優しい公共交通です。道路面と床面の差を小さくできますから、停車場を上手に作り、またトラムの軌道の横に歩行者専用の緑道を作れば、車いすの方でも杖(つえ)を突いた老人でも、安心して介助なしに乗り込むことも、降りることもできます。

第二に、トラムは沿線の地域を活性化させます。都心を走るJR線や地下鉄の場合、駅と駅の間が離れすぎているので、次の駅まで行ってから気軽に降りて前の駅との間にあったお店に立ち寄ろうなどということにはなりません。それどころか、地下鉄では地上にどんな街があるのか知ることもできませんから、沿線の商店街とモビリティは完全に分離してしまいます。ところがトラムは、道沿いにゆっくり移動し、しかも駅の間隔は相対的に短いので、街の変化を見ながら、素敵なお店やレストランを見つけたら、次の駅で降りて立ち寄ることも容易なのです。沿線の商店街にもそのことがわかりますから、全体として商店が化粧をしていくというか、街が自ら美しくなっていくはずです。

第三に、トラムは観光客にとってその都市を知る最良のメディア、つまり媒介者となることができます。この点で、地下鉄、バス、タクシー、トラムという四つの交通手段を比べてみると、地下鉄はまず最悪で、車窓から街を眺めることすらできず、ある点から別の点へと機能的に移動させるだけです。バスには窓がありますが、そもそもその街のことをあまり知らない観光客からすると、そのバスがどこを通るのかがわかりません。もちろん、バス路線図はありますが、路線図から都市のなかでの位置を認識できるのは、その街に長く住んでいるような人だけです。さらにタクシーは、時間内に確実に目的地に行くには便利ですが、まずお金がかかりますし、新しい街の発見にはつながりません。これらに対し、トラムならば、街のことは何も知らなくても、たぶんこのトラムはメインストリート周辺をうろうろするのだろうと予測できますし、街との新しい出会いを予感できます。

かつて東京には、時速一三－一四キロの速度で街を見ながら移動するのが当たり前だった時代がありました。もともと東京の路面電車の歴史は、一八八二年の東京馬車鉄道による新橋－日本橋間開業に始まり、日露戦争が終結する一九〇五年までに都心部のネットワークはほとん

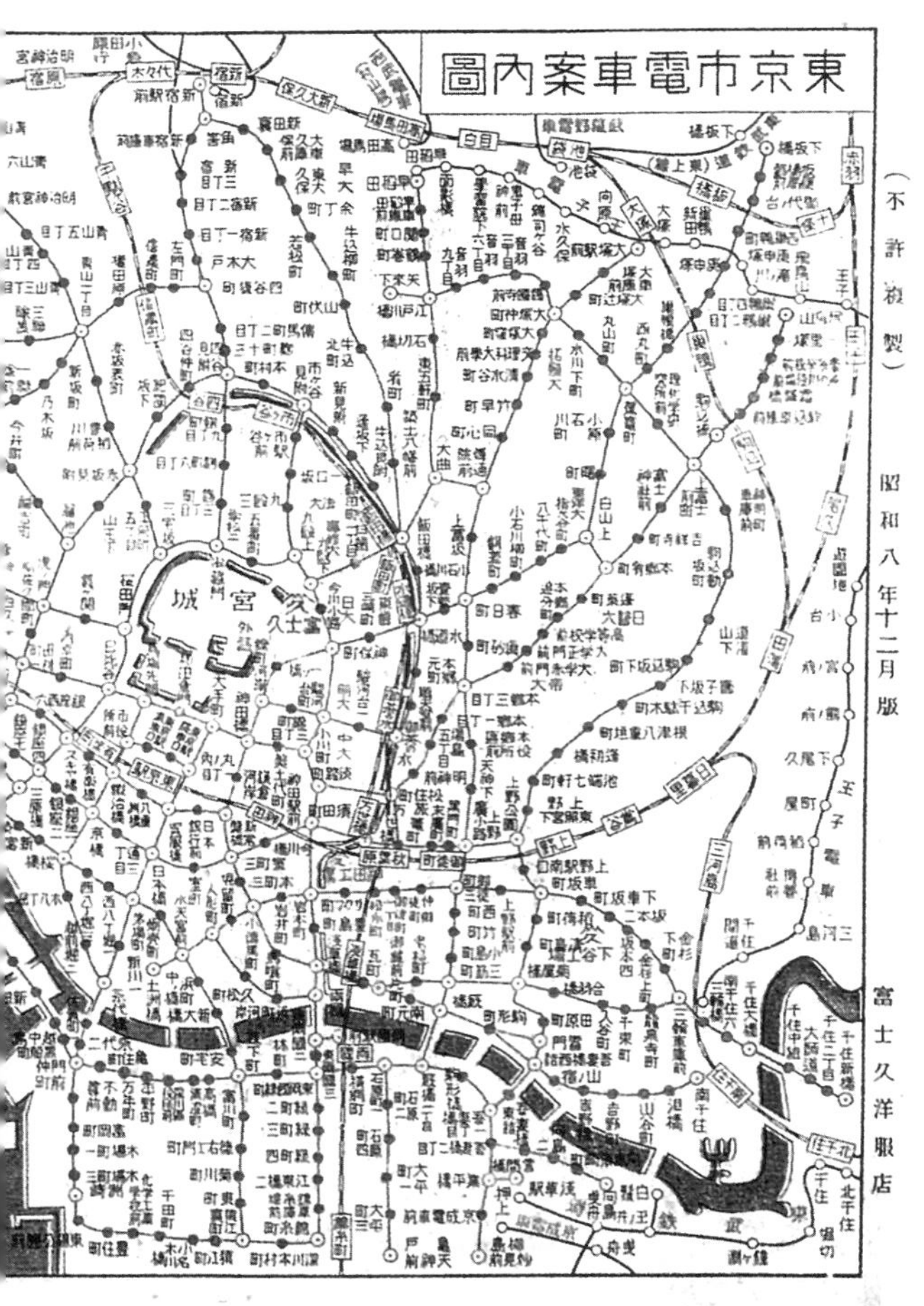

図1－1　東京市電車案内図（出典／『都営交通100年のあゆみ』東京都交通局）

ど完成していました。前田愛が『幻景の明治』（岩波現代文庫、二〇〇六年）で市街電車という新しい移動手段と日比谷焼き打ち事件の関連を分析したように、日露戦争前後を境に、東京の空間秩序はこの路面電車網によって再組織化されていたのです。

こうしてたとえば、一九三三年の「東京市電車案内図」（図1－1）を見ると、路面電車が東京各地を細やかにつなぎ、網の目をなしていたことがわかります。当時、人々はまず路面電車に乗って都心の風景のなかを移動していました。当然、乗りながら街の変化を観察していましたから、この時代の東京人には、今の私たちよりもよほど土地勘がありました。しかし、この

路面電車の稠密なネットワークは、一九六〇年代—七〇年代前半に、東京都心では荒川線（郊外まで含めれば世田谷線も）を残して廃止されてしまいました。

なぜ、東京は路面電車の稠密なネットワークを失ったのでしょうか？　理由はただ一つ、路面電車が速度の点では、地下鉄や自動車にかなわなかったからです。逆にいえば、地下鉄と自動車は、路面電車よりも速いというただそれだけの理由で、路面電車を徹底的に駆逐してしまいました。この速さへの固執が、路面電車の持っていた他のメリット、敷居の低さや沿線商店街の活性化、観光の媒介者といった観点を見えなくさせたのです。

そして、この転換を決定づけたのが一九六四年の東京オリンピック開催でした。当時の東京は、間近に迫ったオリンピックに向けて急ピッチで都市の改造を進めていました。そのなかで、速度の遅い路面電車は自動車の通行を妨げる邪魔者とされ、切り捨てられたのです。実際、警視庁は、東京都が都電軌道内に入ってくる自動車の取り締まりを求めたのに対し、逆に軌道内への自動車乗り入れ規制を緩和してしまいます。その結果、自動車に通行を妨げられて都電はますます遅延するようになり、乗客の都電離れが進んだのです。

こうして東京には、時速四キロで歩くか、時速四〇キロのタクシーやバス、鉄道や地下鉄に乗るか、二者択一の速度しかなくなってしまいました。つまり、歩道と車道以外に、「軌道」

という第三のカテゴリーがあった時代のことは忘れられたのです。「軌道」のスピードは、自転車や水上の船のスピードとも重なります。一九六〇年代以降、この中間の、トラムや自転車、水上交通などが得意とする時速一三―一四キロの速さが東京から失われたのです。

(3) 江戸＝東京の外縁としての荒川線沿線

こうしてほとんどの路面電車が廃止されていったなかで、荒川線は一種の奇跡として存続しました。その背景として、そもそも荒川線が一九四二年に市電に統合されるまで、王子電気軌道(王電)という民間の路面電車だったという特殊事情があります。また、王子から先、町屋までの軌道は車道よりも前に作られていましたから、歴史的には一般車道よりも優先的な位置にあったともいえます。さらに、荒川線の場合、六〇年代になっても「並行する道路がなく代替バスの運行が難しかった」ので、「沿線住民からの強い存続要望があった」とされます(『都営交通100年のあゆみ』東京都交通局、二〇一一年)。今でもこの路線は、沿線住民に頻繁に利用されています。地元の強い支持があるのです。

しかも、荒川線は、近現代の東京を読み返す上で実に興味深い路線です。単に速さだけでなく、人生との結びつきにおいても、近代資本主義との関係においても、興味深いポイントが沿線に集中しているのです。荒川線ののんびりした速度は懐かしい「昭和レトロ」の雰囲気を醸し出していますが、荒川線に乗ることで見えてくるのはそれだけではありません。

かつての路線図を見れば、早稲田―三ノ輪橋間を走る荒川線は、古い東京市街の外縁に沿っていたことがわかります。この点は、都心で発達した他の市電との大きな違いです。その一方で荒川線は、新宿、渋谷、池袋をターミナルに放射状に延びる郊外電車とも異なっています。荒川線の路線は、シカゴ学派都市社会学がいう「遷移地帯」に重なり、都市の変化が最もよく現れる都心と郊外の境界域に寄り添います。

歩き始める前に、もう少しこの路線を概観しておきましょう。早稲田駅から三つ先に鬼子母神前駅があります。子授けの神様である鬼子母神は、江戸時代から出産・育児をめぐる信仰と結びついてきました。今日では、少子化問題につながります。その一つ先の都電雑司ヶ谷駅には、日本初の公共墓地の一つ、雑司ヶ谷霊園があります。ここは、人間の死や葬送に関わる空間です。さらに、その五つ先の庚申塚駅は、「おばあちゃんの原宿」で有名な巣鴨地蔵通り商店街の最寄り駅です。ここからは高齢化社会の一面が見えてきます。つまり、人間が生まれてから死ぬまでが、この短い区間に凝縮されているのです。

そして、庚申塚駅からさらに四つ目の飛鳥山駅は、王電の出資者の一人であり、新一万円札の顔ともなる渋沢栄一ゆかりの地です。渋沢は、日本初の銀行となる第一国立銀行（現みずほ銀行）と最初期の製紙会社の一つである抄紙会社（現王子製紙）を一八七三年に作りました。彼の社会構想では、この二つが一体だったからです。そして彼は、前者を兜町に、後者を王子に置いたのです（図1-2）。王子の方では、製紙工場を見下ろす飛鳥山の上に自分の邸宅も建てました。渋沢による明治の東京構想では、これらすべては水上のルートで緊密に結びついていたはずです。

他方、荒川線の終点は三ノ輪橋駅で、その先には小塚原の刑場のあった南千住や日雇い労働者の街として知られる「山谷」があります。今日のルートで「山谷」まで足を延ばすのは無理があるので、吉原周辺を訪れる第四日に回したいと思いますが、一方の飛鳥山が資本家渋沢栄一の本丸だとするならば、他方の「山谷」は、近代を通じて無数の低賃金労働者たちの人生と結びついてきた場所です。つまり、飛鳥山・王子と三ノ輪・「山谷」を結ぶ荒川線の円弧は、近代資本主義の頂点と底辺を結ぶ路線でもあるのです。私たちは、一方では人生の誕生から老後、そして死までをつなぐ、他方では近代資本主義の頂点と底辺をつなぐ時速一三―一四キロの道行として、荒川線を味わうことができます。

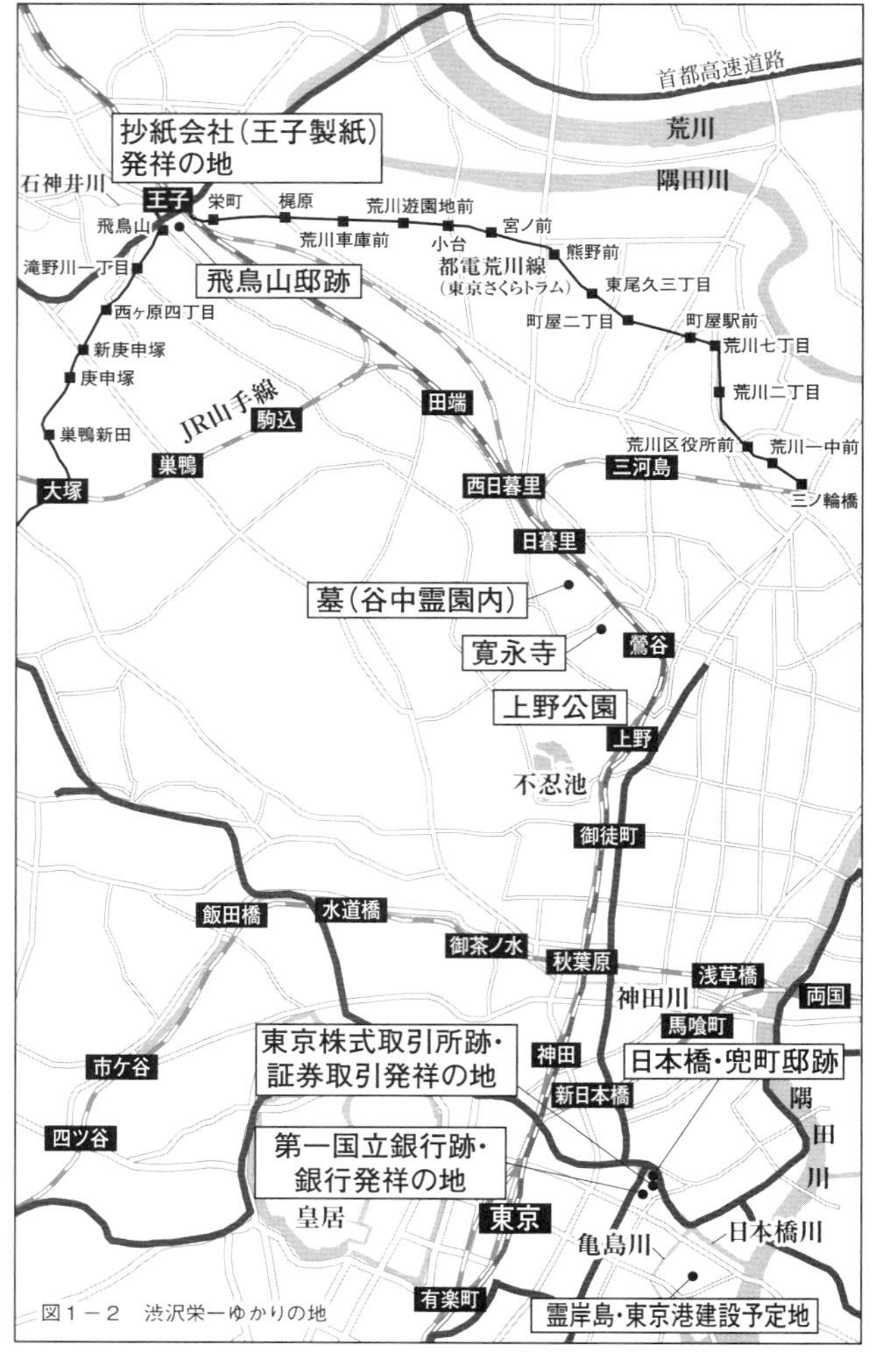

図1－2　渋沢栄一ゆかりの地

《街歩きと路上講義》

(1) 鬼子母神と出産・子育ての都市史

都電の鬼子母神前駅で降りて、住宅街の細い小道を抜けるとすぐケヤキ並木の法明寺参道に入ります。参道の両脇には登録有形文化財の古い木造住宅を改造した店なども並び、どこか懐かしい、のんびりした空気が流れています。この参道沿いにある古い民家を改装したカフェ「キアズマ珈琲(コーヒー)」の裏には、かつて手塚治虫が住んでいたことで知られる「並木ハウス」があります。しかし、中には入れないので、私たちはこのまま参道を進むことにします。

今となっては想像できませんが、江戸時代、ここは大勢の行楽客で賑(にぎ)わう大変な盛り場でした。江戸の中心からやや離れた郊外にある鬼子母神は、江戸の人々にとって日帰りで楽しめる行楽地だったのでしょう。当時の様子がうかがえる歌川広重の「江戸高名会亭尽　雑司ヶ谷之図」を見ると、子連れも含む女性たちの姿が目立ちます。鬼子母神は子授け・子育ての神様ということで、大勢の女性参詣者が訪れていました。加えて、参道に軒を連ねていた茶屋や料理屋は、大名や小名が立ち寄る場所であったことから遊女を置くことが禁止されており、ここは女性たちが子連れで気兼ねなく楽しめる門前町でした。

鬼子母神はもともとインドの夜叉神の娘で、何百、何千という我が子を育てるために人間の子を捕らえて食べていたのが、釈迦に諭され、改心したと伝えられています。子授け・安産・子育ての神として祀られ、日本でも平安時代頃から信仰され始めます。

雑司ヶ谷の鬼子母神は、一五六一年に近隣で出土した鬼子母神像を祀ったことが始まりだそうです。現存する本殿は一六六四年に建てられたもので、二〇一六年に国の重要文化財に指定されました。樹齢七〇〇年といわれる東京都指定天然記念物「子授け銀杏」など緑あふれる境内は、都心とは思えないのどかな風情で、子連れの参拝客や街歩きツアーと思しき人々で賑わっています。

この鬼子母神のことが詳しく解説されている『雑司ヶ谷鬼子母神堂』（威光山法明寺・近江正典編、勉誠出版、二〇一六年）を見ると、江戸時代までと明治以降で鬼子母神像がすっかり違うことに気づかされます。鬼子母神像には病魔などの災厄から子どもを守る力の象徴としての「鬼形」と、子育て・安産の霊験を強調する「母形」がありますが、江戸時代までに作られた御本尊は美しい柔和な「母形」でした。それらは観音菩薩にも似た慈悲深い「母」を彷彿とさせ、しかも必ず赤子を抱いた「母子像」だったのです。一方、明治以降の鬼子母神像のいかめしい表情はまさに「鬼」のイメージです。しかも、だいたいは立像で合掌していて、赤子を抱いていていません（図1－3右）。おそらく明治になって元来の信仰のかたちが失われ、「鬼」の文字に影響された造形となったのでしょう。

しかし、もともとの鬼子母神は「鬼」ではなく、「観音」のイメージでした。この本に掲載されている最も古い鬼子母神像は一五七五年、織田信長が活躍した天正時代の木像です。雑司ヶ谷鬼子母神の由来とされる一五六一年出土の像と時期が微妙にずれるのですが、同じものを指しているのかもしれません。いずれにせよ、これは「母形」の像です（図1－3左）。ちょうど手のあたりが損傷しているものの、子どもを抱いていた痕跡が

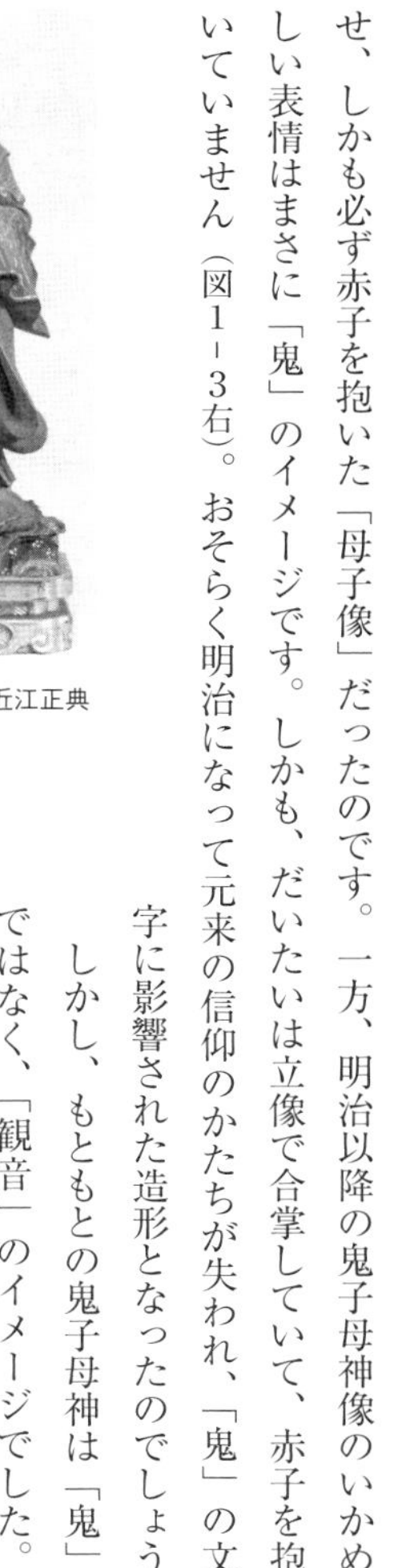

図1－3　木造鬼子母神立像（出典／威光山法明寺・近江正典編『雑司ヶ谷鬼子母神堂』勉誠出版）
（右）明治44（1911）年制作
（左）天正3（1575）年制作

想像でき、どこかキリスト教の聖母マリア像に似ています。

実際、鬼子母神の「母形」は古代ギリシャの豊穣（ほうじょう）の女神テュケーにまで遡り、それがシルクロードに沿ってアジアへ伝わったとされます。この「豊穣なる母」のイメージはヨーロッパでは聖母マリア像となっていきました。他方、同じイメージが中国を経て日本に伝わり、鬼子母神像となるのです。ですから、聖母マリアと鬼子母神の間には、文明史的に共通の起源があります。一説では、信長の時代、キリスト教が広まっていたので、鬼子母神像には聖母マリア像が影響したとの説もあるようですが、これは検証が必要でしょう。

注目されるのは、この鬼子母神像が出土した一六世紀後半から一七世紀の日本で鬼子母神信仰が急拡大していたことです。その理由の一つに、この時代、生産力向上とともに人口が増加し、直系家族化が進んでいたことが挙げられます。つまりこの頃から、日本では母と子の結びつきがより強くなっていきました。特に、急速に都市化が進んだ江戸では、伝統的なムラ社会から家族という単位が孤立していくようになり、それまで共同体全体で行っていた子育てが母親に集中していくという新しい状況が生まれていたのです。

この時代、矛盾だらけの社会に生きる母親たちは、今と同様に出産や子育てに悩んだことでしょう。それを救うのが鬼子母神だったとするならば、鬼子母神は江戸・東京という都市が常に子育ての問題に悩み続けてきたことの象徴です。実際、鬼子母神の地元・豊島区は「としま鬼子母神プロジェクト」を行っています。少子化が著しい豊島区は東京二三区で唯一「二〇四〇年に二〇－三九歳の若年女性が半減し、人口を維持することができない『消滅可能性都市』」とされましたが、それが良い意味でのきっかけとなり、少子化と子育て問題解決のシンボルとしての役割を、区は鬼子母神に持たせようとしています。

(2) 雑司ヶ谷霊園に「東条英機の墓」？

次の目的地、雑司ヶ谷霊園は、鬼子母神堂から歩いて一〇分程度です。元は幕府の鷹狩りの施設が置かれていたこの地に日本最初の公共墓地の一つが作られた経緯には、「公共空間」に対する明治政府の方針が深く関わっていました。江戸時代、寺社地以外の公共空間は、防火を目的とした火除け地などごくわずかでした。それが明治になると、仏教寺院からそれまでのような死の管理者としての特権的な公共性が剝奪され、同時に政府が「公園」をはじめとする公共空間を作り、国家の管理下に置くようになります。

この流れで、明治政府がまず整備した公共空間は公園と公共墓地でした。荒川線沿線にある飛鳥山も一八七三年の太政官布達で上野、浅草、芝、深川とともに「公園」と定められた場所です。公園が、生者のための公共空間ならば、公共墓地は死者のための空間です。江戸時代、幕府は寺請制度を通して寺に死の管理を一括させていたのですが、明治政府は、仏教から死者の一元的な管理権を剝奪します。こうして新たに設置された雑司ヶ谷霊園は、青山霊園などとともに国家による死の管理を象徴する場所となるのです。

とはいえ、この二つの公共墓地の性格はかなり異なっていました。青山霊園には大久保利通や後藤新平など国家の中枢にいた政治家が多く葬られたのに対し、雑司ヶ谷霊園では夏目漱石や小泉八雲、永井荷風など文化人が目立ちます。

ところが、そうしたなかで、きわめて異質な墓が一つあります。それが、「東条英機の墓」とされる墓です。東条は、アジア太平洋戦争における日本軍の戦争犯罪の責任者として絞首刑となった人物です。彼は敗戦後、逮捕を前にピストル自殺を試みるも失敗し、巣鴨プリズンに収容されて東京裁判で死刑の判決を受けました。その東条の墓が、本当にこの雑司ヶ谷霊園にあるのでしょうか?

霊園のなかを探していくと、たしかに東条家の墓があります（写真1-1）。見上げると、遠方に池袋サンシャインシティの超高層ビルが見えますが、そこにはかつて東条が収容された巣鴨プリズンがありました。その眼下の雑司ヶ谷霊園に東条が葬られている？　たしかにこの墓は、日本陸軍の軍人の墓といわれれば納得したくなるようないかめしい雰囲気です。この墓の下に、A級戦犯だった東条が葬られているのでしょうか。

実は、絞首刑に処せられた後、東条の遺体は川崎の米軍基地に運ばれ、そこから横浜・久保山の火葬場に運搬されて焼かれ、遺骨は粉砕されて米軍の航空機で太平洋に投棄されました。したがって、実際には東条の遺骨は海の藻屑と消えています。

ところがその当初から、彼の遺骨をめぐる物語が創造されていました。一つは、数人が火葬場に忍び込んで残灰置場からその日に焼かれた遺体の骨片や残灰をかき集め、東条のものとして愛知県三ヶ根山山頂に建てられた「殉国七士廟」に葬ったというものです。もう一つは、一九七八年の靖国神社への「戦犯一四名の合祀」です。そのなかには東条の名も入っており、これが近隣諸国との紛争の火種となっていきます。

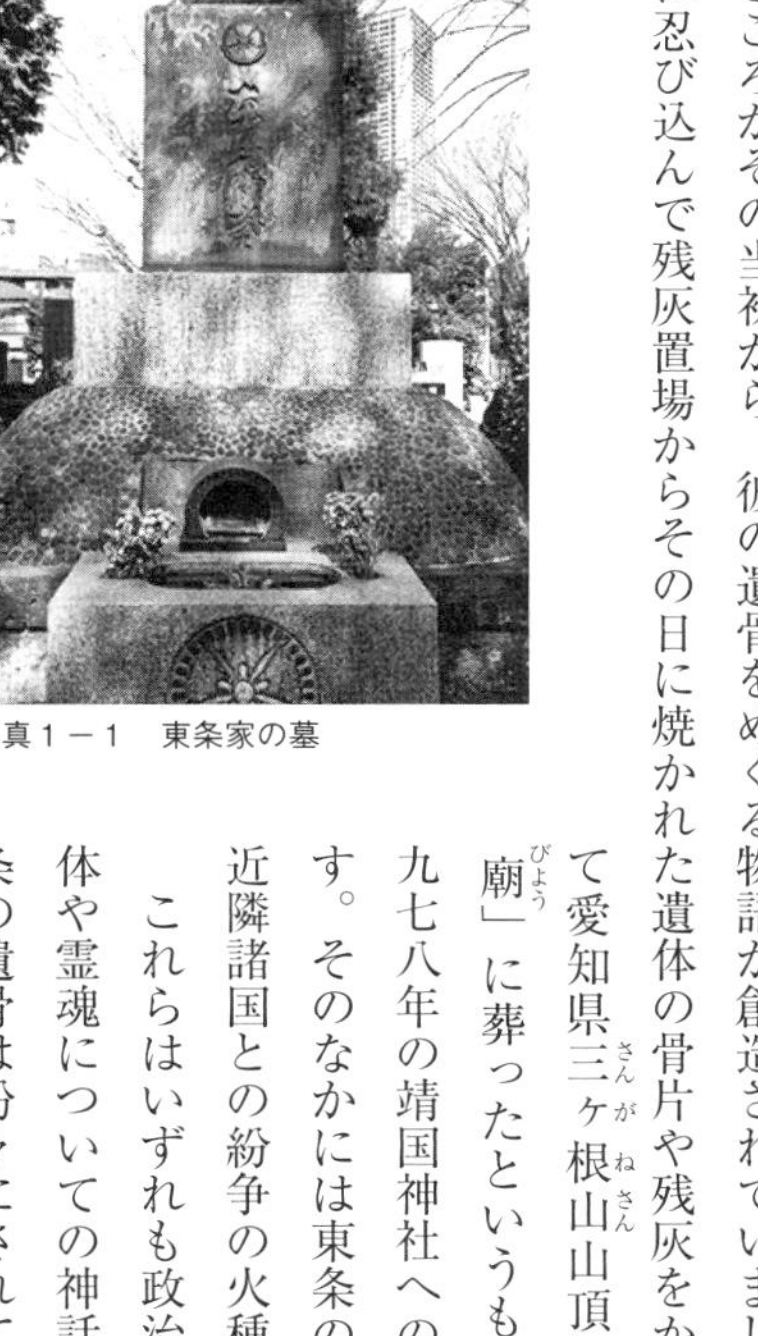
写真１－１　東条家の墓

これらはいずれも政治的に捏造された東条の遺体や霊魂についての神話です。しかし事実は、東条の遺骨は粉々にされて太平洋に「投棄」されたのです。ですから彼の「墓」は、通常の意味では存在しません。それにもかかわらず、「東条の墓」らしきものが雑司ヶ谷霊園にもたしかに存在します。これは、遺骨のない墓です。この墓は、東条英機の父英教（ひでのり）が建てた東条家の墓で、英教は陸軍大学校を首席卒業した人物でしたが、陸軍の出世コースに乗ることができず、戦史編纂（へんさん）などに携わりました。軍人でしたが、文人に近い生涯を送った人です。ですから彼の墓が雑司ヶ谷霊園にあることに不思議はないのですが、戦後、この「東条家の墓」が「東条英機の墓」としても受けとめられていくのです。

つまり、東条の死後の身体をめぐっては、それが神話化されるのを怖（おそ）れて米軍が実際に行った措置の他に、右翼が作り上げていった神話、自民党右派勢力がこだわり続けている神話、東条の家族がひっそり創造した墓の三つが存在することになります。

（3） 巣鴨地蔵通り商店街と老い・病の都市史

雑司ヶ谷霊園から荒川線の都電雑司ヶ谷駅まではすぐです。ここからトラムに揺られてサンシャインシティの超高層ビルを眺め、大塚で山手線高架下を通り抜けると、まもなく巣鴨地蔵通り商店街の最寄り駅「庚申塚」です。現在はＪＲ山手線や都営三田線がある巣鴨駅からの人出が多い巣鴨地蔵通り商店街ですが、かつて中山道の「立場（休憩所）」として「江戸名所図会」にも描かれた「巣鴨庚申塚」は、旅人で賑わう場所でした。

「庚申塚」で都電を降り、庚申堂が四つ角にある大通りを渡ると、もうそこは「おばあちゃんの原宿」として有名な巣鴨地蔵通り商店街です。約八〇〇メートルの長さの商店街は、休日や縁日が開かれる日は、原宿を連想させるほどの混みようです（写真1－2）。

写真１－２　巣鴨地蔵通り商店街

巣鴨地蔵通りの今日の賑わいは、一八九一年に「とげぬき地蔵」の高岩寺が下谷（したや）からこの地に移転してきたことがきっかけとしています。この移転は、仏教寺院を郊外に移す明治政府の方針によるものでした。それまでの檀家（だんか）と切り離された高岩寺は困窮を逃れるため縁日を毎月四のつく日すべてで行うことにしました。そしてこれが当たり、鄙（ひな）びた郊外だった巣鴨に露店が集まり始め、参拝客や買い物客が増えていきます。

しかし、地蔵通り商店街が、「おばあちゃんの原宿」として大変有名になるのは、もっとずっと後の話です。縁日で賑わうようになっても、大正・昭和を通じ、この商店街は、高岩寺で頻繁に催される縁日で賑わう門前の露店街として知られるに過ぎませんでした。それがやがて、「おばあちゃん」たちと深いつながりを持つようになったのは、高岩寺のとげぬき地蔵で「ご利益」として期待されたのが、「病治癒」だったことを一因としていたと思います。鬼子母神が安産・子育ての信仰と結びついていたのとは対照的に、こちらは老いと病をめぐる信仰と結びついていました。

しかし、それだけではありません。地蔵通り商店街の特徴は、露店から出発しているために何よりも品揃(しなぞろ)えが豊富なこと、全般的に価格が安いことです。しかも昨今の健康ブームで話題になるような乾物や和菓子、安価な衣料品の店が多数並んでいます。これらの「食」と「衣」のバラエティが、衰えない地蔵通りの人気を支えてきました。

つまり、「おばあちゃんの原宿」は、一方では「病治癒」の信仰に支えられ、他方では安価な食料品や衣料品のバラエティに支えられてきました。それはちょうど、若者たちの間での原宿の人気が、一方ではテレビ局やメディアとのつながりによって、他方では無数の小さなショップに支えられてきたのと似ていなくもありません。かつて、寺社が占めていた象徴的な役割は、若い人々の間ではメディアの象徴的な作用に代替されています。

しかし、どちらの「原宿」でも、小さな店でのショッピングが、盛り場の根底を支え続けています。つまり、渋谷や池袋のようなターミナル、あるいは郊外のショッピングセンターとは異なり、原宿、新大久保、巣鴨、御徒町（おかちまち）のような一つ外れた街々の賑わいを盛り上げるのは、相手にする世代や文化は違っても、いつも小さな店々の集合なのです。

この巣鴨での「おばあちゃんの原宿」が勢いづいていく一九八〇年代以降、民俗学者や社会学者によっていくつかの調査がなされてきました。その代表は、一九八七年から八八年にかけて川添登らがやった考現学的調査と、一九九三年に倉沢進らが本にまとめた社会学的調査です。

川添登らの調査は、一九二〇年代に東京銀座で今和次郎（こんわじろう）らによって行われた考現学調査をモデルにしています。川添らは、今の考現学に基づき、地蔵通り商店街に来ている人々の構成や身なり、彼らのふるまいや露店の応対について生々しい観察記録を残しました。これらを見ると、八〇年代末、ここに来ていたのがどのような人々であったのかがよく想像できます。また、露店についても彼らは多くのスケッチを残していて、それぞれ魅力的です。

この考現学的手法の真骨頂は尾行調査で、今ではもうこの種のことはストーカーの嫌疑をかけられてしまうので難しいでしょうが、その頃はあっけらかんと来訪者たちを尾行し、その行動を観察することができました。当時、この通りを訪れていた「六〇歳前後の姉妹と思われる二人連れ」について、次のような記録が残されています。

二人はここに来慣れているらしく、行きは話をしたり、露店を横目で見ながらサッサと早足で歩いていく。高岩寺の境内に入って線香を二束買い、水盤で手を清めた後、正面の香炉で線香を焚き、肩と足、耳に煙をこすりつける。本堂でも手短に手を合わせただけで、後はおみくじをひいて出る。二軒先の露店の箸屋をのぞいたが買わず、さらに二軒先で病気全快の願かけ成就のお守りを買うことになる。そこで水洗い観音をチラとのぞき見て「並ぼうか」と話し合ったが止めにして山門を出る。この間、八分。きわめて手際の良い、そしてあっさりとしたお参りである。

　ここまでのあっさりとしたそぶりにくらべると、山門を出た後の二人の行動はきわめて多彩である。まず門前の飴屋をのぞき、くず湯を五袋買い求める。隣の「磯田園」ではのりとお茶の試飲、試食をし、一人が玄米茶を買う。それから屋台のゴム紐を見たり、薬局でホカロンを手に取ったり、露店の膝あて用サポーターを眺めたりと、盛んにあちこちをのぞきみながらおしゃべりを繰り広げるなど、歩みもぐっとゆるやかである。

（川添登編著『おばあちゃんの原宿』平凡社、一九八九年）

ここに紹介されている例から、「おばあちゃん」たちが巣鴨に何を求めて来ていたのかは明白だと思います。要するに、細々としたショッピングの愉しみです。しかし、そのためには「とげぬき地蔵へのお参り」という口実が必要でした。

川添らの考現学的調査よりも少し後、社会学者の倉沢進らは、地蔵通りでインタビュー調査をしています。そこからも、ここに来る人々の心情が浮かび上がってきます。ある女性は、夫が「病んでいるので、自分で心に決めて、3週間祈禱をつづける」ために来たと話していました、他の女性は九四歳になる足の悪い義姉が「どうしても死ぬことができない」ので、彼女に「早くお迎えが来ますように」と願いに来たと話していました。

それぞれ本当のことなのでしょうが、ここでのポイントは、彼女たちが調査者が話を聞くより前に積極的に身の上話をし始めていたことです。ある女性は、この地蔵通りで「ベンチに座っていると、だれとでも古くからの知り合いのように話がはずむ」と言っていました（倉沢進編『大都市高齢者と盛り場』日本評論社、一九九三年）。彼女たちが求めていたのは、かつて磯村英一が語った「なじみの関係」よりもさらに薄い、「行きずりのおしゃべり」だったのではないでしょうか。そして、そのようなおしゃべりの「話のタネ」として、「夫の病」や「足の悪い義姉」のことが語られていたような気がします。

（4）敗者の墓は、いつも複数建てられる

さて、地蔵通りで食事をすませ、ちょっとぶらぶらした後は、再びトラムに乗って飛鳥山に向かってもいいのですが、ここは板橋まで足を延ばし、石神井川沿いの渓谷を通って王子入りするのがお勧めです。それには、荒川線の庚申塚駅から地蔵通り商店街の方に来たのとは逆方向に進み、どこかで中山道を渡って緩やかに下るカーブの道を下りていけば、石神井川の観音橋あたりに出るだろうと思います。だいたい二〇分くらいの道のりですが、余裕があれば、中山道を渡る前にＪＲ埼京線の板橋駅に寄って、新選組局長だった近藤勇の墓をお参りすることもできます。これは、やや遠回りになります。

なぜ、新選組局長の墓が板橋にあるのでしょう？　その理由は、板橋という街が、かつて江戸の地理のなかで、今とはまったく違う位置づけを持っていたことに由来します。中山道沿いの板橋は、東海道の品川、甲州街道の内藤新宿、日光・奥州街道の千住とともに、いわゆる「江戸四宿」の一つ、つまり日本橋を出て最初の、主要街道沿いにある宿場町でした。これらの宿場町は、単に旅人が旅の最初、ないしは最後に泊まるというだけでなく、江戸の人々が市中の規制を離れて遊びに来る場所ともなります。そのため、旅籠屋（はたごや）だけでなく、茶屋や遊女も

多く、旅人から渡世人、商人から志士たちまで、さまざまな職種、身分、立場の人々が結びつくコンタクトゾーンとなっていました。この中山道の板橋宿の賑わいは、甲州街道の内藤新宿の賑わいに勝るとも劣らぬものでした。

幕末の戊辰（ぼしん）戦争で、幕府を倒すために進軍してきた新政府軍は、東海道と中山道の二手に分かれていました。中山道からの軍は、江戸突入の直前、板橋宿に総督府を構えます。そして、この攻勢のなかで近藤は流山で捕えられ、板橋宿に運ばれたのです。本人は、自分が近藤勇であることを隠していたようですが、そんなものはすぐに見破られますね。それで、斬首となったわけです。ですから板橋は、近藤が処刑された場所です。

ところが、ここからが先ほどの東条英機と似たようなことになってきて、彼の墓が異なる文脈から各地に建てられていくのです。まず、福島県会津若松市の天寧寺には、土方歳三（ひじかたとしぞう）が遺体の一部を葬ったとされる墓があります。また、山形県米沢市の高国寺にも、近藤の従兄弟（いとこ）だった近藤金太郎が近藤の首を密（ひそ）かに持ち去って建てたとされる墓があります。他方、近藤の生家の菩提寺（ぼだいじ）だった東京都三鷹市の龍源寺にも、近藤の娘婿だった近藤勇五郎らが、板橋の処刑された場所から肩の鉄砲傷痕を目印に遺体を掘り起こして葬ったとされる墓があります。さらに、愛知県岡崎市の法蔵寺にも近藤勇の首塚があり、後に訪れる南千住の円通寺にも近藤の墓らしきものがあります。つまり、敗者の死は、近親者から残党まで、さまざまな仕方で物語化される傾向があり、そのプロセスが彼らの墓から見えてくるのです。

板橋宿は、明治以降は宿場町としては衰退の一途をたどりましたが、遊郭としては明治・大正を通じて残っていました。しかし、今日ではかつて遊郭だった場所の塀が数年前までわずかに残っていたくらいです。江戸四宿の近現代史は、その明暗がはっきりしていて、品川と新宿、つまり「四宿」のなかで南側にあった「二宿」は大発展していくのですが、板橋と千住、つまり北側にあった「二宿」は周縁化され、衰退していきます。東京の近代は、極端なまでの南高北低だったのです。この傾向は、今も変わりません。

(5) 蛇行する滝野川渓谷と王子の滝

寄り道は近藤の墓だけにして、石神井川に向かいましょう。緩やかな下り坂の先にある観音橋の対岸には、谷津大観音の大きな坐像(ざぞう)があってとても目立ちますが、これが建立されたのは二〇〇八年、ごく最近ですね。このあたりで堪能(たんのう)したいのは、こうしたモニュメントや史跡よりも、板橋から王子までの石神井川の川筋そのものです。現在ではそれほどではありませんが、この川筋は、江戸時代の頃までものすごく蛇行していました。

石神井川は、隅田川、神田川とともに、江戸・東京という都市を考える際に最も重要な川の一つです。源流は、現在の小平市にあり、練馬区を貫通しています。もともとは武蔵関公園や石神井公園などの池からの水流もあわせ、川幅を広げながら板橋区に入っていきました。王子は北区ですから、石神井川は、練馬区から板橋区へ、そして北区へと進んでいくのです。「滝野川」というのは、この石神井川の板橋区から北区にかけての一帯の名称で、古来、地形との関係で川筋が非常に特徴的な姿をしていました。

というのも、東京という都市は、そもそも武蔵野台地の東端に築かれた都市です。その武蔵野台地の東は、北から上野台地、本郷台地、麹町台地、麻布台地、品川台地などのいくつかの台地となって張り出していました。そしてそこに、西の多摩の方から東に流れていたのが、北は石神井川や神田川、南は目黒川などの中規模河川です。重要なのはこの川と台地の関係です。数万年という時間のなかで、川は台地を削り、坂や谷筋を形成していきます。この地形は、とりわけ川と台地が衝突する場所で複雑になります。

それがまさに、板橋から王子にかけての滝野川一帯でした。実は、飛鳥山というのは上野台地の一部です。上野台地の先の方が上野公園や谷中で、根元の部分が飛鳥山なのです。上野台地の北は隅田川で仕切られていますから、これが武蔵野台地の東端では最も北にある台地です。

隅田川はやや南東に向かって流れるので、上野台地もやや南東に向かって張り出すかたちになります。当然、東に進んできた石神井川と、南東に張り出す上野台地はどこかで衝突します。それが、王子でした。石神井川は、王子に近づくに従い、台地のなかを流れなければならなくなり、まっすぐ進むのは難しくなって蛇行します。蛇行しながら台地を複雑に削り取っていきます。中世までは、それでも飛鳥山を越えることはできず、南に方向転換して、上野台地の西側を進み、不忍池に至っていました（図1－4）。

飛鳥山に向かう石神井川が強いられた蛇行の跡は、「音無さくら緑地」と呼ばれる公園で実感できます。この公園は、もともと石神井川の蛇行する川筋だったところが、戦後、川を直線化する工事が行われたために川筋ではなくなり、跡地が公園化されたものです。訪れると、まるで熱帯雨林のような風景が円弧をなして続いています。

真ん中には数軒の民家がありますが、それらは蛇行する川がここを流れていた時代から私有地だったのだろうと思います。川が公園になり、だんだん密林のようになったので、公園に囲われた土地は価値が上がったのでしょう。内側にあるのは、ちょっとしゃれた民家です。

私はシドニーに住んでいたことがありますが、オーストラリアあたりの生活に慣れている人なら、必ずやこの原生林のような円弧の真ん中に家があったら素敵だと思うでしょう。シドニ

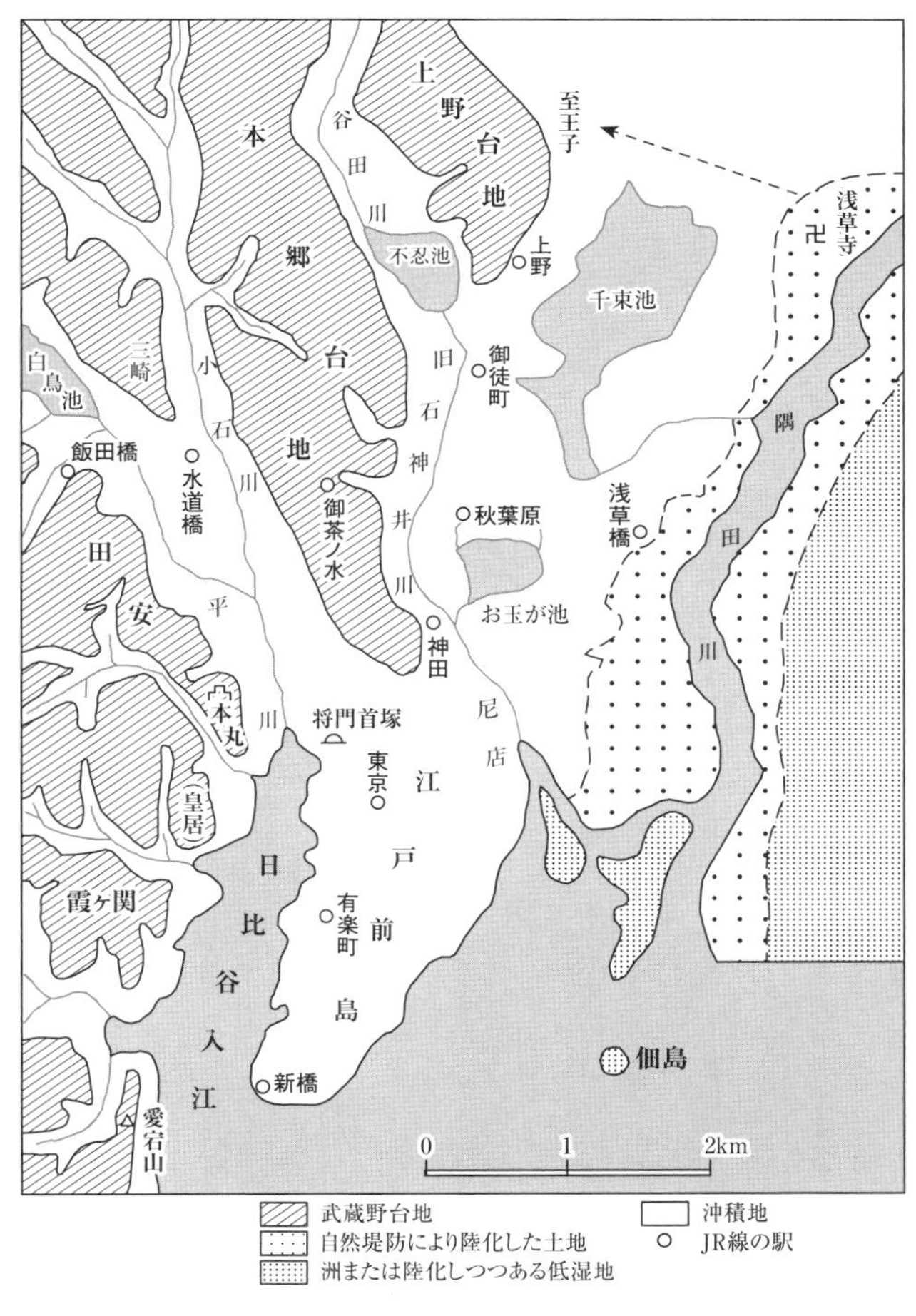

図１－４　中世の頃の石神井川の流れ（出典／鈴木理生『江戸の川・東京の川』井上書院）

ーでも、街中でこんな渓谷に出会うことがあります。

この公園は、蛇行する石神井川が武蔵野台地の地層を削り取っていた場所なので、全体が渓谷のようになっており、頭上には吊り橋も架かっています。まさに、東京都心に出現した突然のジャングルです。しかも、一二、三万年前、この一帯がまだ海底だった頃に形成された地層も露出しています。

この川筋には、他にも「音無こぶし緑地」「音無もみじ緑地」といった似たような名前の緑地が連続していますが、これらはいずれも蛇行していた石神井川を直線化するなかで生まれた緑地です。こうして蛇行は川が飛鳥山とぶつかる音無橋のあたりまで続いています。このように、この一帯の地名に「音無」という言葉が多用されているのは、江戸時代にはここが「音無渓谷」と呼ばれていたからです。音無渓谷は、石神井川が武蔵野台地を削り取ることで形成された地形で、削り取られた各所で湧き水や滝が出現して、特にそれらの滝は「王子七滝」と呼ばれて江戸の名所図会に盛んに描かれていました。「滝野川」というこの地域の名前も、「滝のように川が流れる」という意味です。

これらの滝のクライマックスは、音無橋付近の大滝にあったのですが、今はダムのようなコンクリート塀で堰き止められ、水はその横のトンネル水路に流されています。この水路は、飛鳥山の山腹を貫いて王子駅の反対側に石神井川の水をバイパスさせてしまいました。

かつての風景の片鱗（へんりん）を感じさせるのは音無橋の形状で、この橋は関東大震災復興期に建てられたことを象徴するように、御茶ノ水にある聖橋と瓜二つ（うりふた）です。かなり立派なアーチ状で、戦前は、この橋の下にも、聖橋の下の神田川と同じように石神井川の流れが滔々（とうとう）とあったことを教えてくれます。しかし、戦後の河川改修工事で、石神井川は高い護岸で覆われ、ほとんどの水が見えなくなってしまいました。今日、昔の風景を多少なりとも復活させようと、橋の下は音無親水公園となりましたが、「親水」といっても流れる水がわずかで迫力がありません。水のほとんどはトンネルで飛鳥山をバイパスし、王子駅の先は首都高速の下の用水路のようになってしまい、「悲惨」といわざるを得ない風景が続きます。まだ、川が復活したとは到底いえないのです。

(6) 飛鳥山と近代日本の資本主義

しかし、石神井川の水は、日本の近代化にとって重要な意味を持っていました。明治の初め、この川の水を実業家の鹿島万平は紡績の動力として利用し、その排水を渋沢栄一は製紙工場に利用していきました。渋沢が王子に彼の事業の最初の本拠地を置いたのは、石神井川の水の存在が大きな理由の一つでした。そしてもう一つの理由は、飛鳥山の風景だったと思います。

いずれ谷中霊園を訪れる際にお話ししますが、渋沢は死後まで徳川幕府最後の将軍徳川慶喜の忠実なる家臣でした。その彼が、八代将軍徳川吉宗によって庶民が楽しめる桜の名所として開発された飛鳥山を愛したのは、必然的だったと思います。渋沢は日本の近代資本主義を、薩長によるものというよりも、徳川幕府が築いた江戸という都市の先に見ていたところがあるからです。その渋沢にとって、上野台地の根元にある飛鳥山と石神井川が出合う王子はきわめて重要な地政学的ポイントでした。

飛鳥山は、吉宗の時代から現在に至るまで、人々に親しまれる花見の名所です。江戸の名所のうち、水辺の名所の大半が近代化のなかで失われてしまいましたが、丘の上の名所は結構、生き残っているのです。江戸では、飛鳥山以前に寛永寺の大伽藍(だいがらん)が並ぶ上野が桜の名所となっていましたが、上野は将軍家の聖地で、庶民が気軽に楽しむには限界がありました。そこで吉宗は、江戸庶民の行楽のエネルギーを外縁の飛鳥山に向けたのです。今でもここには大勢の花見客が訪れ、公園は子どもたちで賑わっています。

余談ながら、飛鳥山と本郷の東京大学との間では、明治時代にとても面白い出来事が起きています。いわゆる「明治一六年事件」です。当時、明治政府は自由民権運動に対する弾圧を強化しており、これに対する反発が東大生の間にも広がっていました。この年、本郷キャンパス内の学生寮で生活していた学生たちは、政治活動への統制強化に反発し、学位授与式の日に騒動を起こします。一〇月二七日、彼らは学位授与式への出席を拒否し、「遠足」と称して本郷から上野、日暮里、そして飛鳥山へと旗を掲げてデモ行進をしたのです。飛鳥山に到着すると、そこで酒宴を開き、酩酊（めいてい）してふらふらになりながら本郷まで戻ります。寮に戻ると他の学生も引き入れて、学生寮の板塀や器物を破壊し、舎監室を荒らし、食堂に乱入して暴れたそうです。これは、明治の東大紛争ですね。しかし、昭和の東大紛争とは異なり、安田講堂のような学内の施設ではなく、飛鳥山が舞台となっているところが面白いと思います。本郷から飛鳥山までは、東大生にも馴染（なじ）みのあるルートだったのです。

さて、飛鳥山を訪れる際、ぜひ乗ってみたいのはモノレールです。高低差はわずか一七・四メートルで、法規上は「斜行エレベーター」に過ぎませんが、それでも飛鳥「山」には「モノレール」があり、無料で二分間の山登り気分を味わえるのです。荒川線を王子駅前で降りる停留場のすぐ近くに乗り場があり、観光気分で「山登り」ができます。

そして、「山頂」は飛鳥山公園ですが、そこから見下ろすと、乱開発で建てられたマンションが並び、眼下にはゴルフ練習場やスーパーマーケットなどが並ぶ雑然とした区画が広がり、その向こうに石神井川と首都高速に仕切られて国立印刷局王子工場の敷地が見えます。そこが、かつて渋沢栄一によって設立された抄紙会社があった場所で、日本の製紙業の発祥の地、それどころか明治の近代資本主義の原点となった場所なのです。

紙と資本主義の間に、どんな関係があるのでしょうか？　ポイントは、紙幣です。最近では、電子マネーが盛んになり、紙幣の時代に終わりが近づいているように見えますが、一九世紀末、資本主義が必要とする大規模で広域的な取引を可能にするのは兌換紙幣の発行でした。このことに渋沢が気づくのは、一八六七年、徳川幕府のパリ万博使節団随員として渡仏した時です。当時のパリではナポレオン三世の下で資本主義が先端的に花開いていました。そのパリで渋沢は、「資本主義とは紙幣である」との認識に達します。日本の経済を発展させるには、モノをより多く生産するだけではだめで、大量の貨幣を迅速に流通させる仕組みが必要です。そのためには何よりも軽い貨幣、つまり紙幣が偽造されない仕方で安定的に供給できなければならないと渋沢は考えたのです。

もちろん、渋沢が製紙会社を始める以前、日本に紙幣がなかったわけではありません。すでに紙幣は、江戸時代からあるにはありました。それどころか、世界で最初に紙幣を発行したのは、ヨーロッパではなく中国です。世界初の紙幣は一〇世紀末に現在の四川省成都で生まれたそうです。北宋時代で、繁栄する中国沿岸部から離れていたため、遠隔交易を盛んにするのに軽い紙の貨幣を成都の豪商たちが信用保証して発行したのです。紙幣発行は南宋にも引き継がれ、この紙幣には、発行官庁、発行年と通用期限、偽造への罰則までが書き込まれていたそうです。これはむしろ、今の手形のイメージですね。

日本における紙幣は、一七世紀初めの頃に伊勢山田の商人たちが信用保証をして発行を始めたのが最初とされます。「山田羽書」という紙幣です。日本の紙幣経済は、伊勢神宮の信仰と結びつきながら広がっていったのです。資本主義と神は、西洋でも日本でも意外なほど近いところにいます。その後、資金調達のために各地の藩や寺社がそれぞれ紙幣を発行していきますから、幕末にはこの種の藩札はありふれたものでした。

渋沢が製紙工場まで建設して新たに発行しようとしていた紙幣は、これらの江戸時代からあった紙幣とどう違ったのでしょうか？　最大のポイントは、偽造防止です。今日の電子マネーにおけるブロックチェーンなどと同じことが問題になっていたのですね。

実は、明治になっても藩札同様の紙幣は刷られており、その代表が維新直後の一八六八年に発行された太政官札でした。ところがこれは、和紙の上に近世以来の技術で印刷された紙幣でしたので、大いに偽札が流行りました。これでは新国家の経済への損害が大きいので、明治政府はドイツやアメリカの印刷会社に日本の紙幣の印刷を委託します。欧米ではすでに、偽札が不可能なほど精巧な印刷技術が発達していました。しかし、これでは紙幣の印刷自体のために莫大（ばくだい）な費用がかかってしまうという問題がありました。そこで渋沢は、洋紙の製造から銀行まで、新しい紙幣経済の国産化を目指したのです。

こうして一八七三年、渋沢は勤めていた大蔵省を辞して資金を集め、抄紙会社を設立、飛鳥山下に製紙工場を建設します。そこに石神井川と千川上水が流れていたことから製紙に必要な水を確保できたこと、川の水運や主な街道を通って材料の調達が有利だったことなど、同地は洋紙製造の条件を備えていました。また、王子村の工場誘致もあったようです。製紙工場は東京近郊にあることが望ましく、その点でも飛鳥山は絶好の立地でした。一八七六年には明治天皇が飛鳥山を訪れ、近隣に開業してまもない大蔵省紙幣寮抄紙局とともに渋沢の抄紙会社を「天覧」します。その時の様子を描いた「飛鳥園遊覧之図（ゆうらんのず）」には、煙突から煙をたなびかせる製紙工場が見えます。

その生涯で約五〇〇もの企業の設立に携わった渋沢は、まさに起業のスーパースターですが、その彼が最初に取り組んだのが銀行と製紙でした。同じ頃、日本各地で洋紙製造を行う会社が設立されていますが、製紙と資本主義の関係を渋沢ほど深く理解していた人はいません。資本のフローは紙幣のフローであり、さらには証券や証書など、すべては紙を媒体とします。渋沢は、単に和紙に代わるものとして洋紙の製造に取り組んだのではなく、紙幣の大量生産がいかなる資本主義を出現させていくかを見通していたのです。

それから一四〇年以上の時が流れ、紙は資本主義の基盤としての地位を失いつつあります。今や貨幣もメディアもデジタルが主流の時代です。経済においてはブロックチェーンやビットコインといった言葉が飛び交い、人々はスマホに流れてくる情報に没入しています。しかし、ここ王子駅前でもうすっかり姿の消えた明治の製紙工場に思いを馳せ、飛鳥山に登って旧渋沢邸の痕跡のなかで資本主義発達史に触れることは、明治の紡績工場や製鉄所の産業遺産を訪れるのとは別の近代についての発見をもたらしてくれます。

《第一日のまとめと提案》

荒川線を延伸し、トラムの都心環状線をつくる

今日は、鬼子母神に始まり、都電荒川線に乗って飛鳥山まで至る東京の小さな旅をしました。

私たちは、都市には少なくとも三つの時間の次元があることを学んだと思います。

第一は、モビリティの時間、つまり速度です。歩く速さの時速四キロと自動車や地下鉄の時速四〇キロの間に、時速一三―一四キロというスローモビリティの速さがあります。この速さが可能にする都市の見え方を、実際に荒川線に乗りながら考えたわけです。時速四〇キロが、私たちを場所から乖離させ、視覚的な対象としてしか風景に関わることができなくさせてしまうのに対し、時速一三―一四キロは、私たちをなおその空間のなかに留(とど)め、路上の街々とのさまざまな相互作用を可能にし続けます。荒川線を起点に、東京にトラムを復活させていくことは、そのような相互作用を都市のなかに復活させていくことなのです。

第二に、私たちは人が誕生し、やがて老い、死に至る人生の時間についても、それぞれの時間が空間化している場所を訪ねることで考えました。鬼子母神は、「鬼」の「神社」なのではなく、そもそもは聖母マリア像にも連なる古代ギリシャ由来の「聖なる母」の「神社」です。つまり、この場所が象徴しているのは、母子の時間であり、子どもの誕生が日本でも、戦国時代の頃から特別な意味を持つようになった歴史です。それは現在までつながり、今も少子化と母子関係の問題に私たちの社会がどう取り組むかが問われ続けています。

他方、巣鴨の地蔵通り商店街は、もう三〇年以上も「おばあちゃんの原宿」であり続けています。この地蔵力ならぬ持続力には感嘆しますが、遡ればこの通りが賑わい始めたのは戦前からで、もっと長い歴史があるわけです。この通りの最大の魅力は、信仰から食べ物まで、多くが病を退け、健康を維持することに向けられていることです。昨今のテレビでの健康・長寿に関する番組の隆盛を見れば、「巣鴨スタイル」の街はまだ増えそうです。

さらに、死後の時間について、私たちは雑司ヶ谷霊園で「東条英機の墓」を訪れながら考えました。そのポイントは、他者による人生の記憶という点でした。東条英機の人生は、米軍による記憶抹消の試みや、日本の右翼や右派による記憶化という政治の渦中に死後もあり続けたわけですが、しかし彼の家族は、雑司ヶ谷霊園に埋葬したことにするという、ただそのような記憶の仕方をとり、おそらくは墓参を続けたわけです。つまり墓は、モモが「どこにもない家」に行く際に通ったように、誰であれ、他者がその人生を記憶し続けるための留め金で、それが都市のなかにあり続けることによって、過去は未来につながっています。

第三に、私たちは王子で渋沢栄一の製紙業と日本の資本主義がいかに結びついていたかを考えました。それとの関係でいえば、このあと私たちは「山谷」や千住、三ノ輪のいくつかの場所を訪れ、また現在、日雇い労働者の街がどう変貌しつつあるかを観察することになるでしょう。それらから垣間見える（かいまみ）のは、近代国家建設と資本主義発展の裏面の歴史です。一方には、渋沢のような資本主義のプロデューサーがいて、他方には無数の貧しき人々がいた。そのような日本の近代を、東京は、さまざまな空間的な痕跡として残しています。私たちは、やがて一方では上野や兜町を訪れるなかで再び渋沢に出会い、他方では吉原や本郷で樋口一葉に出会うなかでもこのことについて考え続けていくでしょう。

さて、荒川線は早稲田と三ノ輪橋をつないでいます。しかし、まずこの三ノ輪橋側の終点を南千住まで、早稲田側の終点を飯田橋まで延伸することを提案します。現在の終点は、もともとの都電ネットワークがあった時代のものがそのまま残ったもので、現在の都市交通に対応していません。三ノ輪に至近のターミナルは南千住で、ここには常磐線、日比谷線、つくばエクスプレスがすでに乗り入れていますから、これらと荒川線が接続することになります。他方、早稲田で終わっている西側を、神田川に沿って飯田橋まで延伸します。江戸川橋までは今と同じ新目白通りを、江戸川橋から飯田橋までは目白通りを通りますが、両方とも道路の広さに比べて車の交通量は少ないので、一車線程度を路面電車のために使うことは可能でしょう。

そうすれば、荒川線は飯田橋で中央線、総武線、東西線、有楽町線、南北線、大江戸線と接続することになります。つまりこれだけで、荒川線は九つの主要な鉄道と接続され、人々は飯田橋や南千住で乗り換えて、気軽に鬼子母神や雑司ヶ谷霊園、巣鴨の地蔵通りや飛鳥山を訪れることができるようになります。

第二段階の目標は、第三の都心環状線を出現させることです。これは、延伸した荒川線の終点・南千住を南下し、「山谷」を通って隅田公園に出て、浅草を右折して上野に進み、そこから南下して秋葉原、万世橋に至り、右折して神保町に達する。そこから北上して水道橋、さらに神田川沿いに飯田橋に至ることで、早稲田から延伸された荒川線につながる環状線です。

この路線のなかの秋葉原、万世橋と浅草を結ぶ区間を、次回の街歩きでは歩きます。ですから、細かくは次回説明していきますが、これが実現すると、山手線、大江戸線に続く、第三の東京都心を回る環状線が誕生します。欧米の都市の基本構造はグリッドですから、南北ないしは東西方向に移動する路線が交通の基軸をなします。同時に放射状の路線も重要です。しかし、東京の基本構造はあまりグリッドにはなっておらず、道路でも重要なのは円環構造です。この都市に円環を幾重にも重ねるような公共交通の流れを作り出していく。山手線は主動脈ですが、地下を大回りで大江戸線が走るのに対し、地上の、それも車道を仕切り直してスローな路面電車が円環状に回っていけば、世界的にもまったく新しい都市交通のかたちが見えてきます。

ついでながら、現在、荒川線は「東京さくらトラム」と呼ばれていますが、何だか気の抜けた名前です。せめて雑司ヶ谷、巣鴨、王子、そして三ノ輪はすべて江戸という街の外縁にあったのですから、地下鉄「大江戸線」の向こうを張って「外江戸線」と呼ぶくらいの歴史感覚は持ってほしいところです。さらにいえば、その「外江戸線」を延伸し、円環状にしていこうというわけですから、今、お話しした浅草から飯田橋までの部分は「内江戸線」と呼ぶことができるでしょう。それで、「外」と「内」が合わさった全体は、当然ながら「トラム江戸線」になります。つまり東京には、「大江戸線」と「トラム江戸線」の両方が存在することになるわけです。大江戸線は、多くの区間で東京の地下の最も深いところを走る地下鉄です。地上にはまったく出ませんし、純粋に「移動」に特化した路線だと思います。ですのでこれに対し、「移動」だけではないさまざまな文化的、生活的機能を担うスローモビリティのモデルとして「トラム江戸線」を実現させることで、私たちは、再び東京に「トラムの街」としての貌を持たせ、この都市の交通に平均時速一三〜一四キロという時間軸を入れることで、東京＝江戸の見え方を根本から変えていけるはずです。

第二日　秋葉原―上野―浅草間に路面電車を復活させる

浅草花やしき
浅草六区
つくばエクスプレス
駅
東武伊勢崎線
浅草駅
とうきょうスカイツリー駅
東武伊勢崎線
GOAL
東京スカイツリー周辺
東京メトロ銀座線
都営浅草線
東京メトロ銀座線
浅草駅
首都高速6号向島線
都営大江戸線
錦糸町駅
JR総武本線
JR総武線
首都高速7号小松川線

京成本線
東京メトロ千代田線
かっぱ橋道具街
上野駅
上野駅正面玄関口
上野駅広小路口
十三や
アメ横
仏壇通り
キムチ横丁
道明
酒悦
シンスケ
御徒町駅
湯島駅
木本硝子
ワンス・アポン・ア・タイム
アーツ千代田3331
東京ラジオデパート
おかず横丁
郡司味噌漬物店
凸版印刷本社ビル
秋葉原電波会館
大学東校跡地
（現 三井記念病院）
秋葉原駅
JR中央線
秋葉原ラジオセンター
都営浅草線
START 万世橋
マーチエキュート神田万世橋
東京メトロ丸ノ内線
都営新宿線
東京メトロ日比谷線

《冒頭講義〜路面電車がもたらす新たな東京の可能性》

(1) スローな都市の速度から見えてくるもの

前回の街歩きでは、唯一残った都電である荒川線沿線を巡り、平均時速一三—一四キロの路面電車で移動することで東京という都市の見え方が変わってくることを実感しました。今日の東京からは、低速の乗り物の時間軸がほとんど失われ、人々と街とのつながりは希薄になっています。かつて東京中を網の目のようにつないでいた都電は、「より速く」という近代の東京が追求してきた価値観にそぐわないとして、一九六四年の東京オリンピックを境に荒川線を除いてすべてが廃止されてしまいました。

この歴史を反転させる。つまり、失われた時速一三—一四キロの時間軸を東京の生活に改めて挿入する方法として、私は友人たちと東京都心に路面電車を復活させる計画を進めています。路面電車はノスタルジーの観点で語られがちですが、その魅力はもっと未来的なものです。近年、路面電車すなわちトラムは、新しいまちづくりの主役として世界各地で復活し、最新の技術が施された次世代型トラムも活躍しています。そもそもトラムの整備コストは一キロあたり約二〇－四〇億円と、地下鉄（同二〇〇－三〇〇億円）、モノレールや新交通システム（同一〇〇－一五〇億円）などよりずっと安価です。

トラムの利用は駅での階段の上り下りは必要ありませんから、最初からバリアフリーです。高齢者や幼児、身体障害者も楽に乗り降りできます。また、専用軌道を走れば渋滞に巻き込まれることもありません。二〇〇六年に新たに開業した富山市の路面電車「富山ライトレール」では、車移動が一般的な土地柄にもかかわらず、開業前の鉄道路線と比較して利用者数が二倍以上増えたそうです。昨今のいくつかの高齢者の運転事故が示唆するように、超高齢化社会がこのまま車優先の社会であり続けるのは大きな危険を伴います。車の運転ができなくても安心して移動できるトラムは、誰もが暮らしやすいまちづくりにつながっていくのです。

また、トラムによる移動は徒歩移動も促します。ドイツ・フライブルク市ではトラムなど公共交通を再整備して中心市街地への車の進入を原則禁止し、快適な歩行空間を形成したことが医療費削減にもつながったと報告されています。さらに、トラムは災害に強く、排気ガスを出さないので環境への負荷が少ない点も注目されてきました。

こうしたなかでも今回、特に強調したいのは、トラムは単なる交通手段ではなく、街が持つさまざまな文化的、商業的価値に光を当てるメディア的機能を持つことです。一度地下に入ってしまうと点と点の移動にしかならない地下鉄と違い、トラムは街と切れ目なくつながりながら目的地に行くことができます。軌道が見えるトラムでは、土地勘がない観光客でも途中下車がしやすく、乗客は車窓から見える風景で何か気になったことがあれば気軽に乗り降りができます。トラムは街と人との関係を深め、観光やショッピングを含めた沿線地域の新たな価値を生み出すメディアの役割を果たすのです。

(2) 東京都心に路面電車を復活させる

第一日の「まとめ」で、荒川線を早稲田と三ノ輪橋からそれぞれ延伸し、飯田橋と南千住の間を走る「外江戸線」を作り、さらに東京の真ん中を走る「内江戸線」のトラム路線を開設することを提案しました。この話を、今日も続けるところから始めさせてください。

実は、この「内江戸線」構想は、現実のプロジェクトとして動き出しています。「トーキョートラムタウン（TTT）構想」と名付けられたこの構想は、「東京文化資源区」構想が展開するプロジェクトの目玉です。「東京文化資源区」とは、谷根千（やねせん）から根岸、上野、本郷、湯島、秋葉原、神田、神保町に至る東京都心北部を指します。半径わずか二－三キロのこのエリアには近世・近代の東京の有数の文化資源が集積しています。「TTT構想」では、徒歩圏内でありながら実際には分断されている「文化資源区」の街々をトラムでつなぎ、過去と未来をつなぐ東京都心を実現すべく検討を重ねています。

このTTT構想では、万世橋付近から昭和通りか中央通りを北上して上野に至り、そこから東に折れて浅草通り、通称「仏壇通り」を浅草まで進みます。さらに松屋浅草の横を隅田公園沿いに北上し、山谷堀公園の脇をやや西に折れれば、ほどなく「山谷」を通って南千住に至ります。つまり、荒川線を延伸した終点とつながるのです。

(3) 生活文化圏と結びついていた旧区の広がり

今回、この秋葉原―上野―浅草間のルートを歩くもう一つの目的は、戦前から戦後にかけての東京都心の生活文化圏を経験し直すことです。最初に訪れる万世橋は、かつて複数の鉄道路線が乗り入れる東京の交通の中心でした。また、その万世橋・須田町(すだちょう)から外神田に向けて広がっていった秋葉原電気街は、戦後の闇市的なものづくりの世界を今日まで伝えています。そして、御徒町から上野にかけての一帯は、アメ横やコリアン・ストリート(キムチ横丁)をはじめ、戦後の闇市的な記憶を残しています。さらに上野駅は、東北から集団就職で上京してきた人々の記憶と結びついています。他方で浅草も、上京者たちの第二の故郷としての記憶が刻まれる街でした。

銀座、日比谷から六本木、原宿、渋谷といった都心南西部が、どちらかというと薩長中心の明治政府や米軍など、支配層の都市的記憶と結びついてきたのに対し、秋葉原から上野、浅草までの地域は、東京に吸い寄せられ、その周縁を生きていた人々の記憶と不可分です。

今回、私たちが歩くルートは、東京の古い区割りでは、神田区、下谷区、浅草区の三つの旧区にまたがります。戦前の東京は、東京府と東京市という、今日の大阪府と大阪市の関係と同じような二重構造で運営されていました。このなかで、東京の中枢で国からも一定の自律性を保持し、強い影響力を持っていたのは東京府ではなくて東京市です。歴代の東京市長を見ても、とりわけ早い時期には尾崎行雄、阪谷芳郎、後藤新平といった超大物が並んでいます。その東京市は、もともと一五の区に分かれていました。麹町区、神田区、日本橋区、京橋区、芝区、麻布区、赤坂区、四谷区、牛込区、小石川区、本郷区、下谷区、浅草区、本所区、深川区の一五区です（図2－1）。この一五区が、オリジナルな意味での東京都心です。なかでも京橋、日本橋、神田、下谷、浅草の五つの区は、江戸町人文化の中核をなしてきた地域で、本書の街歩きのこだわりもここにあります。

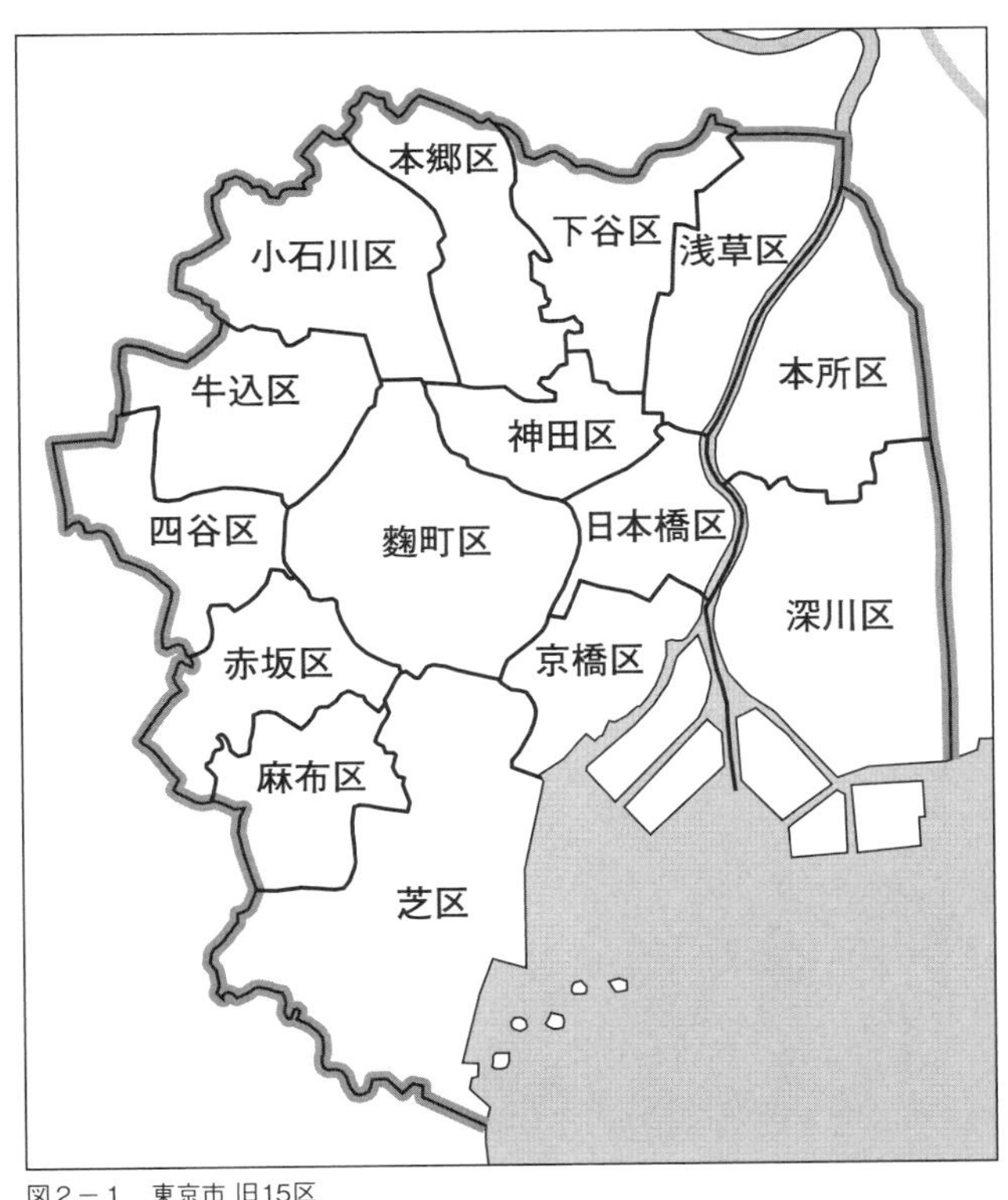

図2－1　東京市 旧15区

旧一五区の名称は、どれもそれぞれ具体的な地域のイメージと結びついていますね。現在の二三区、つまり千代田区や中央区、文京区、台東区、港区などの名称がひどく抽象的で、具体的な地域のイメージを呼び起こさないのとは対照的です。つまり同じ「区」でも、東京市時代には、今よりもずっと地域コミュニティと行政単位が結びついていたのですが、戦後になると、「区」はもっと抽象的な、具体的な地域の単位との結びつきが弱い存在に変化してしまいます。なぜ、そのような転換が生じていったのでしょうか？

その発端は、東京の都市圏の拡大のなかで、一九三二年、それまで郡部で市外だった今の大田区、世田谷区、杉並区、練馬区、板橋区、北区、足立区、葛飾区、江戸川区などの地域を市内に編入したことに始まります。これらのうち、たとえば今の北区にあたる地域は滝野川区と王子区、大田区にあたる地域は大森区と蒲田区というように、昔と同じやり方で分けられていましたが、世田谷、渋谷、中野、杉並、豊島、足立、葛飾、江戸川などは、今と同じように非常に広い範囲が一つの区として括(くく)られました。これらは市街地ではなく、広大な農村地域だったので、街を単位に括ることができなかったのです。

ところが戦争末期の一九四三年、帝都防衛の観点から、首都機能の一元化が強行されます。これが、東京都の誕生です。それまでの東京市と東京府の二重構造は廃止され、小笠原諸島から多摩の丘陵地帯までが入る広大な地域の行政が一元化されます。別の言い方をすれば、この時に、東京都心部の東京市としての統合性と自律性が失われたのです。本当は、東京の都心は、東京都よりもずっと小さい広がりです。この都心部を統合的に運営することがこの都市の未来にとってとても重要なのに、特別区としてばらばらに分かれてしまっているために意思決定が複雑化し、都市を都市として変えていく統一的な政策の展開が困難です。要するに、かつての東京市長の場所がなくなってしまったのです。

しかも戦後、一九四七年、郊外の農村地域と同じような広域的な括りが古くからの市内の区にも当てはめられ、三五あった区は二二に再編されます（その後まもなく、板橋区から練馬区が分離し、現在の二三区になります）。こうしてたとえば、麴町区と神田区は千代田区、京橋区と日本橋区は中央区、芝区と麻布区と赤坂区は港区、四谷区と牛込区と淀橋（よどばし）区は新宿区、小石川区と本郷区は文京区、下谷区と浅草区は台東区に統合されたのです。

このように、「千代田」「中央」「港」「文京」「台東」といった名前がひどく抽象的なのは、そもそもこの統合がきわめて人為的なものだったからです。そしてこれによって、東京都心では行政単位と地域コミュニティの文化的単位の結びつきが複雑になりました。実際、たとえば千代田区を構成する神田と麴町は、文化的にはまったく異質な地域です。

今さら二三区を三五区に戻すのは難しいかもしれませんが、私は少なくとも、東京の基底にある文化的多様性を浮上させるには、現在の区で考えるのではなく、旧区の広がりで考える必要があると思っています。日本橋には日本橋の、神田には神田の、下谷には下谷の、浅草には浅草の個性があります。もちろん、それぞれの旧区に属するさらに細かな街々には、これまたそれぞれの個性があるわけですが、その小さな個性をまとめる中範囲の個性のまとまりとして、旧区の広がりはちょうどいい規模だったのです。

今日、私たちは外神田の秋葉原から下谷の御徒町へ、最後は浅草とその裏一帯へと旅していきます。内神田から外神田へ、下谷から浅草へという流れは、江戸・東京の都市文化の中心から周縁に向かう道程です。そしてこの中心から周縁への軌道上に、万世橋、御徒町、上野、浅草、さらには吉原や「山谷」のようなスポットが並んでいるのです。

《街歩きと路上講義》

(1) 万世橋と市電網の東京

神田川に架かる鉄筋コンクリートの万世橋は、関東大震災後の復興事業で架け替えられたものが今も使われています（写真２－１）。この近辺は江戸以来の交通の要衝で、徳川将軍が江戸城から上野寛永寺に参拝する「御成道」のルートにあたりました。都電の先駆けである東京馬車鉄道の時代から、ここは新橋から神田、上野、浅草までをつなぐ要のポイントでした。やがて、万世橋は東京の市電網全体の中核となり、都電最盛期の一九五〇－六〇年代、運行されていた四一系統中の七系統がここに集結していました。

他方、この橋の下を流れる神田川は、御茶ノ水から万世橋を通って浅草橋に向かいます。この神田川によって、日本橋とつながる内神田と御徒町につながる外神田が分かれていました。つまり万世橋から秋葉原にかけては、明治の水上交通と陸上交通の交点に位置していたのです。

写真２－１　万世橋

大正期の東京市電の路線図を見ると、なぜこの万世橋、秋葉原が東京の市街交通ネットワークの中心であったのかがよくわかります。たとえば一九一五年に発行された「電車運転系統図」では、東西方向では神保町、小川町（おがわまち）、須田町、万世橋に最も太い線が走っています。何本もの路線が重なっていたのです。他方、南北方向では、神保町からの路線は現在の都営三田線と同じ水道橋、春日（かすが）、白山（はくさん）をつないでおり、須田町からは本郷方面に向かう路線が、東大赤門前や東大正門前、旧制一高（現在の東大弥生キャンパス）前まで走っていました。さらに万世橋から出ていたのは、神田川沿いに御茶ノ水、水道橋、飯田橋へ向かう路線で、中央線と並行して走っていました（図2-2）。

万世橋には、一九四三年まで国有鉄道の中央線の駅として使われていた立派な駅舎が建ち、日露戦争の「軍神」広瀬武夫の銅像が駅前広場にそびえていましたが、今、ここに停（と）まる電車はありません。鉄道ファンの殿堂として親しまれた交通博物館も二〇〇六年に閉館しました。しかしながら、鉄道が停まらなくなり、都電が廃止され、博物館までもが閉館してしまっても、万世橋のかつての駅舎は、長らく歴史の痕跡として残っていました。

そして二〇一三年、旧万世橋駅の高架橋や駅の一部だった建物をリノベーションした商業施設「マーチエキュート神田万世橋」がオープンし、この場所の歴史と記憶を今に伝えています。一〇〇年近く前に作られたレンガ造りのアーチ橋と現代のハイセンスなショップやカフェとがしっくり馴染む空間は魅力的で、一階に展示されている往時の万世橋の賑わいを再現したジオラマは必見です。駅ホームだった場所は、今もこの高架橋の上を走る電車を至近距離で見ることができる、オープンデッキのレストランになっています。

さらにこの建物の神田川側に出ると、昌平橋（しょうへいばし）から万世橋までの神田川の川筋が一望できます。対岸にある川に背を向けたビル群の壁面があまりに醜いのが興ざめですが、潜在的にはもっと魅力的になり得る風景です。地域の歴史遺産とも呼べるこの場所は、万世橋が路面電車の発着で賑わっていた風景に想（おも）いを馳せるのにぴったりといえます。

（2）秋葉原とラジオの戦後

万世橋を背に歩き出せば、秋葉原はもう目の前です。「アニメ・ゲームの街」として世界的に有名な秋葉原には、日本人はもちろん年間二〇〇万人ともいわれる外国人観光客が押し寄せます。一日の平均乗降客数は約七七万人と、東京でも指折りの観光地です。知られるように、秋葉原のこの賑わいは、戦後の闇市に端を発するラジオ部品販売から出発しています。「ラジオの街」は、高度成長期に「家電の街」へと変わり、さらにそれが「パソコンの街」に、そしてついには「アニメ・ゲームの街」へと変貌していきました。秋葉原の面白さは、このそれぞれの歴史的地層が、今のこの街の風景に堆積していることです。

電車運轉系統圖

図2－2　電車運転系統図（出典／『都営交通100年のあゆみ』東京都交通局）

そこで、まず訪れたいのは、秋葉原駅ガード下にある「秋葉原ラジオセンター」「秋葉原電波会館」、そこから中央通りを渡った先の「東京ラジオデパート」です。敗戦直後、ラジオ露天商たちが須田町を中心にひしめいていました。彼らのなかには復員した元通信兵も多く、当時大きな需要があった組み立てラジオの部品や電子パーツを売っていました。近隣の神田錦町にあった電機工業専門学校（現東京電機大学）の学生も部品を買いに来て、なかには自作ラジオを販売する学生もいたそうです。その後、GHQ（連合国軍最高司令官総司令部）が発した露店整理令を機に、露天商は秋葉原に移転、「ラジオの街」を形成していきます。

今でもそうした戦後の名残が感じられる場所が、ガード下で隣り合う「秋葉原ラジオセンター」と「秋葉原電波会館」です（写真2−2）。いかにも昭和風な入口を一歩入れば、まさに昔の露店街そのままのような空間に圧倒されます。狭い通路をはさんで並ぶ小さな店には、マニアでなければ見当もつかない電子パーツがびっしりと陳列され、時代ものの古いラジオや無線機もあります。「ここに来れば必ず目当ての物が見つかる」品揃えに根強いファンがいるようです。だんだん店舗が減っていますが、この場に足を踏み入れるだけで味わえるタイムトリップは、マニアならずとも体験する価値があります。

露天商だけでなく、秋葉原には戦前からラジオ部品を売る店がありました。一九二五年に東京放送局（日本放送協会の前身）が始めたラジオ放送をきっかけに、日本に「ラジオの時代」が到来します。それ以前の実験ラジオ放送の頃からアマチュア無線家を中心にラジオ電波受信機の製作が流行し、電気材料の卸商店だった山際電気商会（一九二三年創業）、廣瀬無線電機（一九二五年創業）などもラジオ部品を取り扱うようになりました。

写真２－２　秋葉原電気街
（上）ラジオセンター（下）電波会館

　つまり、秋葉原を「家電の街」としてだけ捉えてしまうと見えてこない「ラジオの街」としての草創期が、この街が今日、「アニメ・ゲームの街」となっていく歴史を考える時のカギなのです。ラジオからアニメ・ゲームまで、秋葉原は一貫してサブカルチュラルなメディアの街でした。実際、初期のラジオはサブカルチャーそのものです。秋葉原発展に深く関わってきた山本博義さんによれば、この一帯には最初から電気製品の露店が多かったわけではないそうです。ところが一九四六年頃、ある露店が「真空管やラジオ部品なんかを置いたらバカ売れしたのがきっかけ」で一気に広まります。理由は若者たちのラジオ製作で、そこでは電機工業専門学校の学生たちが大きな役割を果たしました。

やがて、後年のアニメ・ゲームのブームと同様、ラジオブームが到来し、「笠置シヅ子や東海林太郎なんかが大ヒットしてね。みんながラジオを欲しがっていた。素人が自分で組んだラジオを農家に持って行くと、米一俵とか、野菜の山などと交換できた」と、山本さんは語っています（遠藤諭「秋葉原電気街のはじまりについて」、『広域秋葉原作戦』東京文化資源会議「広域秋葉原作戦会議」プロジェクト、二〇一九年）。

戦後日本が高度成長に向かうなかで、「ラジオの街」は「家電の街」に進化します。しかし、家電はサブカルではありませんから、秋葉原でないとだめということではない。全国の家電量販店に分散していくことができるのです。実際、秋葉原の電器店の繁栄は、やがて全国の家電量販店のものとなっていきます。そして、バブル崩壊後の家電不況やアマゾンなどの宅配システムによって、大型店舗はどんどん苦境に陥っていきます。

今日、露店がルーツのガード下の小さな店が、これほど厳しい状況でも固定客相手になんとか踏みとどまっているのとは対照的に、山際電気商会（ヤマギワ）は二〇一一年に企業再生支援機構の支援を受けることになり、秋葉原の社屋や店舗は現在、平凡な商業ビルです。廣瀬無線電機も、一九九三年に家電事業（ヒロセムセン）から撤退し、秋葉原のメインストリートに面する本社ビルの中身は、外国人観光客向けの免税品店やゲームセンターなどになって、かつての面影は無残に消えています。「家電の街」としての秋葉原はすでに過去のものです。そうしたなかで、「アニメ・ゲームの街」と「ラジオの街」の貌がなお共存していることは、秋葉原文化の基底が何かをよく示していると思います。

（3）神田和泉町（いずみちょう）と医学・印刷の近代

秋葉原の歩行者天国は二〇〇八年の秋葉原通り魔事件（秋葉原無差別殺傷事件）を受けて一時、中止されましたが、二〇一一年に復活しています。この歩行者天国は美濃部都政のなかで実施され、一九七三年には銀座から上野まで、五・五キロという世界最長（当時）の長さになりました。この歩行者天国は、今は銀座と秋葉原で残っていますが、日本橋や上野では実施されていません。歩行者天国は先駆的な試みで、銀座から上野までの中央通りは東京の歴史的軸線なので、ぜひ全面的に復活させてほしいですね。すでに賑わっているところを歩行者天国化するだけでなく、新しい賑わいのラインを形成する手法として、歩行者天国やベンチ、街路上のカフェやパフォーマンス、そしてトラムを活用していくべきです。手始めに、銀座—上野間で、まずは軌道なしの一日路面電車を実験してみることもできるのではないでしょうか。

ここで少し寄り道をしましょう。実は、秋葉原のすぐ近くに東京大学の起源の一つがあります。後に東大医学部となる大学東校は、秋葉原の脇にありました。JR秋葉原駅から昭和通りを渡ったところにあるYKK本社ビルのすぐ近くに、この地にかつて伊勢国津藩藤堂家（和泉守）の上屋敷があったことを伝える案内板が設置されています。今も残る「神田和泉町」という町名は一八七二年につけられたもので、もともと、このあたりは武家地で町名はありませんでした。武家屋敷は維新政府に接収され、大学（文部省）用地となります。そして、この地にあった津藩上屋敷跡に後に大学東校が、さらに酒井家中屋敷跡には東京司薬場（現国立医薬品食品衛生研究所）が設置されました。

東京大学医学部は、一八五八年に伊東玄朴（げんぼく）らが神田お玉ヶ池に開いた種痘所が起源です。この種痘所が火災で下谷和泉橋通りに移転後、幕府の施設となり、西洋医学所などに改称しながら近代医学の拠点となります。明治維新後、医学所は横浜にあった軍事病院とともに藤堂家上屋敷に移され、湯島昌平坂の大学校の東にあることで「大学東校」と呼ばれます。同校の本郷移転後も、この場所には東大医学部の「第二医院」が置かれていました。

注目したいのは、この大学東校敷地内に「文部省御用活版所」が設置されていたことです。これは、幕末の長崎で製鉄所御用掛だった本木昌造の下で製鉄や造船、活版印刷の技術を学んだ平野富二が本木から活字製造部門の経営を委嘱され、上京、開設したものでした。平野が和泉町を本拠としたのは一八七二年から一年ほどで、その後、築地に移りますが、七二年一〇月発行の「新聞雑誌」（本体は木版）に活版印刷による活字目録を付けたことから、東京における邦文活版印刷は和泉町で始まったとされます。この約一年前には、大学東校内に文部省編集寮活版部が設けられ、文部省御用活版所もスタートしていました。

当時は木版が主流だった印刷業ですが、平野が活字販売とともに活版印刷機の国産化を果たし、政府、府県の布告類や新聞の活版印刷採用が進んだので、活字の需要は急速に伸びていきます。前回取り上げた渋沢栄一は、資本主義の基盤に紙幣があることを見抜いて製紙業を王子に興したわけですが、紙だけでなく活字もかつてマクルーハンが論じた意味で資本主義のメディア論的な基盤です。平野の活版印刷が担ったこの役割は、やがて出版業や印刷業、新聞産業へと発展していきました。ちなみに平野はその後、石川島平野造船所（現ＩＨＩ）を興し、渋沢と同様、明治の大事業家への道を駆け上っていきます。

このように、神田和泉町は、医学と活版印刷という二つの点で近代日本にとって重要な場所です。しかし、現在は「第二医院」の跡地が三井記念病院になっているものの、何らこの場所の由来を示すものは残されていません。かつての痕跡もなければ、記念碑すらないのです。平野の活版事業所があった場所は現在、公園となっていますが、この土地の重要性を伝えるものは何もありません。三井記念病院の西側二つ隣には凸版印刷本社ビルがありますが、もともとは下谷で創業した同社がここを拠点としたのは、平野たちが営んだ活版業と関係があるかもしれません。しかし、そうした地域の歴史も、ここでは何も伝えられていません。

(4) 首都高速道路の撤去と「アーツ千代田3331」

さて、この神田和泉町から昭和通りを北上します。現在は、この昭和通りの上を走る首都高速道路一号上野線が、その下を歩いているととても抑圧的です。空が見えません。秋葉原の賑わいも、この昭和通りの西側に集中していて、通りの東側まで延びてはいません。昭和通りの車道の幅がとても広く、しかもその上には巨大な首都高速道路があるので、それが街の賑わいにおいても大きな壁になってしまっているのです。

そこで、東京都心の路面電車復活と並ぶ重要な提案をここでしておきます。それは、東京の都心部での首都高速道路の撤去です。すでに日本橋では、日本橋周辺の景観を取り戻すために、高架の高速道路を取り払って地下化しようという計画が動き出しています。総事業費三二〇〇億円といわれる大プロジェクトです。私はこの計画に賛成ですが、本当に取り戻されなければならないのは、日本橋近辺の景観だけではなく、日本橋川沿岸の歴史的地景全体であるはずです。つまり、日本橋近辺だけでなく、日本橋川の上を走る首都高速全体を地下化すべきなのです。このことは、第七日の街歩きで再びお話しします。

そして、この方向をさらに追求し、首都高速道路そのものを、東京都心から徐々に撤去していくことも提案したいと思います。ひたすらスピードを求めて環境を犠牲にしてきた都市から、環境的な豊かさをサステイナブルに維持していく都市への転換が必要です。たとえばアメリカ西海岸のシアトルでは、最近、湾岸と都心の間を貫いていた高架の高速道路を撤去してしまいました。都心とつながった湾岸地帯は今、アートが点在する緑の公園となっていて、海辺から道を隔てた丘を登ると旧市街の建築を残した歴史的マーケットが観光客を集めています。築地市場が残り、逆に首都高速が撤去されていく——そんな東京都心の実現が、本当は未来の東京の進むべき方向だったのです。実際、そのマーケットの隣にはスターバックス発祥の店があり、マイクロソフトやアマゾンの本拠地もシアトルです。二一世紀の情報資本主義の最先端の街では、今、二〇世紀的な開発主義の遺物である高速道路の撤去と、同時により古い歴史的資産の保存やリノベーションが進んでいるのです。

シアトルほど大胆ではないにせよ、韓国のソウル都心部の清渓川（チョンゲチョン）でも、高架の高速道路が撤去され、川の流れが復活しています。ここは、観光客を集めるだけでなく、ソウル都心で働く市民の憩いの場となっています。開発主義の亡霊に囚（とら）われ続ける東京は、ソウルがすでに実現できている新しい都市像への取り組みを、いまだに何もできないままです。

ですからこのシアトルやソウルと同様の方向に東京も進もうとするなら、まずしなければならないのは、昭和通りの上を走っている首都高速一号上野線の撤去です。撤去すべきなのは、江戸橋ジャンクションから路線が分かれた先、つまり本町、上野、入谷（いりや）の三つの出入口がある区間です。この区間は、車の交通量も相対的に少なく、他の高速道に接続されていない「盲腸線」なので、撤去しても影響は少ないのです。この高架道をまず撤去し、これまで蓋をされてきた昭和通りに青空を戻します。そして、昭和通りを道路両側の街々が融合するブールヴァール的な街路にしていくことで、秋葉原や御徒町、アメ横の賑わいを昭和通りの東の一帯まで広げていきます。そうすると、ここには池袋や新大久保とは異なる多民族共生のグローバルタウンが族生していくことになるはずです。

実際、秋葉原から上野に向かって歩いていくと、この地域の未来の先導役となる施設がいくつも誕生していることに気づきます。その代表が、末広町と湯島の間にある「アーツ千代田3331」という、廃校になった中学校を改修して作られた施設です。二〇一〇年に千代田区の「ちよだアートスクエア」の拠点施設として開設され、ここに入居するアーティストたちによって運営されています。毎日が文化祭のようなエネルギーに満ちたこの施設は、開館時間中は出入り自由で、併設の公園でくつろぐ人もいれば、ギャラリーの展示やイベントに訪れたり、おいしいコーヒーやコッペパンが人気のカフェを楽しんだりする人もいて、アートへの興味がなくても気軽に利用できます。

この施設の統括ディレクター、中村政人さんは、アートの祭典「東京ビエンナーレ」をスタートさせるべく活動しています。中村さんは、それを二〇二〇年代を通じて継続するイベントとし、アートによって未来の東京を創造しようとしています。現在、複数のプロジェクトが準備されていて、アートだけでなく建築やまちづくりなど多方面からの試みが準備中です。なかでも注目したいのは、東京都心の高速道路の一部で自動車を締め出し、都民のための公園にしていこうとする嶋田洋平さんの提案です。今日、高速道路のルートのなかには、自動車通行を廃止しても全体の流れに決定的な影響を及ぼさない部分が複数あります。銀座を南北に走るK線もその一つで、嶋田さんは、この部分でニューヨークのハイラインのようなアートの並ぶ歩行者天国を実現する提案をしています。実現したら、素晴らしい実験的価値を持つでしょう。

(5) グレーター上野駅の提案と下谷・アメ横の賑わい

「アーツ千代田3331」から少し北上すると千代田線の湯島駅です。湯島駅から銀座線の上野広小路駅や都営大江戸線の上野御徒町駅、その先のJRの御徒町駅や日比谷線の仲御徒町駅まで歩いて一〇分もかからず、さらに京成上野駅、JR上野駅へもすぐです。つまり、湯島、上野広小路、御徒町、上野といった駅は、とても近接しているのです。ですから、これらの駅を地下でつないでグレーター上野駅を生み出すことが可能です。大手町駅はすでに広域に及びますが、グレーター上野駅はそれより小さくてすみます。すでに上野広小路駅、上野御徒町駅、御徒町駅、仲御徒町駅、京成上野駅、JR・東京メトロ上野駅は地下通路でつながれていますが、とてもわかりにくい。この地下をデザインし直し、湯島駅も含めて新しい一体的な上野駅とすべきです。

実際、今の上野駅地下通路を歩くと、ガランとしていて、せっかくの通路が移動以外にはほとんど活用されていません。その移動にしても、利用している人はまばらです。その上、地下通路の京成側入口にはＪＲ上野駅への行き先表示すらないありさまです。上野広小路駅とＪＲ上野駅をつなぐ地下通路も、幅は狭くはないのですが殺風景です。さらに、京成上野駅もＪＲ上野駅不忍口も東京の玄関口としてはみすぼらしく、成田空港から上野まで来た外国人には良い印象を持たれないでしょう。それなりに地下も整備されてきている大手町駅などと比べると、上野駅の課題は山積です。現代の大都市において、地下通路は単に移動だけのための空間ではありません。この空間をもっと整備し、上野駅全体にまとまりを持たせることは重要だと思います。

　駅の地下道はほどほどに地上に出ましょう。実は湯島から上野にかけての魅力は、街の各所に残る老舗や古い建物をリノベーションした店々にあります。湯島には古いビルの一階を改装したおしゃれなレストランやバーが少なくありません。たとえば赤レンガ造りの蔵がバーになっている「ワンス・アポン・ア・タイム」は、周囲が駐車場になるなかでも古い魅力的な建物を守っています（写真２－３）。湯島天神下の「シンスケ」は、伝統を地域のなかで活かす老舗居酒屋で、昔からファンの多い店です。上野仲町（なかまち）通りに近づくと、一六七五年創業の漬物の「酒悦」やつげ櫛（ぐし）の「十三や」、そして仲町通りの中ほどには、三六〇年以上の歴史を誇る組紐（くみひも）

の「道明（どうみょう）」といった老舗が集中しています。

これらの老舗には、伝統を活かし、新しい下谷文化を創造しようとしている若主人が何人もいらっしゃいます。他方、仲町通りには、新宿歌舞伎町さながらの「風俗」店も並んでいます。つまり老舗と「風俗」が隣りあわせなのです。しかも、この通りは道の中央で台東区と文京区が分かれ、街灯も不統一です。文化的なポテンシャルは凄（すご）いのですが、都市計画はばらばらです。

写真2－3
ワンス・アポン・ア・タイム

下谷の老舗とともに、この近くで立ち寄っておきたいのはアメ横です。戦後、焼け野原と化した上野には闇市が広がっていました。初期の闇市では、復員軍人や朝鮮人、中国人など多国籍の商人が入り乱れていたのですが、抗争も頻発し、警察や区の介入が強まっていきます。一九四六年、上野で工場経営をしていた近藤広吉は、現在の「アメ横センタービル」のある三角地帯の使用許可を得て、八〇軒ほどの露店を集めた「近藤産業マーケット」を開設します。これが後のアメ横の中核になるのですが、当時、警察や区が近藤の動きを後押ししたのは、上野の露店街から悪質なやくざや「よそ者」を締め出そうとの意図があったからだとされます。そして、こうして締め出しにあった在日コリアンたちが、やがて東上野にキムチ横丁を形成していくのです。アメ横にはその後、中国大陸からの引揚者も多く加わり、満鉄などに派遣されていた国鉄職員がガード下で営業を始めたそうです。

「アメ横」の語源については、飴屋が繁盛したから「アメヤ横丁」になったとの説と、米軍の横流し物資が多く売られていたから「アメリカ横丁」になったとの説があります。

しかし、今日のアメ横を歩くと、ここはもう「アメヤ横丁」でも「アメリカ横丁」でもなく、パワフルな「アジア横丁」になっていることに圧倒されます。アメ横センタービルの地下に行ってみてください。アジア各地のありとあらゆる食材が売られています。中国や韓国の鮮魚や肉、食材から東南アジア、インド、中近東のものまで、ここで揃わない食材はないのではないかと思ってしまいます。地下売場に入った瞬間、もうそこは日本ではなく、バンコクあたりの食品市場に迷い込んだような気分になります。そして線路脇の道を歩いていくと、中華あり、トルコあり、インドあり、実に多くのアジア各地の料理が路上で食べられますし、聞こえてくる言葉も中国語、トルコ語、韓国語と多様です。アメ横から御徒町にかけての一帯は、成田空港への便がいいこともあって、アジア各地から東京にやって来た人々の人生が交錯するコンタクトゾーンになっています。

（6）昭和初めの上野駅正面玄関口前を復活させる

さて、アメ横を御徒町方面から上野駅に向けて北上すれば、その終点は上野駅広小路口の前です。人の流れは、上野駅から出て南下する方が多いので、人の波と逆に進むことになります。ぶらぶら歩いて広小路口の広い交差点を渡り、ＪＲ上野駅に入りましょう。私たちは、上野駅では広小路口や不忍口と公園口を使うことが多いのですが、実は上野駅には正面玄関口がありますす。これが、あまり知られていません。私たちは上野駅の横顔や後ろ姿はよく知っているのに、正面の顔をあまり知らないのです。そこで、あえて正面玄関口に回ってみます。

正面玄関口には、広小路口から駅舎に入って右に進めばすぐに出ます。そうすると、上野駅がこの駅本来の可能性をいかに活かせていないかがよくわかってきます。たしかに、ＪＲ東日本は二〇〇〇年代初頭、「ステーションルネッサンス」と称して駅の内部空間を大きくリニューアルしました。中央改札前のコンコースの屋根を膜状に換えて屋内に光を採り入れ、ショッピングゾーンとして「アトレ上野」をオープンしました。これにより、一般のターミナル駅と同程度の機能は備わったといえます。しかし、上野駅がかつて新橋駅や東京駅と同じように東京のメインゲートだった時代の華やかさからすれば、まだ何もできていないも同然です。これまでの駅整備は専ら駅舎の内部の整備に過ぎず、周辺地域との関係を、歴史を踏まえてデザインし直すことにはまだ遠く及んでいないのです。

上野駅の正面玄関口は、駅東側の昭和通りに面しています。かつて、その車寄せは二層で、列車に乗降する人はすべて一階を使い、二階はそれ以外の駅機能を集約していました。駅前にはかなり広い駐車スペースが確保され、そこには昭和初めのモダン東京を象徴する風景が広がっていました。この駅舎の竣工（しゅんこう）は、一九三二年のことでした（写真２－４上）。京成上野駅もその翌年にで

写真２－４　上野駅正面玄関口の様子
（上）竣工時（1932年、写真提供／共同通信社）
（下）現在（2019年3月撮影）

きており、地下鉄銀座線の開通（浅草―上野間）もその五年前です。震災復興事業のなかで、これらの上野駅周辺の環境が整備されたのです。

今も、この駅舎は残っているのですが、その前の視界は首都高速で塞がれ、さらに高速の下には巨大なペデストリアンデッキが建設されています（写真2－4下）。しかも、駅舎北側をパンダ橋という巨大デッキがまたぎ、駅東側の景観にとどめを刺しました。つまり、上野駅東側では、高度成長期の機能中心の開発主義の産物が幾重にも歴史を寸断しているのです。それでも現在、この正面玄関口前にはかなり広い公共空間が残されています。ですからここに緑化された駅前広場が生まれ、カフェやしゃれたベンチ、憩いの仕掛けが並ぶようになれば、ここは上野駅周辺の雰囲気を一変させていく起爆力を潜在させています。

そのためには、すでに述べた首都高速一号上野線の撤去が必要です。それが実現すれば、上野駅正面玄関口前の高速道路はなくなり、大きく視界が開かれます。浅草方面への見通しが見違えるほど良くなるはずです。同時に、巨大なペデストリアンデッキも撤去していくべきでしょう。地上の自動車交通のために人間をデッキに上げるのではなく、地上に人間の歩行や集まり、憩いの空間として駅前広場を取り戻すべきです。

また、浅草通りの交通量はもはや多くありませんから、自動車道を縮幅し、人間のための街路や路面電車のための軌道を確保していくことができるはずです。首都高速道路の撤去が実現し、昭和通りに緑あふれるブールヴァールが実現すれば、上野駅正面玄関口はそのようなブールヴァールが南北から東西へと曲がっていくカーブに面することになり、景観的にも非常に魅力的な風景をデザインできます。さらに、上野駅から浅草までの愉しいスローモビリティの街路が生まれれば、この一帯は多くの観光客や遊歩者を呼び込むことができるでしょう。

さて、今のところは正面玄関口前には巨大なペデストリアンデッキがありますから、これを渡り、浅草方面に移動する前に、通称「キムチ横丁」、コリアン・ストリートとも呼ばれている一角を訪れましょう。「横丁」の規模は、今ではもうだいぶ小さくなってしまっていますが、それでもここには、まさに闇市の時代に時間をワープしたかのような感覚を味わえる街並みが残っています。圧巻なのは、表通りの店の裏に回り込んで、その細い路地を奥まで分け入っていった時の風景です。焦土からの復興期の日本で、在日コリアンの人々が営んでいた生活の時間が、ちょっと感じられる気になります。周囲は無機質な高層ビルにもうすっかり囲まれてしまっているのですが、この一角だけは時間が止まっていて、戦後の混乱期、アメ横から締め出されながらもここに「コリアンの街」を形成していった人々の生活が痕跡として残っています。ガイドブックなどを参照して、店を上手に選べば、安い値段で本場そのものの韓国・朝鮮料理を味わうことができるでしょう。

（7）失われた浅草六区と東京スカイツリーをつなぐ

上野駅正面玄関口から浅草まで、歩くにはちょっと距離があるので、地下鉄銀座線に乗ることにします。銀座線はたしかに便利ですが、一つ大きな問題があります。実質的に、途中の街々が素通りされてしまうのです。上野と浅草の間には、下谷神社、稲荷町（いなりちょう）、かっぱ橋道具街、田原町（たわらまち）などの街々や神社がありますが、ほとんどの観光客は浅草の雷門や仲見世と上野公園やアメ横の間を移動するだけです。かっぱ橋道具街は、実は外国人観光客にとって訪れてみるべき街ですが、銀座線だとちょうど駅の中間地点なので素通りされます。

第七日に訪れるつもりですが、浅草と日本橋の間にある蔵前は、今、時代の先端を行く街になっています。日本橋や浅草では地代が高すぎ、伝統のしがらみも強いので、なかなか若い起業家がすぐに新しいことを始めることができません。しかし、中間地帯では相対的に地代も安くなるので、新しいことができる余地が大きいのです。そのような可能性を、上野と浅草の間にある稲荷町やかっぱ橋、田原町も秘めています。沿線地域との結びつきの強いトラムはそうした可能性を開花させていくでしょう。

では、この上野と浅草間を結ぶトラムと街路をどうデザインしていくのがいいでしょうか。この道沿いには南北両側にとてもユニークな商店街が広がっています。実際、この通りは一般に「仏壇通り」として知られています。通りの南側には五〇店もの仏壇・神仏具の専門店が並んでいるからです。その規模は日本最大級で、南側にしか店がないのは、店に並べる仏具に直射日光が当たるのを避けるためとされます。

他方、北側の最大の目玉はかっぱ橋道具街です。こちらは、日本一の調理道具の店が並ぶ街区です。その老舗のなかにはヨーロッパに出店している店もあり、またドイツの刃物メーカーもここに出店しており、調理道具の品揃えではここは世界レベルです。さらに周辺には、惣菜の店が集中している「おかず横丁」もあり、仏壇、調理道具、惣菜といずれも実にユニークなジャンルばかりです。江戸切子の老舗で新しいデザインを次々に生み出している「木本硝子」や各地の味噌蔵と協力して多数の天然醸造の味噌を販売している「郡司味噌漬物店」など、必見のお店もこの一帯にはかなりあります。トラムが通れば、それらが結ばれ、地域全体としてさらに活性化していくはずです。

TTT構想では、トラムは上野から「仏壇通り」を東進し、浅草に向かいます。私たちも、今はトラムでというわけにはいきませんが、浅草まで参りましょう。近年の浅草は、雷門や仲見世が外国人観光客を迎えて大いに賑わっています。しかし、外国人観光客が「これがニッポン」と思って楽しんでいる「浅草」は、実は作り物です。つまりそれは最近発明されたもので、江戸の浅草とも、明治・大正の浅草とも異なります。

今日、浅草を訪れると、かつて浅草モダニズムの中心だった浅草六区は無残です。明治・大正から昭和初期までの浅草六区は、芝居小屋や寄席(よせ)、活動写真(映画)館などがひしめく大興行街で、東京のモダニズムを最も象徴する場所でした。「浅草十二階」と呼ばれた凌雲閣(りょううんかく)は、いわば当時の高層タワーで、日本初のエレベーターも設置された観光名所だったのです。

もともと明治の東京では、人々を高いところに登らせる見世物が各所に登場していました。最初は一八八〇年頃に蔵前に現れたハダカ女の大人形だったそうです。女性の体内を上っていくと見晴らしのいいところに出るという、かなりキワドイ見世物です。続いて八四年には、御徒町に高さ一五メートルほどの大仏が出現し、その体内を観覧者に上らせています。八七年には、浅草に高さ三〇メートルの模造の富士山がつくられ人気になりました。

こうした流れを受け、ついに九〇年、一挙に高さ六七メートルの凌雲閣が建てられたのです。浅草のシンボルとなるこの八角形の塔の内部は、二階に玩具、絵草子類を売る店が、三階には宝石、筆墨、月琴の店、四階にはパン菓子類の店、五階には袋物、織物類の店、六階には唐物の小間物類の店、七階には鼈甲、金石の店、八階は美術品の展示と休憩室、九階は扇や書画などが置かれ、一〇階の上等休憩室では茶菓のサービスがあり、一一階から上は眺望室で、一二階には三〇倍の望遠鏡が備えてありました。塔の上からの眺望はもちろん目玉ですが、それだけでなく、内部はショッピングモールにもなっていたのです。

この十二階は、周囲を多数の窓で覆われていました。今日のようなガラス張りの高層建築は無理な時代ですが、限りなく外に向けて開かれた窓の集合体という性格を塔全体が持っていたのです。ですから前田愛は、この十二階の登場が、東京における娯楽の決定的な変化を象徴していたと論じました。この時代に塔を仰ぐ人々のまなざしには、「上昇の欲求と都市のパノラミックな眺望への期待がこめられていた」。つまり「見上げる対象としての塔は、視覚の拡大を約束する塔への関心をかりたて」ていた。このような上昇し、拡張する視線こそが、やがて「江戸空間の安定した構造に亀裂を走らせ、そのあわいから新しい都市の統辞法が浮上しはじめる」のです（「塔の思想」、加藤秀俊・前田愛『明治メディア考』中央公論社、一九八〇年）。

こうして浅草十二階は、浅草がまさに東京の賑わいの中心だった明治後期から関東大震災の前まで、この街のシンボルであり続けます。当時の浅草の賑わいは、「十二階―六区興行街」というモダニズムの空間と、「浅草観音―仲見世」という江戸趣味の空間が拮抗することによよって成り立っていたのです。そして、浅草がもし二一世紀においても賑わいを保持し続けようとするならば、この近代性と伝統性の拮抗は必要不可欠であったはずです。つまり、両者の拮抗は、「浅草」という街の個性の根本で、この街にはスペキュタキュラーなタワーが必要だったし、猥雑(わいざつ)な魅力あふれる興行街も必要だったのです。この両方を、今日の浅草は完全に失いました。ですから今日の浅草は、見せかけの「江戸趣味」を外国人観光客に見せて客集めをするハリボテの街でしかありません。

実際、六区にしても、かつてここにひしめいていた映画館は二〇一二年までにすべてなくなり、今ではチェーンのディスカウントショップやショッピングビルに替わっています。雷門や仲見世を訪れる外国人観光客も六区までは来ませんので、ここはかつての栄光のかけらも感じられない無残な状況です。せめてシネマコンプレックスやライブハウスでいいから興行文化の遺産を復活させられなかったのでしょうか。テーマパーク的でもいいからかつての「浅草六区」の風景を再現できなかったのでしょうか。そうすれば、もう少しは文化を感じられる街になっただろうと思いますが、そうした知恵も意欲も現在の浅草六区にはなさそうです。ディスカウントショップや高層ホテルを並べても、街の雰囲気は良くなりません。

かつて近代日本最大の盛り場だった浅草は、他にも多くの価値ある文化資源を内在させていますが、ほとんど活かしていません。「浅草花やしき」は辛うじて今も営業していますが、いつまで続けられるか心配です。伝法院通りは何だか精一杯、テーマパーク化しましたが、外国人観光客狙いの魂胆が透けて見えますね。今の浅草を歩くと、とりあえずの「日本趣味」がどう捏造されていくかがよくわかります。社会学系の学生のフィールドワークにぴったりの場所ですが、街としてはいかがなものか、疑問を感じます。

今日の浅草の問題点は明白です。タワーも興行街も、かつての浅草モダニズムの中核をなした要素がいずれも失われてしまった。しかし、周辺まで視野を広げれば、復活の可能性がないわけではありません。実は、かつての浅草十二階に代わったのは、本所・押上の東京スカイツリーです。東京スカイツリーは、東京タワーを引き継いだのではなく、浅草十二階を対岸に復活させたのです。形態的にも、スカイツリーは東京タワーに似ていませんし、むしろ東京タワーの繊細な美しさの方がスカイツリーを凌駕しています。スカイツリーは浅草十二階の巨大な復活版で、これを浅草六区に作れなかったのは現代浅草の限界です。しかし、これをポジティブに受け止めて、浅草十二階＝東京スカイツリーという構図のなかで、浅草の対岸に「ネオ浅草」が出現し始めていると考えられないでしょうか。

そこで、一日の旅の最後に、東武線で浅草対岸の本所に渡ることにします。そのために東武伊勢崎線の浅草駅に入ると、これが昔ながらの駅で、上野駅とはまた別の問題を抱えています。浅草には、東武線、東京メトロ銀座線、都営浅草線、つくばエクスプレスの四線が入っていますが、その接続は良いとはいえません。しかも、東武線のホームは狭隘で、先端が驚くほどの細さです。「これが浅草の運命を象徴していないといいが」と危惧しますが、これを杞憂で終わらせるには、交通の要衝としての浅草の貌を作り直した方がいいでしょう。そのためにも、ここに上野から路面電車を乗り入れ、一方では上野と、他方では今は交通の便の悪い「吉原」や「山谷」とつなぐことが重要です。

浅草から東武伊勢崎線に乗ると一駅で「とうきょうスカイツリー」駅です。実際、東京スカイツリーは浅草から驚くほど近く、もしも東京クルーズの浅草船着場辺りから対岸に遊歩橋が架けられ、スカイツリーまでの掘割になっている北十間川沿いに遊歩道が整備されれば、浅草からスカイツリーまでを一体的な遊歩空間として演出できます。つまり、観光地としての浅草と東京スカイツリーを連続的な街歩きの空間にしていくのです。しかも、台東区側の浅草から墨田区側の本所に渡ったところには、旧水戸藩の下屋敷跡を公園化した隅田公園があるのですが、隅田公園の敷地は浅草側にもありますから、公園自体が隅田川をまたいでいます。この二つの隅田公園をつないでしまい、浅草＝本所を新しい二一世紀的な価値を表現する隅田川辺の遊興空間にしていくこと――それができれば、かつて浅草六区の地域が内包していた未来的な文化価値を、むしろ浅草・本所のリバーサイドに復興していくことができるかもしれないのです。

高さ六三四メートルの東京スカイツリーは巨大です。しかし、それだけです。この塔には、東京タワーがその完成時から帯びていたような象徴性がありません。ですから入場者数も、二〇一二年に開業してから、一三年度に六一九万人を記録した後は毎年減少し続け、一八年度には四二七万人となっています。スカイツリーがその高さで人々を引きつけられる時期は、もう終わったのです。本書で何度も示しているように、「速さ」への欲望が限界に達したのと同様、「高さ」への欲望ももう過去のものです。ですから今後、東京スカイツリー自体が再び人気を集めていく可能性はありません。

それでも東京スカイツリーが東京観光の名所の一つとして残ろうとするならば、周辺地域と一体になって魅力を得ていくほかありません。スカイツリーの下にある「スカイツリータウン」は、どこにでもあるショッピングモールでしかないので、そうした役には立ちません。実際、スカイツリーの人気低下と並行して、こちらも来場者を減らしていきました。理由は単純で、ここには新奇性以外の魅力がなかったのです。実際、このショッピングモールは、周囲の環境から乖離しています。もともとテナントを募集する際、地元商店はあまりに家賃が高いので敬遠したそうです。地元商店がスカイツリーと地域の橋渡しをするということがなかったので、地元とは縁のない商店群が並び、大規模施設なのでますます地元の商店街を圧迫してしまうという皮肉な結果も生じているようです。

結果的に、スカイツリー内部は一見華やかですが、一歩外に出れば、寂寞(せきばく)とした風景に囲まれています。周囲から突出する高さは、地上から見上げる人間に「自分には関係ない」という感覚的な分断を感じさせます。写真家の佐藤信太郎さんに『東京　天空樹』（青幻舎、二〇一一年）という写真集があります。実にたくさんのスカイツリーの写真を撮っているのですが、ツリーからの写真は一枚もありません。俯瞰(ふかん)する視線を外から相対化することが意図的に試みられています。スカイツリーとともに月や高層ビルを遠近法的な焦点に置きながら、手前には無秩序に広がる街の風景を示していきます。絶対的な視線を、混沌(こんとん)とした生活の側から崩していく姿勢が、この巨大なスカイツリーには必要なのだと思います。

《第二日のまとめと提案》

首都高速道路の撤去と街路空間の歩行者天国化

さて、私たちは前回の街歩きの最後で、東京都心に環状の「トラム江戸線」を整備することを提案しました（図2-3）。これは、現在の荒川線を東は南千住、さらには浅草まで、西は飯田橋まで延伸させる「外江戸線」の整備と、浅草から上野を経て秋葉原、万世橋、神保町、そして水道橋から飯田橋に至る「内江戸線」の整備という二つの事業を含みます。前者は既存ルートの延伸で、本来ならば東京都がとっくの昔に計画しているべきものです。後者はもう少しハードルが高く、東京都心に路面電車のルートを再構築するというこのプランには、都市への新しい価値観が含まれます。そして、このような新しい公共交通システムを提案する最大の目的は、東京に新しい時間軸を挿入していくことにあります。しかしながら、いうまでもないことですが、スローモビリティの路面電車を都心の主要部分に環状に走らせただけでは、都市の時間を変えることはできません。同時に周辺地域の交通インフラや人々の移動のパターン、都

都電荒川線区間
(早稲田〜三ノ輪橋)
熊野前
町屋二丁目
荒川七丁目
町屋駅前
荒川二丁目
荒川区役所前
三ノ輪橋
荒川一中前
南千住
三ノ輪
荒川線接続提案区間
(三ノ輪橋〜浅草)
谷中
入谷
上野トラムハブ
言問橋
下谷神社
合羽橋
野南
浅草
とうきょうスカイツリー
上野東
稲荷町
田原町
駒形橋
本所吾妻橋
トーキョートラムタウン
社会実験提案区間
(上野〜浅草)
秋葉原
万世橋
日本橋
南北拡張提案区間
銀座

図2－3　トーキョートラムタウン構想路線案（2020年時点）
（出典／東京文化資源会議トーキョートラムタウン構想）

市環境全体の再編が必要になってきます。

今日の街歩きでは、そうした都市空間の組み直しについてもいくつか提案をしました。まず、最も重要なのは、東京都心部からの首都高速道路の撤去です。現在、日本橋周辺の首都高速道路を地下化することが計画されていますが、構想力が小さすぎます。反対ではありませんが、そんな中途半端なことをやっても、東京が二一世紀の新しい都市モデルを示したことにはならないでしょう。そうではなく、この都市の都心全体から、首都高速道路を見えなくする。そうして川辺や青空を取り戻すのです。そのためには、一方では日本橋川の上を走る首都高速全体の地下化が必要ですし、他方ではいくつかの可能な路線について、道路そのものを撤去していくべきでしょう。そして、そのような撤去をまずすべきなのが、今回の街歩きで提案した江戸橋ジャンクションから入谷までの「盲腸線」です。この区間の首都高速をまず撤去することで、昭和通りを、その両側の街を分断してしまう自動車道から、街と人を結びつける爽快なブールヴァールに変えていくことが可能になります。

並行して私たちは、道路を車のためのものから人や自転車、路面電車など、人々が街を楽しみ、生活のクオリティを上げていく、文化的な営みのために使う空間に転換していくべきです。実は、東京はそのような先駆的な試みを、すでに一九七〇年代に実施していました。「歩行者天国」です。あれから半世紀近く、東京の道路交通に対する取り組みは、むしろ後退してきたのではないでしょうか。しかし、世界の都市の考え方は変化しており、その基本は、道路を自動車のためのものから、人や自転車、さまざまなスローモビリティのためのものに転換させることです。実際、自動車が入れない街路は、世界の多くの都市で増えています。歩行者を歩道に押し込めるのではなく、都市のなかの道路は、基本的に歩行者や自転車で街を移動する人々のものであるとの考え方が浸透しつつあります。そのような広がりを持った道路には、並木が植えられ、ベンチが置かれ、カフェが路上のあちこちで営業している。そんな風景が当たり前になっていきます。これが、二一世紀の東京のあるべき姿です。

さらに、このように首都高速が撤去され、道路が人間に開放されてくると、駅前広場が改めて重要な意味を帯びてきます。車優先の駅前ではなく、人間の集まる場所としての駅前広場の整備です。東京駅の丸の内側の再開発は、この点では近年の東京には珍しい成功例です。街全体が大いに活性化していますが、その最大の理由は、丸の内が歩いて愉しい街になったからです。もちろん、その背景に「三菱」という巨大資本があることは否定できません。ですから、私たちの歩いてきたルートでの挑戦は、「三菱」のような巨大資本がないところで、丸の内とは異なる仕方で、集まって愉しい駅前広場や、歩いて愉しい街々をどう実現するかという点にあります。すでにお話ししてきたように、上野駅正面玄関口から東上野にかけての一帯は、このような挑戦をするのに最も適した場所です。

内江戸線の話に戻るならば、この上野駅正面玄関口から浅草に向けてのルートは上野駅正面玄関口前広場の整備と不可分です。この一帯にはホテルが多く、背後にはすでに垣間見たようにキムチ横丁や仏壇通り、かっぱ橋の道具街など、ユニークな街々があります。トラムの内江戸線は、ちょうどこの正面玄関口前広場の中央を通り、これらの街々をつないでいくはずです。そして、そのようなつながりが機能し始めれば、私たちの街歩きでは最後に訪れる予定の蔵前のように、新しい世代による店々が近隣で族生していくでしょう。

第三日　動物園を開放し、公園を夜のミュージアムパークに

第三日で巡るスポット

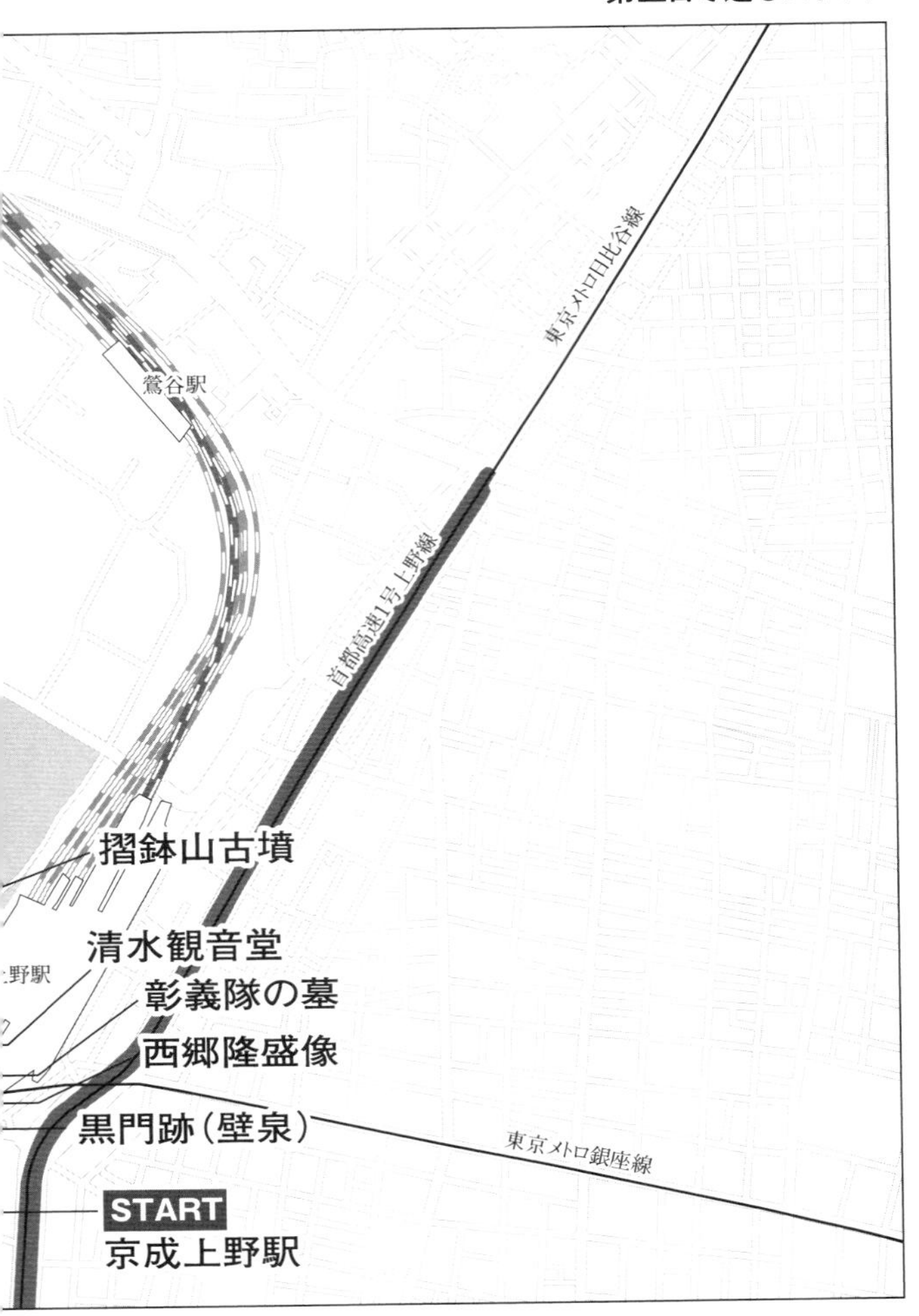

鶯谷駅
東京メトロ日比谷線
首都高速1号上野線
摺鉢山古墳
清水観音堂
上野駅
彰義隊の墓
西郷隆盛像
黒門跡（壁泉）
東京メトロ銀座線
START
京成上野駅

谷中霊園
「東臺門」トンネル
寛永寺坂駅跡地
寛永寺（根本中堂）
京成本線
国際子ども図書館
旧博物館動物園駅舎
東京メトロ千代田線
東京都美術館
上野動物園
上野公
五重塔
上野東照宮
正岡子規記念
花園稲荷神社
大仏山
五條天神社
穴稲荷（忍岡稲荷）
不忍池辯天堂
不忍池
GOAL
ルーキスガーデン
（東天紅）

《冒頭講義〜上野に埋もれている豊かな時間層》

(1) 東京は三回「占領」された

最初の二回の街歩きのメインテーマは、路面電車が体現する「スローモビリティ」でしたが、今回は「歴史の時間層」をテーマに東京の都市空間を巡っていきます。

東京の歴史的時間層にとって最も根本的なことは、東京は三回「占領」された都市であるという認識です。東京という都市の本質は、この三回の「占領」にあります。最初の「占領」は一六世紀末、徳川家康によって行われた武蔵野台地東端の占領、二回目は一八六〇年代終わりの薩長連合軍による江戸占領、三回目はもちろん一九四五年以降の米軍による東京占領です。この三回の「占領」はそれぞれ、東京という都市をガラリと変え、そしてその都度、占領する側と占領された側の関係が問題となりました。この関係を読むことはすなわち、江戸・東京という都市を読むことにつながっていきます。なぜなら、「占領」は常に破壊と記憶の再編、その後の急速な開発とのセットで行われてきたからです。

一回目と二回目の「占領」の関係がよく見える点において、上野一帯以上の場所はありません。たとえば、現在上野公園には、家康が来るはるか以前から人々の営みがあったことを伝える古墳があります。その一つの「摺鉢山古墳」は、その名の通り、擂鉢を伏せたような墳丘の前方後円墳で、この地下からは約一五〇〇年前の弥生式土器が出土しており、ここを中心に円墳群（桜雲台古墳、蛇塚古墳、表慶館古墳など）が分布していました。不忍池は、かつて上野台地と本郷台地の間にあった入江の名残で、ここまで東京湾が入り込んでいました（図3－1）。現在の上野の「お山」は、リアス式海岸の岬の突端のような地形でした。海産物が獲れたのでしょう、太古から大勢の先住民が住みついていたはずです。

中世には太田道灌が江戸城を築きますが、まだ大規模な城下町は成立していません。しかし一五九〇年、家康が江戸に入境して大城下町建設を始めるのです。この家康による一回目の「占領」後、上野台地は寛永寺の広大な寺領となるのですが、この時のキーパーソンは天台宗の高僧、天海です。「東叡山寛永寺」という名が示すように、天海はここを比叡山延暦寺になぞらえ、江戸を宗教的に守護するための一大宗教空間を創造しました。彼は、江戸城から見て鬼門の方向にある上野を、京都の内裏から見て鬼門の方向にある比叡山に重ね、不忍池を隠喩的に琵琶湖に重ねたのです。京都の比叡山と同様、江戸の聖なる秩序の中心は上野寛永寺で、

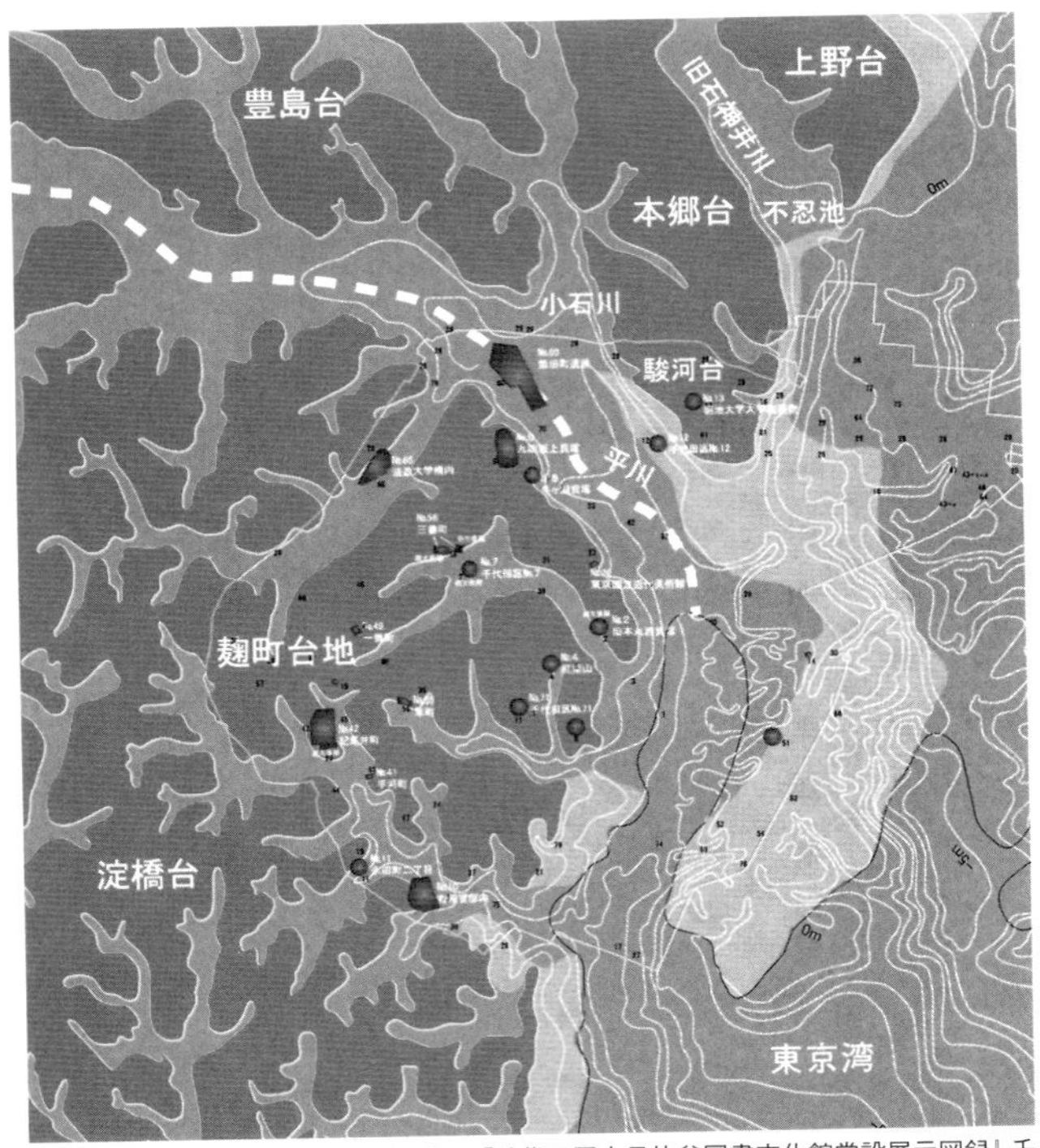

図３－１　縄文時代の地形図（出典／『千代田区立日比谷図書文化館常設展示図録』千代田区教育委員会）

この寺は徳川将軍家の祈禱寺かつ菩提寺となり、大名たちがこぞって寄進する堂塔伽藍や子院が建ち並ぶ巨刹として繁栄します。

だからこそ幕末、彰義隊は寛永寺に立てこもり、上野は江戸で唯一の戦場となったのです。そして、わずか一日足らずの戦闘で新政府軍が勝利するのですが、この短さは、両者の力に圧倒的な差があったことを示します。実は、上野戦争は拮抗(きっこう)する両軍の内戦というよりも、新政府軍、つまり薩長が江戸で勝者としての立場を固めるために、幕府の残党の一部をけしかけて「戦争」に仕立て上げたようなところすらあったようです。

当時、寛永寺に立てこもっていたのは、幕府の正規軍ではなく、薩長連合軍に反感を持つ志願兵の寄せ集めでした。数だけは数千いたようですが、所詮(しょせん)は寄せ集めの部隊、組織的に戦ってきた薩長連合軍にかなうはずもありません。最初から勝負はついていたのです。ですからこれは、圧倒的に優勢な相手に対するヒロイックな抵抗という点で、その約一〇〇年後に起きた東大安田講堂での全共闘の学生と機動隊の攻防戦にすら比せられます。しかしこの戦闘の結果、根本中堂をはじめ寛永寺の多くの伽藍が焼失し、ほとんどの寺領は没収されてしまいます。薩長連合軍にとっては、広大な寺領没収のいい口実ができたわけです。

その後、この地には西洋式公園が建設され、内国勧業博覧会が開催されるなど、上野は日本の近代化のシンボル的な空間となっていきます。しかし、その陰で江戸時代の痕跡は徹底的に周縁化されていきました。つまり上野では、明治政府が推し進めた近代化がスペクタクル的に上演され、「徳川の世」の記憶は徹底的に消されてきたのです。

(2) 上野という「舞台」

「占領」は、単に軍事的なだけではなく、文化的な過程でもありました。エドワード・サイードが、オリエンタリズムとはオリエントのイメージをつくることによって西洋という自己のアイデンティティを確立することだと論じたように、薩長連合軍は彰義隊という他者を「賊軍」のイメージにつくり上げることで、自らを「官軍」たらしめたのです。

その意味で、上野は他者をつくり自己を演じるための「舞台」であり、この暴力的なパフォーマンスの先には、博覧会の開催や博物館、図書館、動物園の建設、不忍池周辺での競馬、気球やグライダー、大噴水などの演出がありました。明治以降、徳川の「御威光」の聖空間は、天皇も来臨する「大日本帝国」のための国家的空間に取って代わられていきます。

しかし戦後、明治国家が確立した「帝国日本」の舞台としての上野の象徴性は疎んじられていきます。三回目の占領者である米軍からすれば、最初の占領を通じて創造された上野の徳川以来の象徴性は理解できませんでした。マッカーサーは、皇居の象徴性は、それなりに理解したと思います。しかし、その皇居が抑圧した江戸の象徴秩序は、米軍の東京占領にとってはどうでもいいことだったのです。彼らの東京は、皇居と日比谷、銀座、それに麻布、青山、代々木を枢軸とする都市でした。東京大学をGHQの中心的な施設として接収する計画は実現せず、上野の博物館群も残されますから、二回目の占領が一回目の占領後の記憶を同じ場所で抹消したのとは異なり、三回目の占領は二回目の占領後の記憶にはあまり関心を払わず、舞台そのものを南西に移動させてしまったのです。

そして、大量のモノを高速で回転させていくことによって利益を上げる高度成長の時代がやがて来ます。この新時代のなかで、上野に建ち並ぶ威風堂々とした帝国の意匠は価値を失っていきました。この変化は、敗戦後の三回目の占領によってもたらされたのですが、六本木や原宿では「大日本帝国」に「アメリカ」が取って代わったのに対し、上野は少し違いました。そこで帝国の意匠を古ぼけたものにしていったのは、大衆自身、つまり闇市としてのアメ横から上野動物園のパンダ人気までの大衆消費社会でした。

米軍による占領の効果として、東京のメインステージは六本木や青山、原宿、渋谷となりました。その結果、上野は東京の周縁へと追いやられます。今の上野からは「帝国」が華やかに演出されていた往時の面影は失われ、他方でパンダは相変わらず人気者です。同時に、上野には敗戦直後から戦災孤児や傷病兵などが集まり、さらに東北からの集団就職の中学卒業者や出稼ぎ労働者の入口ともなり、ここは大都会東京のなかで影を帯びた空間となっていくのです。

(3) 歴史の時間軸と図と地の反転

維新から敗戦に至る約七五年間は二回目の占領の延長線上にあり、三回目の占領からもすでに七五年が過ぎようとしています。近代日本、それに高度成長期につくられた価値観は今や限界に達しています。たとえば、上野動物園内で一九五七年に開業した片吊り懸垂式モノレールは高度成長期の「未来都市東京」を象徴するものでした。路面電車や自動車の渋滞に悩んでいた当時、モノレールは「新交通」としてもてはやされました。しかしこのモノレールも、老朽化で二〇一九年一一月に実質的に廃止されてしまいます。

三回の「占領」がそうであったように、東京の近世、近代、現代では、Aという時間層をそれに続くBという時間層が制圧し、さらにその後のCという時間層がA、Bを制圧する積層的な時間が展開されてきました。しかし、異なる時間層の相互の関係は、必ずしも制圧だけでなく対話の可能性もあります。その意味で、薩長の「占領」が抹消した上野の記憶を蘇らせることは重要です。影として追いやられてきた上野の記憶の深層に光を当てることは、図と地の反転を生じさせ、私たちに新たな東京への視座を示してくれます。

今回の街歩きでは、上野戦争で敗れた彰義隊の墓から出発し、明治国家に抑圧されながらも上野公園に残る江戸の痕跡をたどり、さらに近代日本がこの地に築いた記念碑的空間と、それらが高度成長後の東京で置かれている現状について検証していきます。第一の占領を通じて形成された江戸と、第二の占領を通じて形成された東京が二重に周縁化されてしまっている今の東京から、過去の時間の痕跡を掘り起こしてみたいと思います。

《街歩きと路上講義》

(1) 黒門跡と彰義隊の「墓」の怨念

京成上野駅から西郷隆盛の銅像がある山王台に至る上り階段の入口に、黒っぽい壁泉があります。ここは戊辰戦争の時、上野に立てこもった彰義隊と薩長軍が激しい戦闘を繰り広げた黒門(寛永寺の総門)があった場所です。上野戦争後、焼け残った黒門は上野公園内に移築されましたが、一九〇七年には彰義隊士が埋葬された南千住の円通寺に移されました。弾痕も生々しい黒門は今も円通寺に置かれています。円通寺は、実は第一日に乗った都電荒川線終点の三ノ輪橋駅のすぐ近くで、この黒門の現状は、近代が江戸をどう扱ってきたかを示す象徴なので、次回訪れようと思います。

しかし、上野に今ある壁泉は抽象的すぎて、何のモニュメントなのかわかりませんね。こんなに抽象化しては、かつてここが江戸唯一の戦場であったことが伝わりません。『上野公園とその周辺　目でみる百年の歩み』(上野観光連盟、一九七三年)によると、一九六四年に地元有志により、六代目となる黒門をこのあたりに復元しています。その門は、上野戦争の弾痕を忠実に模刻した凹みもあったようですが、今はどこへ行ってしまったのでしょう。本来、円通寺にあるオリジナルの黒門を、ここに戻して歴史について来訪者が学ぶ場所にすべきです。

さて、階段を上り、西郷さんの銅像を通り過ぎると、柵に囲まれた彰義隊の墓があります。今は約二メートルの高さの墓石が立っていますが、これは一八八一年につくられた三代目です。ここで戦死した彰義隊士は三〇〇人ほどいたそうですが、当初、薩長連合軍は埋葬を許さず、寛永寺の僧ですら山内への立ち入りを禁止されたため、遺体はそのまま放置されました。見かねた円通寺の僧が寛永寺の御用商人・三河屋幸三郎とともに山王台に穴を掘って荼毘(だび)に付し、その後、新政府の許可を得て、円通寺内に隊士の墓を建てて供養しました。上野戦争後、九ヵ月を経てようやく入山できるようになった寛永寺の僧により、現在の三代目の墓の前に置かれている小さな墓がそっとつくられました。

彰義隊は幕府の正規軍ではなく、初代隊長の渋沢成一郎（渋沢栄一の従兄）、二代目隊長の天野八郎もそうだったように、隊士の多くは血気にはやった豪農の子息や浪人たちでした。いわゆる全共闘の若者たちのような存在で、危機のなかで若者たちは支配的だったものにも、支配的になりつつあるものにも抵抗します。維新の志士と新選組や彰義隊、あるいは西南戦争で死んでいった若きサムライたちの間には、共通性があったように思います。

若者たちの決起は容易に排除可能なものでしたが、薩長の新政権は「江戸で幕府軍を制圧した」と誇示する目的で、彰義隊を「賊軍」に仕立て上げました。彰義隊という「敵＝他者」のイメージを捏造することで「勝者」としての正当性を確立していったのです。三代目の墓には山岡鉄舟の筆によって「戦死之墓」と記されていますが、初代の墓にあった「彰義隊」の文字がここにはありません。上野戦争から一三年経(た)っても、「賊軍」である彰義隊の名前を墓石に刻むことが憚(はばか)られたのです。

（2）渋沢ファミリーのなかの彰義隊と資本主義

森まゆみさんは、この彰義隊について『彰義隊遺聞』（集英社文庫、二〇一八年）という魅力的な作品を書かれています。そのなかにはいくつもハッとさせられる記述があるのですが、気づかされたのは、彰義隊の初会合は、実は私たちがこの街歩きを出発させた鬼子母神門前の茶店茗荷屋で行われていたことです。一八六八年二月一二日（旧暦）のことで、集まったのはわずかに一七名でした。この時点では、まだ渋沢成一郎は参加していません。成一郎が参加するのは、四谷の円応寺での第三回の会合からでした。渋沢家の二人はその才覚から一橋家の将来を担う人材として重用されており、彰義隊を結成したグループは、成一郎の参加で彼らの信用度が高まると考え、説得したのです。若くして「重職にあり、頭も切れる渋沢成一郎を盟主にという希望はなかなか本人に容れられなかったが、従兄に当る藍香尾高惇忠の説得でついに盟主となることを決意した」といいます。

渋沢栄一はこの時、徳川昭武の供で渡欧中でしたから誘われずに済んでいます。もし栄一が渡欧していなかったら、彼も彰義隊に加わっていたのではと想像してしまいます。実際、森さんも、「渋沢栄一は日本にいたなら、かなり高い確率で彰義隊の隊列に加わっていただろう」

と書いています。森さんが書かれているように、彰義隊の盟主が従兄の成一郎だっただけでなく、「須永於菟之輔や参謀として関わった尾高藍香、すべて栄一の身よりの者」で、「栄一の養子平九郎も同じ隊列」にいて、彼は飯能での薩長との戦いで戦死しています。ですから、栄一が江戸にいたら、彰義隊の中心的メンバーになっていなかったと考える方が不自然です。近代日本の資本主義の父は、生涯、最後の将軍の忠実なる家臣であったばかりか、もう一人の彰義隊士でもあったのです。

しかし実際には、栄一らが帰国するのは、一連の大動乱が終わった六八年一一月のことです。栄一は、彰義隊と上野戦争をバイパスし、成一郎はその渦の中心に巻き込まれました。ちょっとしたことが、運命の分かれ道となります。

とはいえ、成一郎も、彼を説得した従兄の尾高惇忠も生き残ります。成一郎の方は、彰義隊内部の対立から上野戦争よりも前に拠点を飯能に移して薩長軍と戦うのですが敗戦し、やがて榎本武揚率いる旧幕軍に合流して箱館戦争に参加、そこで彰義隊を再結成しています。箱館戦争後、投獄されますが、出獄すると栄一の仲介で大蔵省に入省し、近代的製糸産業の調査のために渡欧、栄一が大蔵省を辞したのと同じ一八七三年に成一郎も同省を辞し、実業の世界に入ります。そして、生糸貿易や廻米問屋、株式相場などで財を成していくのです。

さらに、彼らの従兄の尾高惇忠も、成一郎とともに飯能での戦いに敗れた後、榎本の箱館戦争に参加して敗れますが生き延び、やがて大蔵省に入省します。そして惇忠は、富岡製糸場設立の日本側の責任者となり、自らの娘を日本で最初の製糸工女とし、自らも初代所長となって近代日本の製糸産業の発展において中心的な役割を果たしていくのです。彼は後に、栄一が設立した第一国立銀行の支店の支配人も務めます。

資本主義と彰義隊、戊辰戦争での敗戦と大蔵省、殖産興業における製紙と製糸、そして銀行、渋沢ファミリーの固いつながりのなかで、すべては同時多発的に生じています。榎本武揚もそうでしたが、戊辰戦争で生き残った一部の有能な人材は、ちゃっかり明治の殖産興業、近代日本の資本主義の構築に積極的に参与しているのです。

そうすると、なお一層のこと、上野戦争で戦死し、その死骸が野ざらしになり、やがて円通寺住職の手で葬られていった若い隊士たちの魂は、どこに行き場を求めたのかという問いが生じてきます。そして、この街歩きでいずれ訪れるように、円通寺のある南千住は、日雇い労働者の街である「山谷」のすぐ近くです。つまり、彰義隊は鬼子母神から上野へという軌跡をたどり、その死後、多くの兵士の魂は南千住に向かいます。他方、渡欧中で成一郎とは異なる運命をたどる栄一は、飛鳥山から兜町へ、そして死後は上野に葬られます。鬼子母神、飛鳥山、上野、南千住、兜町というように、私たちが歩いているルートは歴史のなかで幾重にも結ばれています。現在、見えているのとは別の地理学が、幕末維新期にはあったのです。

（3）清水観音堂で都市計画家・天海を偲ぶ

彰義隊の墓からすぐ近くに清水観音堂があります。上野戦争で寛永寺は大半が灰燼に帰しましたが、清水観音堂はわずかに焼け残った伽藍の一つです。その名が示すように京都の清水寺に見立てた舞台のある清水観音堂は、「江戸に京都、近江に比せられる名所を」という考えから、一六三一年に天海によって建立されたもので、国の重要文化財になっています。他方、京都に残る清水寺本堂も、上野の清水観音堂建立の二年後の一六三三年、家光の寄進で再建されています。一六三〇年代、徳川幕府は京都と江戸を隠喩的に重ねる象徴戦略をさまざまに展開していたのです。私たちも、この清水観音堂に京都の清水寺を重ねて楽しみましょう。

京都の東山にある清水寺の舞台は、清水山を背にして、木々が鬱蒼と繁る東山の参道と彼方の京の街々を見下ろしています。上野の清水観音堂の舞台は、背景にしている上野の「お山」も清水山ほどではなく、不忍池との間に繁茂する木々も京都ほどではありません。しかし、大切なのは見立てで、江戸時代にここを訪れた人は、想像力で京都の清水寺にいる気分になっていたのかもしれません。その想像力を掻(か)き立てようと、清水観音堂の舞台の正面には、浮世絵などでよく描かれた枝を円型に曲げた「月の松」が今もあって、その円形のフレイム越しに、弁天島からの参道や不忍池の対岸の池之端(いけのはた)の街が見渡せるようになっています。京都がオリジナルなら、上野はコピーです。しかしコピーなりのリアリティを演出する諸装置が、ここには仕込まれていたのです。

寛永寺は江戸時代、現在の一〇倍にあたる三〇万五〇〇〇坪もの広大な境内地を有しました。上野公園内はもちろん、日暮里や田端、赤羽あたりまで寛永寺の寺領だったのです。この領地の広さは大名級です。しかも寛永寺は、第三世から山主に天皇家より皇子を迎え、墓参に訪れる将軍の御成り行列を頻繁に迎えるなど屈指の格式を誇りました。

徳川家に縁が深い寛永寺ですが、大名家の寄進も得ながら大いに発展しました。そして、将軍家御成りの時などは、寛永寺内で執り行われる儀式に大名たちも参列したのですが、彼らはそれぞれが寄進をしている子院で身支度を整えたといいます。つまり、当時の寛永寺は境内全体が一大イベント会場で、それぞれの子院はそのスポンサー大名の控えの間だったのです。子院側からすれば、大名の控えの間となれば経済的に安泰でした。

現在、大噴水がある上野公園の中央広場にはかつて、高さ三二メートルの大伽藍、根本中堂がそびえていましたが、上野戦争で焼失しました。江戸時代の寛永寺の壮麗さはすさまじく、そもそも現在の松坂屋上野店あたりから公園入口までが寛永寺の参道で、この界隈の老舗はそもそも寛永寺門前の店々だったのです。その門前には、最初の日に歩いた石神井川の支流が御徒町方面に向けて流れ出ていましたから、寺の境内に入るには、「御橋」ないし「三橋」と呼ばれた橋を渡り、先ほどの黒門を通って入ることになっていました。その先の参道沿いに、清水観音堂だけでなく、文殊楼、法華堂、常行堂、多宝塔、輪蔵、そして最も重要な根本中堂などの伽藍が林立していました。

その根本中堂ですが、ここでもオリジナルは比叡山延暦寺の根本中堂です。延暦寺の根本中堂は、最澄が七八八年に創建したのが最初で、初めは薬師堂、文殊堂、経蔵の三堂の中心に位置することから薬師堂を中堂と呼んでいたのが、やがて延暦寺全体の象徴的中心を、この中堂＝薬師堂が占めるようになったそうです。それから約八〇〇年後、延暦寺は一五七一年の織田信長の焼き討ちによって廃墟と化します。近代化の暴力性という点で、信長と薩長は少しだぶりますね。やがて根本中堂は、天海の進言により徳川家光が、一六三四年から九年の歳月をかけて再建します。信長は、一六世紀、大航海時代にいち早く反応し、国家統一を暴力的に進めようとした専制君主でした。その信長が破壊した延暦寺の根本中堂を、徳川政権は狡猾な政治的意図を持って復活させ、江戸の寛永寺の根本中堂とセットにしたのです。

そして、この徳川の象徴戦略の舞台だった上野寛永寺が、今度は一九世紀の帝国主義時代、近代化を暴力的にでも進めたい薩長によって廃墟にさせられるのです。実は、根本中堂は上野戦争の戦闘で焼けたのではなく、戦闘が終わった後、「また彰義隊が立てこもるといけない」と薩長側の思惑によって放火されて失われたともされています。この戦後の混乱のなかで、他の多くの伽藍も放火され、破壊され、あっという間に寛永寺の壮麗な建築群は見る影もなくなってしまいました。ある面で、信長の焼き討ちの近代版です。

こうして東京の新たな占領者となった薩長政権は、この都市の最もきらびやかだった風景を徹底的に破壊し、まるでここが最初から明治国家のための空間であったかのような風景を捏造していきました。その記憶抹殺の仕掛けとして導入されたのが、内国勧業博覧会であり、博物館であり、美術館であり、動物園であり、大学であり、広場でした。

しかし、それから一五〇年後、清水観音堂の舞台に立ち、復元された「月の松」を通して不忍池を望めば、一〇八歳（諸説あり）で亡くなるまで、長い年月をかけて上野の山に一大宗教イベント空間を建設した天海の都市計画力が偲ばれます。天海には、御所を中心とした京の都に比叡山の聖なる秩序が対置されていたように、江戸城に聖なる上野の山を対置させる明確なビジョンがありました。寛永寺を頂点とし、江戸の聖空間は、寛永寺から尾根沿いに湯島天神や神田明神、湯島聖堂まで連なっていたと考えることもできます。上野は江戸という都市を貫いていた精神的な軸線の一方の頂点だったのです。明治政府は、上野を焼き払うことでこの江戸からの精神的な都市の軸線を否定したのでした。

（4）摺鉢山古墳と穴稲荷に上野の古層を探る

清水観音堂から噴水広場に続く上野公園のメインストリートに出て北上すると、正岡子規記念球場の手前に摺鉢山古墳があります。こんもりとした丘を登れば、木々に囲まれたがらんとした空間があり、観光客の賑わいもここにはほとんど届きません。以前はホームレスの人たちがブルーシートでねぐらをつくっていたこともあったようですが、少なくとも昼間は、彼らの姿を見かけることもありません。人気（ひとけ）のないこの場所は、一回目の家康による「占領」が、いったい誰を占領したのかについて静かに思いを巡らせるのに絶好の場所です。

寛永寺が造営される以前、上野には、五條天神社が祀られていました。そこに清水観音堂が建立されることになり、何度か移転を繰り返した末、今は不忍池から道路をはさんだ場所に鎮座しています。また、隣接する花園稲荷神社は、社伝では承応（じょうおう）三年（一六五四年）に天海の弟

写真３－１　穴稲荷。奥の鉄格子の扉を開けて入っていくと別世界が広がる

子晃海(こうかい)により再興されたといわれていますが、その元宮である穴稲荷（忍岡(しのぶがおか)稲荷）はもっと古くからありました（写真３－１）。寛永寺建立の際、狐穴(きつねあな)が見つかり、「お稲荷様のお使いかもしれない」と祀ったとされます。

「撮影禁止」となっている岩穴に通じる鉄の扉を開けて中に入ると、暗がりにろうそくが灯(とも)され、中世にタイムトリップしたかのようです。こんな異空間が東京都心にまだあったことに驚かされます。ここは上野で絶対訪れてみたいスポットで、この風景はいわば狐の穴からの眺めです。狐たちは、この地を家康が占領する以前からいた「まつろわぬ」者を象徴しているともいえます。

日本の農村ではもともと、蛇がそうした制圧された土着的なものの化身でしたが、平安時代から狐が神の使いと見なされていくようになりました。江戸時代以降、稲荷が大流行し、ついにその数は全国で三万社にも達します。村の小さな社といえば、圧倒的に「お稲荷さん」が多いのではないでしょうか。この増殖に狐のシンボリズムは大いに役立ったと思います。狐は古くは「ケツ」と呼ばれており、蛇と同様、「穴」のイメージと結びついていたと思われます。地中の穴から這い出して街の近くまで来る狐は、どこか洞穴や谷間にひっそりと潜んだままでいる被征服者たちのイメージと重なりもしています。

もっとも江戸時代の稲荷には、商売の神様、つまり資本主義の神様という顔もあります。市場システムは家康的な「占領」が制御しきれなかった外部であり、これによって幕藩体制はやがて崩壊するのです。「狐憑き」と資本主義の関係については昔から議論があります。こちらの想像力においては、狐は共同体秩序の外部で資本を蓄積します。そうして狐は、やがて「お金」の力によって制圧者たちを滅ぼしていくのです。

このような資本主義の臭いのする稲荷は、今日でも繁華街に多く見られます。商売繁盛のためのお稲荷様ですね。しかし、この上野の山の穴稲荷はかなり印象が違って、むしろより古層の制圧された者たちの記憶に連なっているように感じられます。上野の山の片隅にひっそりと佇む古墳やこの岩穴の稲荷は、家康以前の武蔵野台地の記憶を今に伝えています。赤い鳥居が連なる花園稲荷神社はパワースポットとして賑わっていますが、上野の古層の記憶を生々しく体感できる穴稲荷にもぜひ訪れてほしいものです。

(5) 東照宮で上野の文化的潜在力を体験する

外国人観光客でいっぱいの花園稲荷神社の赤い鳥居のトンネルをくぐり抜け、再び上野公園のメインストリートに戻ります。顔だけが残る上野大仏が鎮座する大仏山を通り過ぎて脇道に入ると、大きな石の鳥居があります。これは上野東照宮への入口ですが、この鳥居は、一六三三年に造られた国指定重要文化財で、徳川秀忠、家光の年寄(老中)だった酒井忠世(ただよ)が奉納したものです。そして上野東照宮は、この鳥居の先にあります。

上野東照宮の祭神は、徳川家康、吉宗、慶喜という三人の将軍です。とはいえ、後の二人は後に加えられたものに過ぎませんから、東照宮とは基本的に家康を祀る神社です。そもそも家康の死後、彼のために「東照大権現(神君)」の神号を考案したのは天台宗の僧である天海でした。つまり、仏教寺院の高僧である天海が、世俗の最高権力者であった家康を、その死後、神社に鎮座する神様に仕立て上げていったのです。この過程では、神仏も習合していますし、聖俗も習合しています。何でもありの世界です。そして、日本人の多くは昔からあまり原理主義的ではなく、権威に媚(こ)びるのが大好きですから、この種の象徴政治にはすぐに迎合します。天海は、そこまで見抜いて、家康の権威を徳川日本安定のため、象徴政治の留め金として巧妙に利用し尽くしたわけで、なかなか天才的なくせ者です。

こうして東照社（後の東照宮）は、静岡県・久能山をはじめ、日光、江戸城内、浅草寺（一六四二年に焼失）、増上寺などに建立されていきます。これらのなかで最も重要だったのは、もちろん家康が葬られた日光東照宮ですが、上野東照宮にはその日光に次ぐ重さがあり、浅草寺や増上寺のものとは別格でした。上野東照宮は最初、伊勢の大名だった藤堂高虎が私財で造営しましたが、一六五一年、焼失した浅草寺の東照宮に代わるものとして、改めて家光が寛永寺境内に壮麗な東照宮をつくったのです。ここでも家光・天海コンビが、上野を徳川の神聖性を演出する舞台に仕立てていったのです。

歩みを進めましょう。東照宮に向かう参道も見事で、両側に諸大名が奉納した重々しい石灯籠が並んでいます（写真3－2上）。残念なのは、本来、同じ敷地にあるべき五重塔が動物園の敷地に入れられていることです。これでは、五重塔から東照宮に至る聖域の連続性を経験できません。東照宮に五重塔、石灯籠の参道に大鳥居、すべてが揃うことで、かつての徳川の聖地の壮麗さの一端を体感できるはずです。ところがその重要な要素である五重塔は、東照宮側からは柵で隔てられ、実にもったいないことになってしまっています。

東照宮には、江戸初期から伝わる大石鳥居、社殿、唐門、透塀（すきべい）、銅灯籠があり、すべて重要

写真３－２　上野東照宮　（上）石灯籠（下）唐門

文化財です。せっかくなので、ぜひ拝観料を払って中に入ることをお勧めします。入口からすぐのところに、樹齢六〇〇年の「上野の祖木」と呼ばれる大きな楠があり、すでに別世界の趣があります。日光東照宮を彷彿とさせる、豪華絢爛な社殿や唐門（写真3－2下）も間近でその素晴らしさを鑑賞できますし、二〇〇以上の多種多様な動物たちが精緻に彫り込まれた透塀（二〇〇九年から二〇一三年にかけて修復され、造営当時の様子が再現されている）の見事さにも思わず目を奪われます。これだけのものが堪能できるのですから、五〇〇円の拝観料（中学生以上）は高くありません。

しかし、拝観料を払ってまで中に入る人は少ないようです。はっきりいって、パンダよりもこちらの方がよっぽど価値があるのに、もったいない話です。東照宮の参道脇には春と冬に公開される「ぼたん苑」（入苑料七〇〇円・中学生以上）があり、その時期になると大勢の人が訪れます。そろそろ私たちは、上野公園のイメージを「パンダの上野」から「東照宮の上野」に転換していくべきなのですね。たとえば、参道にずらりと並ぶ二〇〇基以上の石灯籠に灯りを灯し、上野の杜の夜を演出できれば、単なるライトアップを超えた幻想的なナイトイベントになるでしょう。そのようなかたちで寛永寺以来の文化資産を再浮上させ、東京の他のどの地域にもない上野の文化的パワーをアピールしていくべきだと思います。

（6）忘れられた駅と正門

上野東照宮を後にし、東京都美術館の脇の道を進みます。すると、堂々とした門柱と流麗なデザインの鉄扉が印象的な、いかにも歴史を感じさせる門が目に入ります。これは上野動物園の「旧正門」です（写真3－3）。JR上野駅公園口からのアクセスが便利な「表門」が使用されるようになったのは一九六一年、来場者数の増大に対応するのが目的でした。旧正門はしばらく団体専用として使われていたようですが、いつからか開かずの門になってしまいました。

写真３－３　上野動物園旧正門

しかし、上野動物園の門としては、こちらの方がはるかに趣があります。利便性を優先して現表門を使っているのでしょうが、公園全体の文化の演出の観点から、こちらの旧正門をもっと活用していくべきですね。せめて、入場者が昼ほど多くならない「夜の動物園（ナイトズー）」などでは、こちらを入口にして、「普段と違う動物園」を経験してもらうべきではないでしょうか。

そして、この旧正門からすぐのところに、京成線のかつての博物館動物園駅舎があります（写真３－４）。実は、この駅舎の前の道の真下を京成線の線路が通っているのですが、駅としてはもう使われていません。この駅舎の建設は一九三三年、京成線が日暮里から京成上野駅（開業当時は上野公園駅）まで延伸されたのがきっかけでした。都心にターミナルを持たなかった京成電鉄にとってこの延伸は悲願でしたが、上野公園内は皇室の御料地だったため、地上を鉄道が走ることは認められませんでした。そこで谷中からトンネルで地下に潜り、上野公園駅に達する路線を完成させたのです。駅舎の建設は御前会議にかけられ、「品位に欠けるものであってはならない」というお達しの下、格式を意識した石造りの駅舎が完成します。

　日本国内の私鉄駅で、これほど立派な駅舎は他にありません。外観も内装も、私鉄の駅としては破格に壮麗で歴史を感じさせます。せっかくの駅で、しかも上野公園を散策するにはベストの位置だったのですが、ＪＲ上野駅や地下鉄の上野駅との接続が悪く、利用者数の減少により一九九七年に営業停止、二〇〇四年に廃駅とされました。

　しかし、この駅舎には文化財級の価値があり、公共的なアートスペースとして使うにはぴったりです。実際、この駅舎は建築的価値が認められ、二〇一八年に鉄道施設初の東京都選定歴史的建造物となりました。最近では、ここで東京藝術大学と協働したアートイベントも行われて注目を集めています。二〇一八年一一月から一九年二月にかけては、演出家の羊屋白玉さんが演出したインスタレーション

写真３－４　旧博物館動物園駅舎

写真３－５　ジャイアントアナウサギのオブジェ（写真／作家提供）

「アナウサギを追いかけて」が催されましたが、そこで展示された美術家サカタアキコさん制作のジャイアントアナウサギのオブジェがまだ上りホームの改札口あたりに残されています（写真３－５）。とても大きな白ウサギなので、京成線の普通電車に乗って日暮里から上野に向かう時、車内の左側ドアの前に立ってじっと外を見つめていれば、ほんの一瞬ですが白ウサギを目撃することができるはずです。白ウサギに出会えればあなたにラッキーなことが訪れる——そんな都市伝説を、なぜ京成電鉄がプロモーションの一環として広めないのか、私には不思議です。

（７）夢見る帝国図書館とそのリノベーション

旧博物館動物園駅付近の一帯は、かつて上野動物園旧正門や東京藝大、東京国立博物館など重要な施設が集中する中心地でした。とりわけ旧博物館動物園駅からすぐのところには、ネオ・ルネッサンス様式の壮麗な帝国図書館が建っていました。この図書館は、今では国立国会図書館の国際子ども図書館になっていますが、もともとは、「東洋一の図書館」を目指し、日露戦争を経た一九〇六年に建てられた施設で、明治期洋風建築の代表作でした。

この図書館のコレクションの起源は古く、江戸時代にまで遡ります。明治新政府は、幕府が湯島の昌平坂学問所や将軍の紅葉山（もみじやま）文庫を中心に蓄積してきたコレクションを引き継いで、湯島聖堂内で博物館に併設した図書室に収蔵しました。やがて、諸々（もろもろ）の組織再編のなかでそれらは蔵前にあった米蔵をリノベーションして開設した「浅草文庫」に移管されます。この浅草文庫は東京初の公立図書館でしたが、まもなく閉鎖されてしまいます。そして、そのコレクションは、現在の東京国立博物館や国立公文書館に引き継がれていきます。

このあたりの歴史は実に複雑で、やがて国立の帝国図書館に収められていくことになる書籍類は、文部省と内務省と東京府の間を行ったり来たりしています。また、浅草文庫が閉鎖されると、跡地に東京職工学校が設立され、これがやがて発展して現在の東京工業大学になっていくのです。私たちは、第六日に湯島聖堂を、第七日に蔵前を訪れますが、面白いのは、さまざまな場所が歴史的に緊密に結びついていることですね。他方、文部省が湯島聖堂に再び設置した東京図書館が上野に移転するのは一八八〇年代半ばです。そして、日清戦争後の一八九七年、これが帝国図書館に発展していくことになるのです。

この帝国図書館が上野で果たしていた役割、湯島聖堂や蔵前の浅草文庫との関係やこの図書館を舞台に繰り広げられた無数の出会いについては、中島京子さんの小説『夢見る帝国図書館』（文藝春秋、二〇一九年）が見事に描いています。この中島さんの小説は、谷中の古い長屋に住む「喜和子さん」に小説家を目指す「わたし」が上野公園で出会うところから始まり、草創期の書籍館（しょじゃくかん）で奮闘した永井荷風の父・久一郎や初代館長田中稲城から若き樋口一葉や幸田露伴、和辻哲郎や谷崎潤一郎たちと図書館の出会い、そして敗戦後、東京が焼け野原となり上野にも一面にバラックが建っていた頃の人々と旧帝国図書館との出会いが時間をワープしながら結びつき、物語の円環が完結していくスリリングな仕立てです。まさに、図書館という一施設、上野公園という一つの場所のなかで彰義隊の戦いから現在までの一五〇年の旅を経験させる傑作だと思います。それに、中島さんは小説の中に、旧帝国図書館はもちろんのこと、上野周辺の甘味屋や一葉ゆかりの場所、谷中の長屋や銭湯、それに第四日に訪れるＨＡＧＩＳＯらしき施設のオープニング場面までの風景をさり気なく織り込んでいますから脱帽です。

さて、帝国図書館は戦後、国立国会図書館支部上野図書館となり、二〇〇〇年からは国際子ども図書館になりました。安藤忠雄さんがリニューアルの設計をしたこの図書館は、上野動物園旧正門や旧博物館動物園駅舎とは対照的に、過去の文化資産と現代の意匠を鮮やかに接合しています。帝国図書館時代の外装、内装は極力保全され、古写真なども参考にして徹底的な補修、復元が施されました。同時に歴史的建造物を傷つけることなく、エレベーターや空調を設置し、さらに安藤建築のモダンなデザインと古い部分を見事に対話させています（写真3－6）。

写真３－６　国際子ども図書館

国際子ども図書館は無料で入れます。一階の「子どものへや」には多くの親子連れが訪れています。見どころはガラスのカーテンウォールに囲われた、ラウンジと呼ばれる三階のスペースで、カーテンウォールの対面に一〇〇年前のレンガの壁が配され、建物の歴史性を体感できます。また、三階ホールにはやはりガラス張りの張出し窓があり、建物外壁の装飾をすぐそばで見られます。他にも、二階、三階に至る階段なども帝国図書館当時のものが使われています。さらに、国際子ども図書館にはこの明治期の建物を活用したレンガ棟の裏に資料室などのためのアーチ棟（二〇一五年竣工）があり、こちらは安藤さんが得意とするスタイリッシュなコンクリート建築です。カフェテリアのテ

写真３－７　上野戦争碑記

ラス席からは、レンガ棟とアーチ棟の両方を眺めることができ、日本にはなかなかないおしゃれさです。過去と現在が対話するこうした空間が、上野にもっともっと増えてほしいですね。

（8）寛永寺で彰義隊の碑を読む

国際子ども図書館の前の道を、上野公園に背を向けてやや左に折れて進むと寛永寺に達します。根本中堂と呼ばれる本堂は、すでにお話しした上野戦争でのいわくつきの焼失を受け、徳川慶喜が謹慎した大慈院があった場所に、明治になってから寛永寺の直末寺（じきまつじ）だった川越の喜多院から移築されたものです。移築時に一度解体したため、文化財指定はされていませんが、この建物も家光の時代に建てられた歴史的建造物です。

この境内で特に注目したいのは、上野戦争碑記という巨大な石碑です（写真3－7）。これは、自らも上野戦争で戦った元一橋家家臣の阿部弘蔵が戦争の顚末（てんまつ）を綴（つづ）ったものです。「文字ニ不穏ナル点アリ」とされ、なかなか建立が許されませんでした。ようやく上野戦争から四〇年以上後の一九一一年に建設が認められました。寛永寺の浦井正明（しょうみょう）長臈（ちょうろう）によると、この時も政府は阿部の文からかなりの部分を削らせ、内容も改変させます（『上野公園へ行こう』岩波ジュニア新書、二〇一五年）。削除された部分には、「朝廷から罪を問われた者もそれを悔い改めれば政府に登用され、栄達しているのに、なぜ主君に尽くした彰義隊だけ反逆者として扱われなければならないのか」、末尾では「大義のために戦って死んだ彰義隊士の霊がきちんと弔われないのはあまりにも悲しく、自らが見たことを記録することで慰霊し、彼らの無実を晴らしたい」といった内容が書かれていました。これらの文は石碑ではすべて削除されたのです。しかも、阿部が書いた原文で「西軍」だったものが「官軍」に修正され、「賊軍」としての彰義隊という構図が踏襲されました。

さらに、この境内には、徳川慶喜が大政奉還後に謹慎した「葵（あおい）の間」も残されています。寺の裏手には霊園があり、六名の徳川将軍の霊廟がありますが（特別公開時以外は非公開）、慶喜の墓があるのは将軍霊廟内ではなく、第四日に訪れる谷中霊園です。慶喜に仕えた渋沢栄一は、明治になって大実業家となり、寛永寺にもさまざまな寄進をしていました。さらに彼は、慶喜の近くで眠ろうとしてか、自分も谷中霊園に葬られました。

この寛永寺から谷中霊園に行く道沿いには、かつて京成線の博物館動物園駅と日暮里駅の間に位置した寛永寺坂駅がありました（一九五三年廃止）。この駅舎は最近まで辛うじて残っていましたが、今は取り壊されてコンビニエンスストアになってしまいました。

このあたりでの必見は、このすぐ近くで京成線が地上から地下に潜っていく時のトンネル入口です。線路の近くまで住宅が建っているだけでなく、トンネルが浅く、その薄皮一枚の地面の上にもしっかり家々が建てられています。耐震的に大丈夫だろうかと心配になりますが、京成線の地下路線は谷中の住宅地の真下から上野公園の真下へと抜けていきます。線路両脇もぎりぎりまで住宅です。しかも、京成線はこのトンネルの手前で、何本ものＪＲ線路を高架でまたいでいます。昭和初期、京成電鉄は曲がりくねりながら高架から地下へ進むアクロバット的な工事を日暮里―上野間で完成させたのです（図３－２）。

そして、トンネル入口がこの工事の象徴だったことを証明するかのように、そこには京成電気軌道の創立者だった本多貞次郎自らが揮毫した「東臺門」という御影石製の扁額が掲げられています。この「東」は「東叡山寛永寺」の「東」で、寛永寺の山のなかに入る門としてトンネル入口を位置づけています。この扁額が掲げられたのは一九三三年、京成線が上野まで延伸された年ですが、江戸の記憶の片鱗が残っていたのかもしれません。

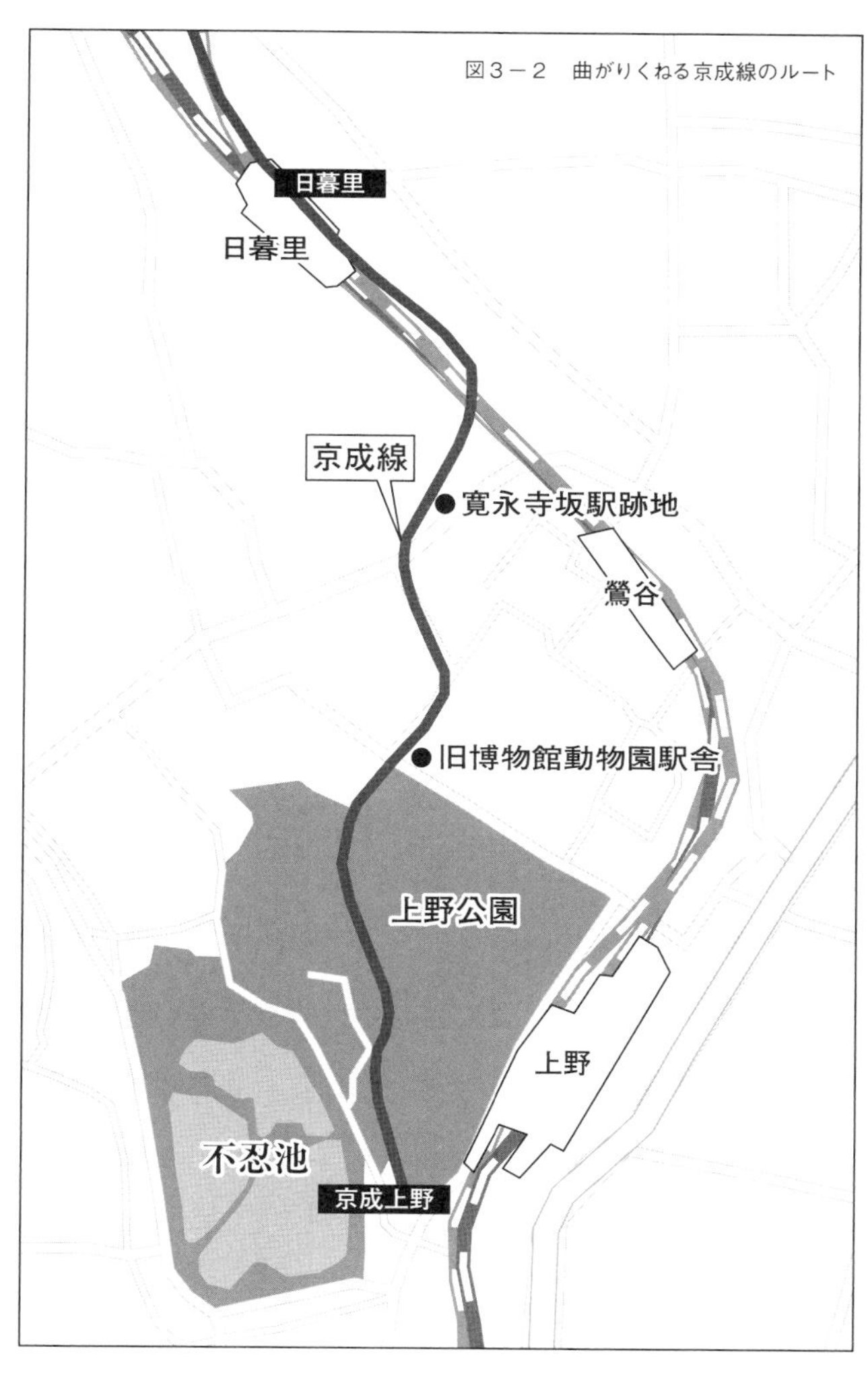
図３－２　曲がりくねる京成線のルート
日暮里
日暮里
京成線
寛永寺坂駅跡地
鶯谷
旧博物館動物園駅舎
上野公園
上野
不忍池
京成上野

（9）五重塔返還と不忍池一周ルートの回復

さて、今日の街歩きを終える前に、今来た道を再び上野公園へと戻りましょう。この周辺には東京国立博物館、旧東京音楽学校奏楽堂、黒田記念館もありますが、さすがに一日では回りきれません。午前一〇時前に黒門跡を出発した上野の街歩きですが、次の目的地である動物園にたどり着いた時はすでに午後四時近くになっていました。

動物園の閉園時間は夕方五時です。これは都市のなかの動物園の役割を考えると、あまりに早すぎますね。夜行性の動物を中心に「夜の動物園」を大人が楽しめるようにすれば、上野公園全体の活性化にもつながります。すでに八月の数日間、夜八時まで開園するイベントをやっていますから、旧正門を正面口にしてこれをもっと広げる方策が考えられます。

しかし今回、動物園に入った目的は、表門を入って左手に見える旧寛永寺五重塔（国指定重要文化財）にあります。これは、一六三九年に建てられたもので、江戸時代初期から残る貴重な文化遺産です。この五重塔、もともとは東照宮敷地内にあったのですが、明治の神仏分離令で寛永寺に属するものとされます。もともと神社の東照宮に家康を神として祀ったのは仏僧の天海だったのですし、景観的にも五重塔と東照宮はマッチしているのに、愚かな話です。しかも、一九五七年に放火心中によって近隣の谷中五重塔が焼失すると、翌年、防災上の観点から、寛永寺は五重塔を東京都に寄付してしまいました。

かわいそうに、五重塔の管理責任がたらい回しにされてきたのですね。神仏分離は、明治の一時期のファナティックな時代風潮の所産で、日本の伝統にも反します。東照宮（＝神社）と五重塔（＝寺院）という組み合わせは上野らしく、建築の装飾でも五重塔と東照宮は連続的です。したがって、カエサルの物はカエサルに、動物園内にある五重塔は、すぐにでも敷地を東照宮に組み入れ直すべきです。上野を訪れた観光客が、大鳥居と石灯籠の参道、そして五重塔と東照宮を一体的に楽しめるようにしていきましょう。

そもそも一七世紀の貴重な建築遺産が、パンダを観に来た家族連れで賑わう動物園にあるのは不自然です。実際、動物園にあると、五重塔はテーマパークの俄か仕立てのパビリオンに見えてきます。二〇一三年から一年かけて彩色などの修復が行われ、五重塔の周りを一周できる遊歩道もあるのですが、蘇った五重塔が、パンダが目当てで動物園を訪れる人々の目に入るとは思えません。彩色や修復の水準でも、先ほどの上野東照宮よりかなり見劣りがします。しかも、現在は五重塔と東照宮との間がまったく無粋な柵で遮られています。東照宮側からは、柵と木で五重塔はよく見えませんし（写真3－8）、五重塔の周囲は鹿舎、その裏はゴミ捨て場の

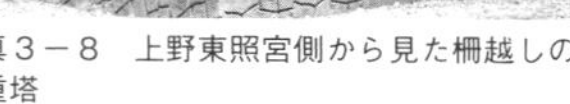

写真３－８　上野東照宮側から見た柵越しの五重塔

ようになっていて、動物園のなかですら場末感があります。

　五重塔の後は、パンダなど目もくれず、実質的な廃止が決まった動物園モノレールの乗り納めをすることにしましょう（大人料金一五〇円）。東園駅から西園駅まで乗車時間はわずか一分半、あっという間の到着です。このモノレールは、レールに車両がぶら下がる懸垂式です（写真３－９）。この方式には一九五〇年代の人々が未来の乗り物をどのように思い描いていたかを追体験させるところがあります。結局はあまり普及しなかった未来への想像力を保存するという意味でも、このモノレールは歴史遺産として残すべきではないでしょうか。さらに、上野不忍池にかつてあった大人気のウォーターシュートなども復活させれば、すでに論じた路面電車とも一体となって、不忍池一帯は近代日本が想像した多様な交通の「未来」を再体験する博物館的テーマパークとなるかもしれません。

モノレールを降りると、そこは不忍池畔(ちはん)です。もともと不忍池は、上野と本郷の台地にはさまれた東京湾の入江で、陸地化が進むなかで大池として残りました。池は数多(あまた)の名所図会に描かれ、天海らによる上野の山のデザインもこの池の風景を利用していました。明治以降、ここは博覧会をはじめ数多くの祝祭会場となり、競馬、競輪、イルミネーション、ウォーターシュート、グライダーと、新しい文明のスペクタクルが演じられる場所でした。NHK大河ドラマ「いだてん」でも描かれた日本初の駅伝のゴールも不忍池で、記念碑がほとりにあります。この池を、明治・大正の人々は一周することを楽しんでいたのです。

写真3－9　上野動物園のモノレール（2019年11月より運転休止）

しかし今、私たちはこの池を一周できません。一九四九年から始まる動物園拡張に伴い、不忍池の三分の一が上野動物園の敷地となり、この池の水辺は無粋な柵で仕切られてしまったからです。私たちがモノレールから降りた場所は、なお動物園内で、不忍池周辺は「アイアイのすむ森」

としてマダガスカル島の動物たちが展示されています。しかし、わざわざここにアイアイを持ってくる理由は何でしょうか。上野動物園が分断してしまう以前の不忍池は、もっとはるかに池を活かす仕方で活用され、全体が賑わっていました。広い池を一周することが、地域の人々や観光客の忘れがたい魅力だったのです。

　上野動物園を不忍池側の出入口から出ると、辯天堂（べんてんどう）に続く参道付近に出ます。参道には屋台が並びますが、昔はもっと雰囲気のある茶屋がここに並んでいました。今ならばカフェやバーですね。戦後、不忍池からはかつての上野的おしゃれさがすっかり失われてしまいました。将来、辯天堂周辺でそうした優雅さを復活させるべきですね。仕方がないので池を渡り、対岸の老舗中華レストラン「東天紅（とうてんこう）」九階にある「LUCIS GARDEN（ルーキスガーデン）」で疲れを癒すことにします。東天紅は二〇一五年にリニューアルし、上野らしい気品を備えた素敵なレストランになりました。窓からは、不忍池と上野の山の素晴らしい眺めを楽しめます。街歩きの最後に、ぜひ立ち寄ってみてください。

《第三日のまとめと提案》

「上野ナイトパーク」から寛永寺と不忍池の復活まで

上野公園周辺を歩きながら、三度の「占領」によって追いやられてきた過去の時間層にいかに豊かな文化資源が眠っているのかを見てきました。しかし、今の上野は、天海が描いた「江戸の一大宗教イベント空間」という構想の足元にも及びません。もし、パンダや美術館・博物館など、現在、表に出ている上野を比喩的に「昼の上野」とするなら、そこから隠されている「夜の上野」が存在します。そしてこの「夜の上野」が暗闇のなかに置かれたままになっていることが、上野の魅力を大いに削いでいるのです。

ですからまず、上野の杜の「夜」を再浮上させることで、これまで周縁化されてきた文化資源の可能性に光を当てることができるはずです。実際、花見の頃を除き、上野公園が賑わうのは昼間だけです。博物館や動物園は、特定の日を除いて夕方五時頃には閉まってしまいますし、東京文化会館でコンサートを楽しんでも、暗く人気のない上野公園にはその余韻とともに過ごせるようなレストランがありません。結局、上野の文化を味わいに来た人々は、イベントが終わるとさっさと他に移動してしまうのです。

こうした状況を変え、上野公園全体の賑わいを再生させる試みとして、東京文化資源会議が提言する「上野ナイトパーク構想」があります。夜間の屋外イベントの開催や公園内の夜市、イベントなどを通して、上野公園の夜を活性化させるプロジェクトです。夜の上野公園を活性化させる仕組みを作れれば、戦後の「パンダの占領」(?)によって見えなくなっている上野の深層の時間層を浮かび上がらせる契機となるでしょう。さらに、博物館や美術館に代表される「昼」の文化と仲町通りやアメ横、キムチ横丁に見られる俗で猥雑であるがゆえに創造的(クリエイティブ)な「夜」の文化の交流を促すことで、上野全体の活性化にもつながります。

しかし、上野公園に必要なのは、それだけではありません。そうした「夜」の上野の演出の先で実現させていかなければならないのは、不忍池と寛永寺の復活です。すでにお話ししてきたように、上野動物園によって三分の一を封鎖されてしまっている不忍池は、かつての一体性、それを基礎にした優雅さや賑わいをすっかり失った状態にあります。また、動物園のなかに一七世紀の貴重な文化遺産である五重塔が組み込まれてしまっている現状が示すように、上野公園のなかで、かつての寛永寺の栄華はいまだ見えない影の部分です。これを、反転させる、つまり裏返していく必要があります。

そのためにまずすべきことは、不忍池の封鎖解除です。つまり、不忍池を分断しているフェンスを取り払う必要があります。上野動物園を、屋外は無料で誰でも自由に散策できる領域と有料領域に分け、少なくとも不忍池の周りは誰もが自由に散策できるようにするのです。動物園は公共施設なのですから、園内に来る入場者のことだけを考えていればいいわけではありません。上野のような都心に広大な敷地を占めて動物園があること自体の公共性を考えるべきです。動物たちのなかには、地域の人々が日常的にその周囲を散策していても問題のない動物も多数いるわけですから、園内の動物の配置計画を地域との連携のなかで考えつつ、不忍池の復活に上野動物園も協力すべきだと思います。

さらに、カエサルの物はカエサルに、という原則を、上野にも適用しましょう。それはまず寛永寺の物は寛永寺に、五重塔を上野動物園から東照宮に戻す、つまり上野東照宮を、東照宮自体と参道、鳥居、そして五重塔を含めた一体的歴史文化ゾーンとして演出するべきです。並行して、幕末の上野戦争の最も重要な戦跡である寛永寺黒門を、もともとそれがあった場所に戻すべきです。このような作業を重ねながら、近世江戸の宗教文化も再体験できる地域としてデザインし直していくべきだと思います。

第四日　都市にメリハリをつけながら、古い街並みを守る

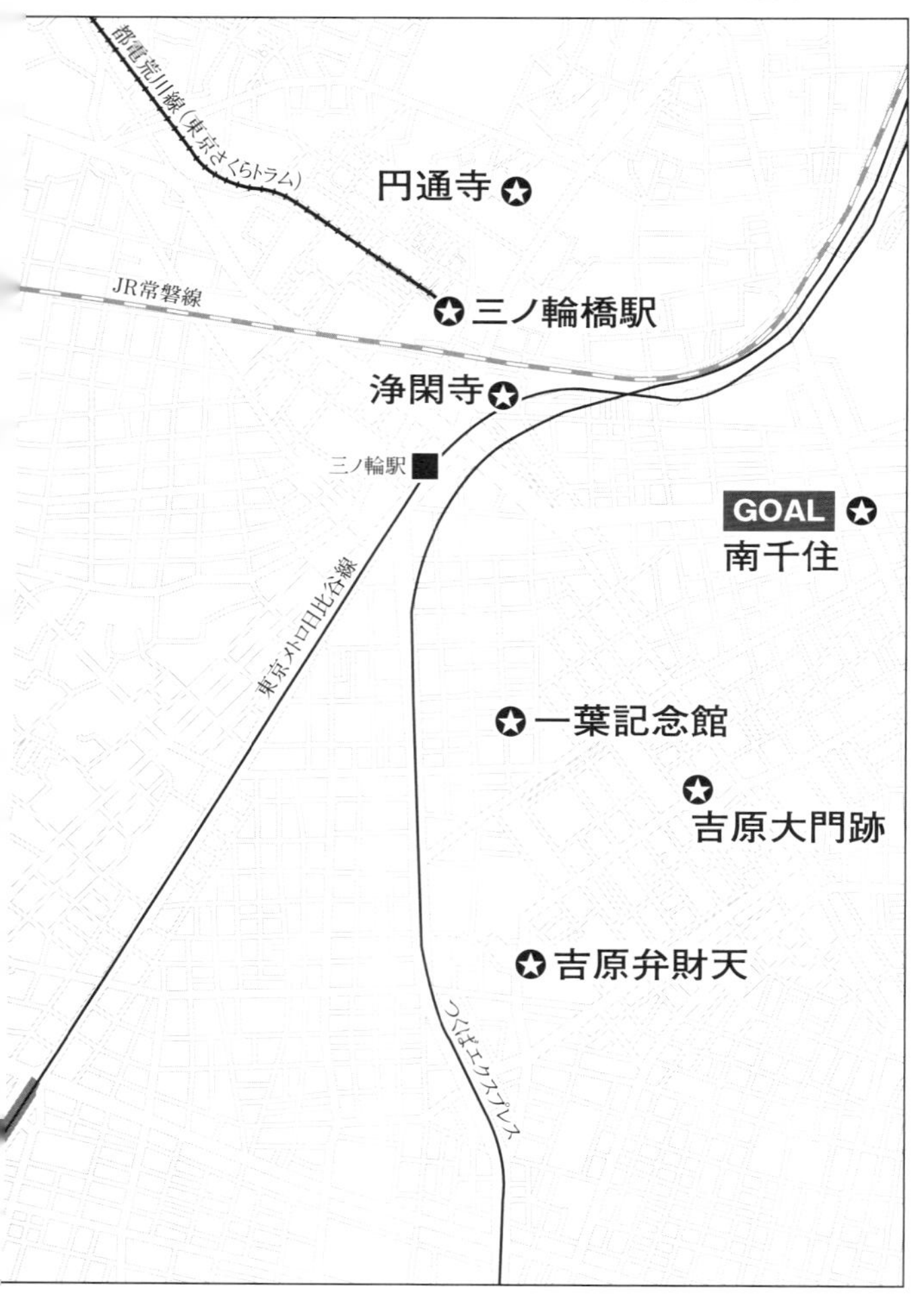
都電荒川線(東京さくらトラム)
円通寺
JR常磐線
三ノ輪橋駅
浄閑寺
三ノ輪駅
GOAL
南千住
東京メトロ日比谷線
一葉記念館
吉原大門跡
吉原弁財天
つくばエクスプレス

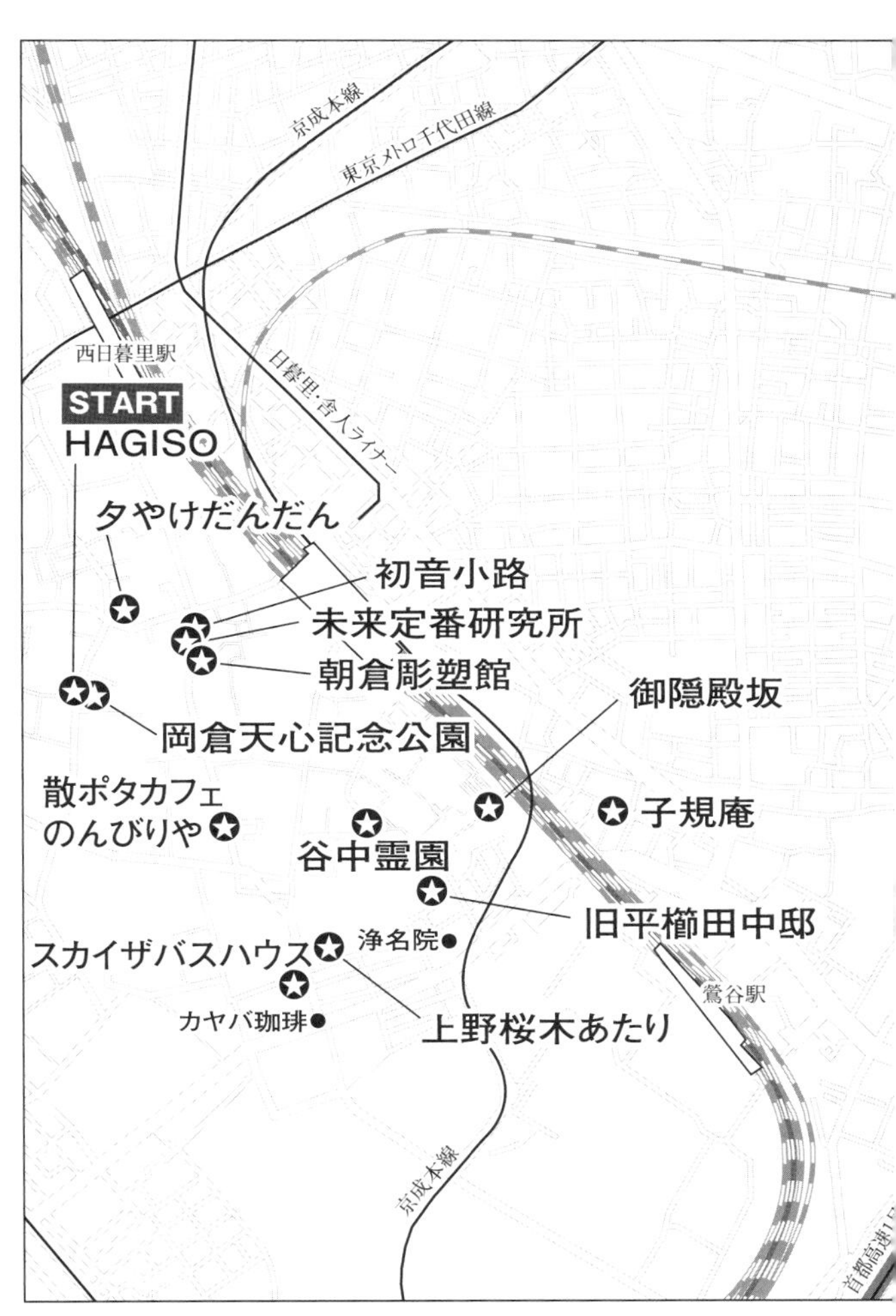
京成本線
東京メトロ千代田線
西日暮里駅
START
HAGISO
日暮里・舎人ライナー
夕やけだんだん
初音小路
未来定番研究所
朝倉彫塑館
御隠殿坂
岡倉天心記念公園
散ポタカフェ
のんびりや
子規庵
谷中霊園
旧平櫛田中邸
浄名院
スカイザバスハウス
鶯谷駅
カヤバ珈琲
上野桜木あたり
京成本線

《冒頭講義〜谷中で東京の最先端を見つける》

（1）タワーマンションとは真逆の世界観

東京都心を歩いていると、必ずどこかにタワーマンションがそびえ立つ風景が視界に飛び込んできます。いつの間にか、東京はタワマンだらけの都市になりつつあるようです。たしかに、限られた敷地に多数の入居者を確保できるタワマンは、デベロッパーの大きな収益源です。他方、入居者にとっても、はるか高層から外界を見下ろせる暮らしは、「アーバンライフ」を楽しむ自分を感じさせるのかもしれません。大規模住宅ならではの充実した共用設備や周辺の利便性も魅力なのか、タワマンは安定した人気物件のようです。

しかし、タワマンのような「より高く」という指向は、本当に未来の東京が目指すべき価値なのでしょうか。少子高齢化が進む東京でタワマンをこのまま維持しきれるかは不透明です。耐用年数が来た時、あれだけ高層の建物を壊すとなれば、大変な費用がかかるでしょう。大量に出るコンクリートの廃材という環境面の問題も深刻です。今はきらびやかに見えるタワマンも、五〇年後には荒涼とした廃墟と化しているかもしれません。

だとすれば私たちは、第一日と第二日の街歩きで「より速く」から「よりゆっくりと」への転換を目指したのと同じように、今日は、「より高く」とは違う未来の風景を探していきたいと思います。より具体的に、「高く」とは真逆の「低く」という未来の可能性を東京に探すとしたら、谷中はぴったりの場所でしょう。青山や六本木のような華やかさはありませんが、お寺や古い木造の町家が建ち並ぶ谷中は、都会には珍しく広い空が望めるところで、車が入り込めない狭い路地では、ゆっくりと街歩きを楽しめます。

かつては「古くさい」「時代遅れ」と思われていた谷中も、今では世界的に知られる東京の先端的なスポットとなり、二〇一六年にはインバウンド客も含めて推計約三〇〇万人が訪れています。休日ともなれば、谷中銀座商店街の細い通りは人でごった返し、メンチカツやコロッケで有名な精肉店の前は長蛇の列、狭い路地のなかにも観光客が入り込むほどです。古民家をリノベーションしたおしゃれなカフェやショップもずいぶん増え、そうした場所から、新しい文化拠点や暮らしのスタイルが生まれてきています。

かつて東京で「高い」ことは図と地でいえば図、ハレの舞台の条件でした。しかし今、最先端にあるのは品川や六本木、渋谷の超高層ビルではありません。むしろ谷中のような「低く」

「古い」建物が集まる場所こそが「新しい」のです。谷中は、高いものから低いものへ、速いものから遅いものへ、新しいものから古いものへという図と地の反転を体感できる街です。

(2) 墓地・ラブホテル・文人たち

今回の街歩きのもう一つの視点は、エロス（性愛）とタナトス（死）の関係です。谷中から根岸にかけては、性と死の空間が混在し、その境界線が縦横無尽に走っています。

たとえば、銭湯はほのかにエロスの匂いがする場所ですが、谷中の古い建物を生まれ変わらせた先駆的事例に、江戸時代から続いてきた「柏湯」という銭湯をギャラリーに蘇らせた「SCAI THE BATHHOUSE（スカイザバスハウス）」があります。柏湯廃業の「花道」として、一九九二年に石橋蓮司や緑魔子らの劇団「第七病棟」が唐十郎の「オルゴールの墓」を上演し、大いに話題になりました。唐十郎の戯曲は、まさにエロスとタナトスそのものですが、柏湯オーナーがこの公演の盛況から、「コミュニケーションの場であった銭湯の意味を引き継ぐ、文化的な空間にしていきたい」と、まちづくりグループ「谷中学校」に相談したそうです。それを、現代美術のアートディレクターとして活躍していた白石正美さんが引き取ってギャラリーが開業されたといういきさつがあります。

ここに限らず、谷中を歩いていると、ふっとエロスとタナトスが立ち上るスポットに遭遇します。寺町の谷中には墓地が非常に多いのですが、そのすぐ近くに古びたラブホテルが忽然と建っていたりするのです。また、都立谷中霊園の外れに立ち、崖下を走るＪＲの線路の向こうを見渡せば、鶯谷（うぐいすだに）のラブホテル街はすぐそこです。

面白いことに、エロスとタナトスが混在する空間の際には、さまざまな知が生まれていきます。かつて幸田露伴は谷中天王寺の裏に住み、墓地の向こうに見える五重塔についての傑作小説を書き、その後『一国の首都』『水の東京』といった優れた都市論を書いています。また、そのすぐそばには彫刻家の朝倉文夫がアトリエ兼住居を構え、多くの門下生の指導にあたりました。鶯谷のラブホテル街の狭間（はざま）には、病床にあっても創作の炎を燃やし続けた正岡子規の住居跡があり、子規亡き後も俳句結社の拠点となっています。

そこから東に足を延ばせば、樋口一葉がその天才を開花させるきっかけを育んだ下谷龍泉（りゅうせん）寺町（じちょう）にたどり着きます。下谷龍泉寺町はもともと寺町でしたが、新吉原遊郭の移転により、タナトスとエロスが同居する空間となっていきました。そして、戦後の赤線地帯から現代のソープ街へとエロスの街の系譜は続くのですが、だんだん知の創造とは遠のいていきました。

エロスとタナトス、そして知が接する空間は、都心ならではのものでしょう。東京郊外では、このような都市の多面性はあまり見られないのですが、それには地形的なことが関係しているかもしれません。谷中は上野のお山に連なる武蔵野台地の東端に位置する、起伏の多いところです。そうした高低差や等高線に沿ってなだらかに続いていく道、入り組んだ路地などがあいまって、街の表情を陰影豊かなものにしているのです。

(3) いぶし銀のように古い建物を蘇らせる

谷中の魅力的な風景をかたちづくる古い建物は、放っておけば老朽化し、やがては取り壊される運命にあります。オーナーが亡くなって高額の相続税を払えず、無機質な建売住宅に建て替えられる例は、住民が大切に街並みを守ってきた谷中でも少なくありません。

人間と同じで、建物が老いていった時、それを生き返らせるには、二つの方法があると思います。一つは、カンフル剤を打って若返らせるような、アンチエイジング的なリノベーションです。たとえば、外側はそのままで、内側を現代風にリフォームすれば、便利で使い勝手も良くなるでしょう。しかし、ただきれいにしただけでは、若作りの化粧と同じです。人間も建物も、アンチエイジングでは真の魅力を引き出せません。経てきた歳月の積み重ねこそが豊かさだという価値転換が必要だと思います。このもう一つの方法は、いわばいぶし銀的なリノベーションといえばいいのでしょうか、古い素材や空間感覚、価値観を現代のコンテクストで活かし直していくようなやり方です。

谷中界隈の歴史と文化を活かしたまちづくりを進めるNPO法人「たいとう歴史都市研究会」の活動など、谷中では、そうした古さを活かす価値転換に成功した空間の例がそこかしこで見られます。古い建物や街並みを見て、単に「懐かしい」と喜ぶのではなく、実はそこに東京の最先端があることを、ぜひ感じとってほしいと思います。

しかし、そもそも都市が老いるというのは、いかなることなのでしょうか。第一にそれは、その都市に住まう人々が老いていくことです。都市人口の高齢化といってしまえば身も蓋もありませんが、若者や子育て世代が多数を占める都市と高齢者の割合が多くなった都市ではたしかに雰囲気が異なります。しかし、これはどちらがいいというわけではありません。要は、バランスの問題です。異なる世代や価値、文化、民族的背景が一定のバランスで交ざり合うのが都市であって、さまざまなタイプのシニアがその経験を存分に活かしている都市は魅力的です。私は、この都市人口のライフサイクルは、五〇年くらいを一周期としていると考えています。二〇代の若者が七〇代になる、その長さです。

第二に、都市が老いるというのは、そこにある建物が老朽化していくということでもあります。これは木造と石造りでずいぶん異なるでしょうが、数十年、場合によっては数百年の時間の経過とともに、「新しい」建物は「古い」建物になっていきます。私たちが今、発見しつつあるのは、この「古さ」に価値があるということです。建物がさまざまな人によって使われることで、より味と渋みのある、意義深いものになっていく。そのような建物に対する関わり方を私たちは発見しつつあります。

さらに、その街区全体が長い時間のなかで歴史的記憶を積み重ねていく、そのような老い方もあります。古地図と現代の地図を見比べた経験のある方はご存知でしょうが、区画整理の対象とならない限り、古い町割り、道路の配置は驚くほど変化しません。街の風景はすっかり変わっても、昔の道は、多くは現代でも残存しています。私はナポリを訪れたことがありますが、この都市の中心には古代ローマ時代から続く細い一本筋の道が残っています。その道沿いの細部には数千年の歴史の記憶が蓄積されていて、とてつもなく魅力的です。これが、街全体がいぶし銀のように老いていくということです。

谷中・根岸近辺の街々も、そのような街区全体の緩やかな老いを新鮮に感じさせてくれる、東京では数少ない地域だと思います。そしてこの地域の歴史は、この地域に住まい、ここで活動した多くの文人たちが残した作品や街の一角の風景のなかに刻み込まれています。とりわけその歴史的記憶は、この街々に見え隠れするさまざまな隙間から湧き上がってきています。今日は一日、そのような都市の隙間をたどりながら歩いてみましょう。

《街歩きと路上講義》

(1) HAGISOという過去進行形の東京の未来

谷中は寺町ですが、寺の住職や寺に関係する商家、職人だけではなく、外国人の居住も多く、学生、アーティスト、出版やデザイン関連の職業の人々など、多彩な住人が集まっており、そうした多様性が、新しいアイディアや活力をこの街に呼び込む包容力につながっているようです。住民たちにも、学生や新しいことを始めようとする人を応援し、彼らの意見に耳を傾ける気風があるようです。近隣の東京藝術大学や東京大学の卒業生たちが「馴染みがある場所だから」と、スタートアップの拠点に谷中を選ぶということも多いと聞きますし、一九九三年から開催されている「芸工展」のようなイベントも、アーティストや職人が谷中周辺に住んでいることと無縁ではないでしょう。

写真４－１　HAGISO

今、谷中で最も注目すべき場所の一つであるＨＡＧＩＳＯ（写真４－１）も、藝大出身の若者たちによって始められました。ここはもともと、宗林寺（萩寺）というお寺が建てた築六〇年以上の木造アパート「萩荘」で、二〇〇四年からは藝大の学生たちがアトリエ兼シェアハウスとして使用していました。

東日本大震災の後、取り壊して駐車場になることが決まったのですが、入居していた学生たちが周囲の風景が開発され変わっていくことに対して何かをしようと、解体前のイベントとして「ハギエンナーレ２０１２」というグループ展を開催したのです。この「萩荘」の「お葬式」は大成功で、三週間の展示期間中一五〇〇人もの人々が来場しました。オーナーである宗林寺も「こんなに多くの人が来てくれた建物を壊すのはもったいない」と「萩荘」の解体を中止し、元藝大生で住人の一人だった建築家・宮崎晃吉（みつよし）さんが改修を手掛け、二〇一三年にオープンしたのが「最小文化複合施設ＨＡＧＩＳＯ」です。

街歩きのスタートに、朝八時から開いているＨＡＧＩＳＯ一階のカフェで朝食をとるのもいいでしょう。半年ごとに地域を分け、食材で日本を巡る「旅する朝食」という和定食や、ハンドドリップのおいしいコーヒー、手作りのスコーンなどが楽しめます。一階にはギャラリースペースやものづくりにまつわる展示・販売を中心とするレンタルスペースもあり、下宿の名残を残す階段を上がると、系列宿泊施設「hanare」のレセプション、整体やアロマトリートメントなどのサロンとなっています。

ＨＡＧＩＳＯから徒歩一、二分のところにある「hanare」は、街全体を一つの大きなホテルと見立て、地域の銭湯や居酒屋、レストランなどを宿泊客に体験してもらう「まちやど」です。宿泊客は谷中という街に暮らす気分を味わうことができますし、夜間の観光客が少ない谷中の地域活性化にもつながる、非常にユニークなコンセプトだと思います。「hanare」の他にも、農家直送の野菜を使った惣菜や弁当のテイクアウトができる「食の郵便局 TAYORI」、ハンバーガー店「Rainbow Kitchen」、暮らしと学びを近づける「まちの教室 KLASS」など、魅力的な場がＨＡＧＩＳＯ周辺から生まれています。

ＨＡＧＩＳＯは、おそらく駐車場よりも経済的利益を生み出しているのではないかと思いますし、さらに文化的価値や地域活性化にも貢献しているところが素晴らしいですね。ＨＡＧＩ

SOが単なる古民家リノベーション商業施設と一線を画しているのは、ただ古い建物を保全するだけではなく、そこから生まれる豊かさを現代に提示していこうとしている点でしょう。一九八二年生まれの宮崎さんは、高度成長期を知らずに育った世代ですが、だからこそ地に足がついた発想ができるのかもしれません。彼のような若い人たちがこうした試みをかたちにしているということに、東京の未来の希望を感じます。

(2) 谷中と小日向で展開した日米の交流

朝食をすませたら、HAGISOを出て目の前の岡倉天心記念公園を少しだけのぞきます。ここはかつて、東京美術学校(東京藝術大学の前身)の職を辞した天心が横山大観たちと美術団体「日本美術院」を設立した場所です。天心が大学で学んだのは、実は美術ではありません。彼は東京大学で政治学や経済学を学び、文部省に出仕しています。典型的な明治期の東大エリートですね。同時に英語ができたので、アーネスト・フェノロサの通訳兼助手としても活動しており、文部省でも美術教育政策を担当しました。そしてフェノロサに同行して欧米の美術制度の調査に参加し、その後、新設された東京美術学校の校長となります。つまり天心は最初、アーティストや美術史家ではなく文部官僚としてキャリアをスタートさせたのです。

その彼が、日本近代美術史で決定的な役割を果たし始めるのは、明治一〇年代から始まった、宮内省と内務省、文部省の三省で実施した古社寺調査に深く関与することを通じてでした。ところが彼は、帝国博物館総長だった九鬼隆一とのごたごたの果てに帝国博物館美術部長・東京美術学校校長の地位を辞し、彼とともに美術学校を辞した人々と、谷中のここに日本美術院を創設します。ですからここは、天心の人生がエリート文部官僚から美術思想家へと転換していく現場でした。天心がもう少し地道に取り組んでいれば、「官」の東京美術学校に対して「民」の日本美術院という対抗軸で、私学の雄となる美大を作れたかもしれません。

天心はしかし、今風にいえばグローバル人材となることを選びます。語学堪能な彼は、インドを旅した後、ボストン美術館職員となり、英語の著作を次々に発表していきます。ボストンが気に入ったのでしょう。こうして天心は、一九世紀末の欧米の日本に対するジャポニスム的なまなざしをリードする代表的知識人となっていったのです。

他方、フェノロサの二番目の奥さん、メアリー・フェノロサも注目に値します。小日向に住んでいたフェノロサ夫妻は、よく谷中の天心宅を訪れました。そのメアリーは、やがてアメリカで人気小説家になります。彼女の最初の小説『トゥルース・デクスター』はベストセラーとなり、その印税で夫妻はアラバマ州に家を購入しますが、その家は「コビナタ」と名付けられました。メアリーは小泉八雲、つまりラフカディオ・ハーンとも親しく、ハーンの天才を見抜いていました。彼女の小説には日本も登場し、その一作『龍の絵師（ザ・ドラゴン・ペインター）』は二〇世紀初頭に映画化され、早川雪洲が出演しています。

つまり、天心、フェノロサ夫妻、ハーン等々といった群像は、美術だとか文学だとかの分野のなかだけでよりも、一九世紀末の西洋のジャポニスムのまなざしとその日本側での翻訳と自己演技という文脈のなかで脱領域的に考えた方がよほど理解も容易です。メアリーの目から見てこの谷中や小日向がどう見えていたのか、とても気になるところです。

（3）朝倉彫塑館に至る怪しい昭和スポット

さて、岡倉天心記念公園内の六角堂に安置されている「天心坐像」は、天心に教えを受けた彫刻家・平櫛田中（ひらくしでんちゅう）によるものです。谷中霊園近くにあるその平櫛田中の住居兼アトリエには、後ほど寄ります。まずは、「谷中銀座」に入る導入部にあたる「夕やけだんだん」に向かいましょう。「夕やけだんだん」というのは、日暮里駅から谷中銀座に向かう途中にある階段道のことです。この階段道を谷中銀座とは逆方向に上って右に曲がると、向かって左の脇道に、観光客がほとんど足を踏み入れない、どこか怪しげな一角があります。昭和から時が止まったような看板の美容室や、営業を止めた古いホテルが建つ道の行き止まりは、雑草が生い茂る崖になっています（写真4－2上）。山手線の内側、しかも谷中のような人気観光地にこのようなさびれた場所があるとは驚いてしまいますが、こうした不思議な場所を残しておくことが、谷中の街の魅力につながるように思います。

写真４－２　谷中界隈
（上）谷中銀座近くの古いホテル（下）初音小路

他方、「夕やけだんだん」を上がって最初の交差点を右に曲がったところにあるのは、やはり昭和の空気感が濃密な「初音小路」（写真4－2下）です。長さわずか三〇メートルほどの細い通路をはさんで十数軒の飲食店が軒を連ね、どこか戦後の闇市的な雰囲気が漂っています。といっても、

写真４－３　未来定番研究所

「一見さんお断り」というような閉鎖性はなく、席さえ空いていれば誰でも気軽に入れる懐の深い飲み屋街です。夕刻にこのあたりを訪れることがあったら、ぜひちょっと立ち寄ってみたいですね。加えていうと、実はこの初音小路には、秘密の抜け道があります。今、右に曲がった道を曲がらずにもうちょっとだけ進むと、右に折れる細い道があって、そこを曲がってそのまま行けば天王寺の墓地に出るのですが、その手前にあるラブホテルの脇の、ほとんど道とはいえないような隙間の通路を進んでいくと、ひょっこり初音小路の奥に出るのです。まさしくタナトスの領域とエロスの領域の境界線上のトンネルの先に初音小路があるというわけで、何やら時空をワープした感覚になります。

この初音小路のすぐそばに、大丸松坂屋百貨店の「未来定番研究所」（写真４－３）のオフィスがあります。築一〇〇年近く経つ木造家屋をリノベーションしたこの研究所では、「五年先の未来の定番となるモノやコト」を発掘するほか、月一回程度、誰でも参加できるワークショップを行っています。所長で建築士でもある今谷秀和さんは、「モノが売れない今の時代、人の生活にフォーカスすることで潜在的な需要が見えてくるのでは」と、あえて谷中にオフィスを構えたそうです。青山や六本木のような俗におしゃれなところでなく、昔ながらの和の建物で「未来」を考えるのが、今はより未来的なのだと思います。

この物件を仲介したのは、「たいとう歴史都市研究会」理事長の椎原晶子さんやHAGISOの宮崎さんが取締役を務める「まちあかり舎」です。地域の古い物件をリノベーションし、歴史ある建物を保全・活用する理念に共感する借り手とのマッチングを行っています。こうした取り組みが広がることで、街の宝とも呼べる古い建物が再び輝けるようになっているのですね。椎原さんたちは、後で訪れる「上野桜木あたり」にも関与していて、古い民家を新しい仕方で蘇らせる活動は今、着実な広がりを見せています。

「未来定番研究所」の前の道を少し南に歩いたところにあるのが朝倉彫塑館です。彫刻家の朝倉文夫自らが設計したアトリエ兼住宅ですが、建物全体が彫刻作品のようで、今は国指定名勝・登録有形文化財になっています。ちなみに朝倉文夫は、舞台美術家として有名だった朝倉摂さんのお父さんですね。コンクリート造りの贅沢（ぜいたく）な空間のアトリエ棟と木造和風住宅とを組み合わせた建物、池を配した中庭や屋上庭園など、細部にまで朝倉の美意識が感じられます。

見どころ満載で、不思議な居心地の良さに思わず時を忘れます。

（4）尾根伝いの道に並ぶ文化遺産とお食事処

少し先を急ぎましょう。朝倉彫塑館の前の通りは「初音の道」と呼ばれていますが、ここは中世以前からの上野台地の尾根道で、谷中霊園のあたりまでずっと続いています。この道沿いに、関東大震災や戦災を免れた古い建物がいくつも残っています。朝倉彫塑館から少し歩いて右に曲がると、谷中の観光ガイドにもよく出てくる観音寺の築地塀が続きます。美しい築地塀の道なので、ちょっと寄り道をしてもいいでしょう。さらにこの初音の道を進んでいくと、「散ポタカフェ　のんびりや」という大正期の町家を改造したカフェがあります。ここのいかすみオムライスは絶品です。他にもこの道沿いには、パン屋やカレー屋、イタリアンレストランなどがありますので、少しゆっくり休んだり食べたりしながら散策したい道です。

こうして初音の道を終点まで来ると、谷中霊園の脇の道に出ます。道が広くなっているのは、「神田白山線」という都市計画道路の一部だからです。文字通り、神田から白山までを貫く都道四五二号線として計画されているのですが、一部の道が広くなっただけで終わるでしょう。この道を谷中霊園の方に進んでいって、やや左に折れると、先ほどの椎原さんたちが関与している「上野桜木あたり」があります。これは二〇一五年にオープンした複合施設で、空き家になっていた昭和初期築の三軒家を改修し、天然酵母のビールを提供するビアホールや手作りパンを販売する店、オリーブオイルの店、レンタルスペースや住居などを配し、マルシェや季節行事などのイベントも行われています。ビアホールの二階は座敷になっていて、そこで食事をすることもでき、なかなか雰囲気があります。

さらに、この一角を出て都道に戻ると、冒頭でお話ししたスカイザバスハウスがあります。外見はまさに銭湯なのですが、銭湯は天井が高いので現代アートの展示に適しているのです。番台を入った先には、しばしば世界で活躍するアーティストの作品が置かれていて、訪問客を楽しませています。そうしたコンテンポラリーな場所の並びに、豆大福が有名な「岡埜栄泉（おかのえいせん）」、おせんべいの「嵯峨（さが）の家」、台湾スイーツの「愛玉子（オーギョーチイ）」といった老舗があるのも、谷中ならではの風景でしょう。

同じ並びの、言問通りがぶつかる交差点にあるレトロ風の喫茶「カヤバ珈琲」は行列ができる有名店で、「台東区景観コンクールまちかど賞」を受賞した、伝統建築物再生のシンボル的存在です。ここで、昔から引き継がれている名物のたまごサンドを味わうのも一興です。ついでながら、カヤバ珈琲の向かいの角には、明治期の酒屋の建物を移築し、台東区の「下町風俗資料館付設展示場」とされた「旧吉田屋酒店」がありますが、訪れる人は少なく、せっかくの建物や広場を活かせていません。直截にいえば、行政のだめさを象徴するような施設になってしまっています。ただ古いものを博物館化するのではだめなのです。そのことが、台東区にはまるで理解できていないようです。

カヤバ珈琲でひと息ついたら、言問通りを東へ進み、谷中霊園方向に向かいます。八万四千体地蔵が有名な浄名院の角を曲がると、谷中霊園の入口です。霊園に入る前に、旧平櫛田中邸（写真4－4）に寄っていきましょう。墓場の隣にアーティストが住むのは、創造とは何かということを示唆していますね。実際、この建物を谷中霊園側から見るとまるで廃屋のようで、妖気があります。また、田中がくつろいでいたはずのこの建物の二階では、目の前に谷中霊園を一望できて、まるで自分が、もうすでにこの墓地の住人になってしまったかのような気分を味わえます。まさに、タナトスの館です。

写真４－４　旧平櫛田中邸

大正期に建てられたアトリエ兼木造住宅は現在、田中の出身地である岡山県井原市に寄贈され、またまた椎原さんや藝大の学生も交えた有志が維持管理に携わっています。通常は非公開ですが、しばしば演劇やコンサート、展覧会に活用されています。彫刻家のアトリエは天井がとても高いので、さまざまなアートイベントに活用できる可能性があるのです。

(5) 二つの墓——最後の将軍と最初の近代資本家の深い縁

谷中霊園には多数の著名人が葬られていますが、今回は徳川慶喜と渋沢栄一の墓を訪れることにします。本書の第一日から何度も登場している渋沢栄一は、もともと幕末、水戸徳川家から一橋家に養子に出された慶喜に仕えていました。明治になってからも、渋沢は慶喜の伝記を編纂するなど、旧主をさまざまなかたちで支え、名誉回復に努めています。また、旧幕臣との関わりを極力避けた慶喜も、渋沢の訪問は拒まなかったそうです。

渋沢は、政権を返上した慶喜が謹慎した寛永寺にも支援を惜しみませんでした。上野戦争後、明治政府に寺領を接収された寛永寺の運営基盤にと、旧幕臣の実業家たちと寛永寺の子院を移転整理し、住宅地への転用を図りました。この宅地開発により、上野桜木一帯は東京最初の分譲住宅地の一つとなり、上野や日本橋の商店主や会社経営者、東京美術学校・音楽学校(現東

写真４－５　徳川慶喜の墓

京藝術大学）の教員、作家などが移り住みました。一〇〇坪単位で販売された宅地に建てられた庭付き戸建て住宅のいくつかは、現在も大切に保全されています。

一時は賊将とされた慶喜も、明治の終わり近くに公爵に叙せられ、貴族院議員にもなって一九一三年に亡くなります。こうした慶喜の復権に、渋沢は水面下で暗躍したかもしれません。慶喜が死んだのは大正時代ですから、なんと彼は明治天皇よりも後まで生きているのです。享年七六歳、徳川将軍のなかでは最も長生きです。政治権力をすべて失った最後の将軍が、新たな政治権力の頂点に立った人物の死を見切るまで長生きしたというわけです。しかも、徳川歴代将軍の多くは菩提寺である寛永寺や増上寺の墓所に葬られていますが、慶喜はここ谷中霊園に眠っています（写真４－５）。埋葬も神式で、葺石（ふきいし）円墳状の墳墓になっています。大正時代ですから、もう徳川の世ははるか遠くなっていたのです。

そして、この慶喜の墓所から少し離れて渋沢栄一の墓があります（写真４－６）。渋沢の死は一九三一年、もう昭和ですね。享年九一歳、こちらは慶喜よりさらに長生きです。渋沢は、幕末、明治、大正、昭和の四つの時代を、幕臣、企業家、社会貢献家として生き抜いたのです。そして、慶喜の墓が塀に囲われて閉鎖的な印象なのに対し、渋沢の墓はとてもオープンです。敷地はかなり広いのですが、大きな墓石以外はほとんど何もありません。西洋的な広場のモニュメントのように墓が建っています。慶喜の墓と渋沢の墓を比べると、徳川幕藩体制の社会と資本主義的市民社会の違いに妙に対応している気がします。

しかし同時に、墓のロケーションからは、渋沢の慶喜への思いも感じられます。何しろ渋沢栄一の従兄の渋沢成一郎は彰義隊の結成に関わった中心人物だったわけで、栄一自身も最期まで、自分は幕臣だという意識を持っていたと察します。資本主義の本質を誰よりも早くに見抜き、数多の企業をスタートアップさせた実業界のスーパースターが、同時に幕府最後の将軍の家臣であり続けたという屈折には少々惹(ひ)かれるところがあります。

写真４－６　渋沢栄一の墓

写真４－７　線路がエロスとタナトスの境界になっている

（6）鉄路を越えて、性と死が隣り合う境界線へ

谷中の墓巡りは始めればきりがありません。慶喜と渋沢以外にも、多くの著名人がここに眠っています。しかし、私たちは線路の向こう側の根岸へ歩みを進めましょう。

根岸は上野の崖下にあり、江戸時代は閑静な田園地帯として、文人墨客にその風雅を愛されました。その頃から妾宅（しょうたく）が多く、艶めいた土地柄は現在のラブホテル街へと受け継がれています。そして、谷中霊園の外れから鶯谷のラブホテル街を見渡すと、不思議なシンクロ感があることに気づきます。墓石に刻まれた「絆（きずな）」などの文字と、ラブホテルの看板にある言葉が非常に似ているのです。次第に、ラブホテルが巨大な墓標のようにも見えてきてしまうほど、墓石とラブホテルの建物は相似形に思えます（写真４－７）。エロスとタナトスがこんなふうに二重写しになる場所は、なかなか珍しいのではないでしょうか。

谷中霊園から根岸に抜ける「御隠殿坂」と呼ばれる坂の先にある跨線橋は、鉄道マニアには有名な撮影スポットです。御隠殿は根岸にあった寛永寺住職輪王寺宮法親王の別邸で、御隠殿坂は寛永寺からこの別邸へ行くために造られた道でした。御隠殿は維新の動乱で焼失し、今は跡地に碑が立つほか、往時の面影はありません。しかし、「御隠殿坂」という名は残り、今日では跨線橋とセットになっています。

この跨線橋、ＪＲの山手線、京浜東北線、常磐線、高崎線、宇都宮線、東北本線、上野東京ライン、東北新幹線、上越新幹線、山形新幹線の線路をまたいでおり、狭く長い橋の金網越しの下をひっきりなしにこれらの鉄道車両が行き来しています。少し先では、先ほど触れた京成線が高架になって、これらのＪＲ線をまたいでいくのが見えます。この風景は壮観で、「鉄ちゃん（鉄道ファン）」なら、興奮してこの場から動けなくなってしまうでしょう。

跨線橋を渡ると根岸です。その先には、昭和の爆笑王・初代林家三平の住まいに博物館を併設した「ねぎし三平堂」、洋画家・書道家の中村不折の旧居を博物館にした「書道博物館」などの文化施設、豆腐料理の「笹乃雪」、子規や夏目漱石も愛した「羽二重団子」、洋食の「香味屋」など、ガイドブックに載っているスポットがいろいろありますが、私たちは晩年の正岡子規が住んでいた子規庵だけに立ち寄ることにします。子規没後も家族や門人たちが守り続けてきた子規庵は戦災で焼失してしまいますが、その五年後、子規ゆかりのヘチマや鶏頭などが植えられた庭など、当時の住まいが忠実に再現され、現在は都指定史跡となっています。

子規庵は今も俳句サークルの拠点のようですが、出口を抜けた目の前にラブホテルの建物があり、唐突なエロスの出現に、一瞬、たじろぎます。

(7) 性と死が隣り合う吉原遊郭と樋口一葉の天才

さらに、今日のテーマから、もうひとがんばりして明治の女性文豪、樋口一葉の記念館まで足を延ばすことにします。根岸から入谷一帯を経て竜泉まで横断していくことになりますが、このあたりは開発が進み、味気ないビルがほとんどになっています。それでも、都内最古の洋館住宅の一つといわれる旧陸奥宗光邸（内部非公開）など、途中、レトロな近代建築もあります。現在の入谷は、首都高速一号上野線の終点になっていますが、この首都高速がもしも撤去されたなら、それを機会に、昭和通り一帯の都市計画を考え直していけば、根岸から入谷を経て、浅草までの街歩きをもっと快適なものにしていけるかもしれません。

根岸から竜泉までは、時間の節約のためにタクシーを利用しても構いません。その場合、目指してほしいのは吉原弁財天です。昔の吉原遊郭、今の吉原ソープランド街の南に位置する弁財天は、関東大震災で命を落とした五〇〇人近い遊女たちの記憶と深く結びついています。入口付近にある極彩色の観音像は、震災で死んだ遊女たちを供養するため、震災から三年後に建立されたものです。伝えられるところでは、震災時、遊女たちは遊郭に閉じ込められて逃げ出すことができませんでした。やがて吉原を大火が襲い、逃げ場を失った彼女たちはこの地にあった弁天池に逃げ込みますが、猛火のなかで溺死します。大火後、彼女たちの死体が池の至るところに転がる壮絶な写真が今も残っており、ただただ絶句します。その弁天池も、一九五九年の再開発で埋め立てられてしまいました。

弁財天で遊女たちを弔った後、心に彼女たちの死の記憶を抱えながら北上すると、それとはまったく異質の現在の吉原ソープランド街を通り抜けることになります。この街の区画は遊郭があった頃とほぼ変わっていません。道路パターンは、非常に変化しにくいのです。ですからここは、大門跡や遊郭の客が名残を惜しんで振り返ったという見返り柳の跡など、歴史と今が混在する不思議な一角ともいえます。しかし、昔の遊郭は多数の男たちと遊女たちの視線が交錯する賑やかな場所だったのでしょうが、今の吉原は閑散としています。おそらく、ソープランドの客たちは近くのどこかの駅で店の送迎車に乗せられてしまうため、街を歩くことはないのでしょう。〈性〉の空間も、今では完全に個室化、密室化され、私たちの身体と欲望はくまなく管理し尽くされているのです。そんななか、街歩きでソープ街を訪れた私たちは、この街で明らかに異質な存在で、夕方の早い時間から店の前に立つ黒服の男たちの訝(いぶか)しげな視線をひしひしと感じました。

ソープランド街を通り抜け、さらに少し北に行くと一葉記念館があります。黒い外観の立派な文学記念館です。もともと一九六一年に、日本初の女性作家の単独文学館として開館されました。設立にあたっては、地元の多大な協力があったそうです。一葉は、きっと「まちの誇り」なのでしょう。幼少期は本郷で育ち、中島歌子の歌塾「萩の舎」に通っていた一葉ですが、その頃の作品は秀才の文学少女の域に留まっていました。もし一葉が下谷龍泉寺町で荒物駄菓子店を営まなければ、「奇跡の一四ヵ月」と呼ばれた期間に次々と発表した傑作は生まれなかったかもしれません。経済的困難から本郷を離れ、この地で女所帯の戸主として生活苦と戦った一葉は、その苦労を不朽の作品群に昇華させていきます。彼女はここで、吉原遊郭や社会の周縁に生きる人々に接し、人間や社会への洞察を急速に深めたからこそ、大作家へと飛躍することができたのだと思います。

前田愛が名著『樋口一葉の世界』(平凡社、一九七八年)のなかで分析したように、彼女の傑作『たけくらべ』のストーリーの軸をなしているのは、やがて吉原の遊女となることが運命づけられている美登利と、僧侶となっていく学問好きの信如という二人の子どもの間のほのかな恋です。つまり、エロスとタナトスは、この子どもたちの時間のなかで交錯します。前田は、この作品の鋭利な分析から、明治の東京都心周縁で、子どもたちの遊びの世界のなかに、共同体のマツリの時間と市場社会のマツリの時間という二つの異質な時間が交錯し、出会っていたことを見事に浮かび上がらせました。

前田がその先で示したのは、明治に起きた空間の修辞法の変容でした。彼は、江戸時代に書かれた寺門静軒の『江戸繁昌記』と明治の服部撫松（ぶしょう）の『東京新繁昌記』が、都市を描く修辞法の点で決定的に異なることを指摘しました。前者の都市は、「江戸空間のなかにハレとケ、アソビとクラシという二元的な生活のリズムを挿入するところ」に浮上していました。ところが後者が示したのは、開化の記号としてのモノがひしめく陳列場としての都市です。そこでは「陳列されたもの、の視覚的イメージが、そのまま、名詞を羅列する修辞法に置換されているわけであり、漢文体の対句形式は、商品の新旧の対照を分節化する仕掛け」です（前田愛『都市空間のなかの文学』筑摩書房、一九八二年）。

無論、この新しい修辞法は、都市風景の根本が、資本主義的な論理によって構成されるようになっていったことに対応しています。ですから一葉の『たけくらべ』は、このような都市のパラダイム転換までが視野に収められていたともいえるのです。

（8）積層する死の空間と変容する「寄せ場」の未来

一葉記念館から北に少し進めば、もうそこは三ノ輪です。この三ノ輪を、明治通りが貫いています。明治通りは、南麻布から渋谷、原宿、千駄ヶ谷、東新宿、雑司ヶ谷、池袋東口、西巣鴨、王子、三河島、三ノ輪、「山谷」、東向島、曳舟、亀戸、南砂町、夢の島と、東京都心をぐるりと環状に巡る主要道路で、超高級な街から三つのターミナルシティ、そしてこの街歩きで訪れた雑司ヶ谷や巣鴨、王子、さらには三ノ輪から「山谷」にかけての労働者の街から夢の島まで、東京のまったく異なる貌を見られる通りです（図4－1）。本書での私たちの主要な移動手段は徒歩と路面電車ですが、もしも東京を自転車で一周するなら、この明治通り沿いに移動してみることを勧めます。

さて、竜泉から三ノ輪に北上して明治通りを渡ると、その先に浄閑寺があります。浄閑寺は、遊女たちの「投込寺」ともいわれてきた寺院です。吉原遊郭で身寄りのない遊女が死ぬと、密かに浄閑寺に運び込まれ、供養など一切されずに葬られたといいます。心中や脱走、窃盗、密通など吉原の掟を破った遊女の扱いはさらにひどく、遺体は素裸にされて荒菰に包まれただけ

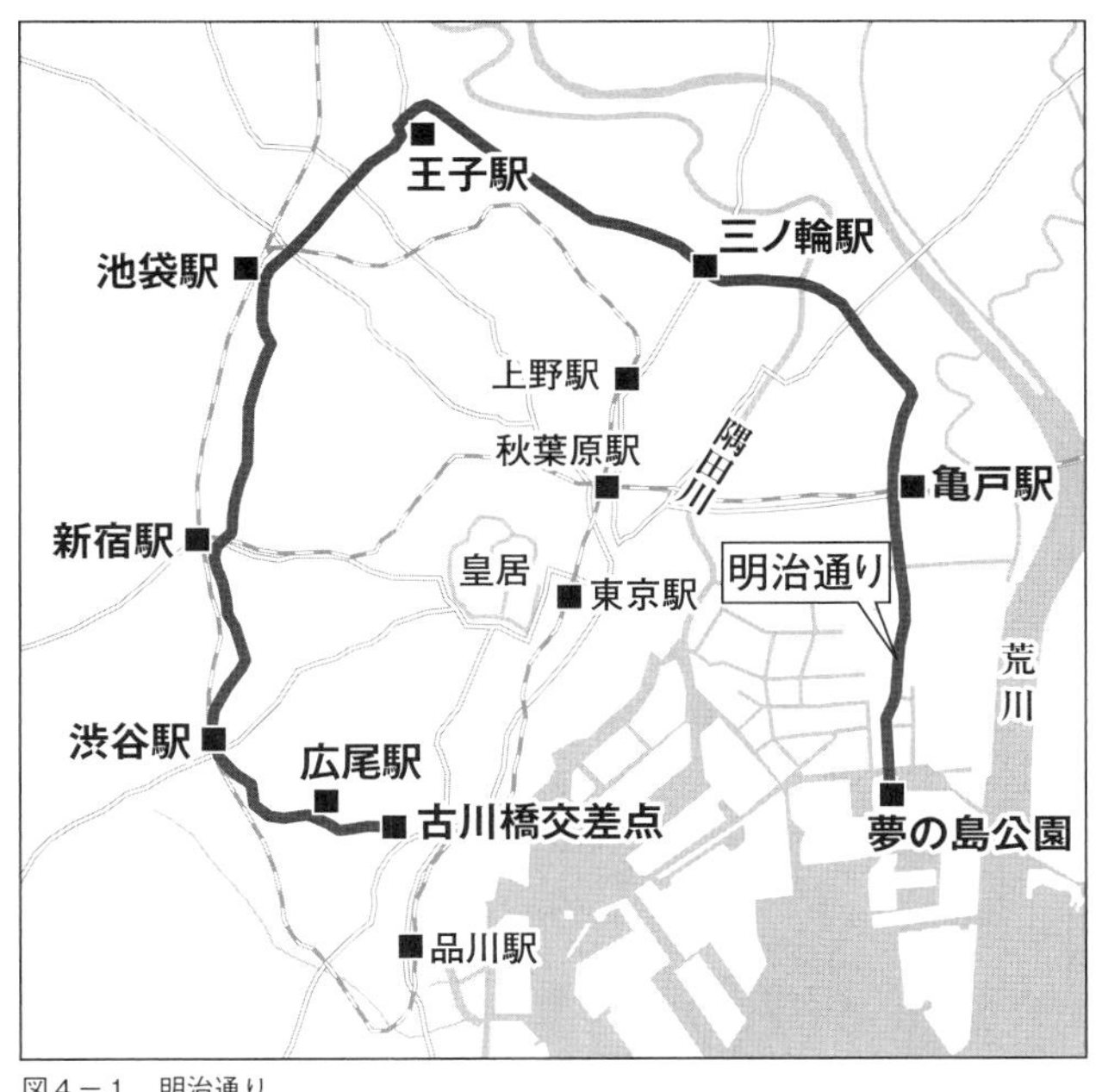

図４－１　明治通り

でそのまま浄閑寺に投げ込まれたとされます。そのため、本堂裏にある新吉原総霊塔には、遊女たちの骨壺がぎっしり詰め込まれているようです。

浄閑寺からＪＲ線を越えて日光街道を渡ると、第一日の旅で行き着けなかった都電荒川線終点の三ノ輪橋駅があります。今は駅全体がまるで昭和に戻ったかのようにレトロ調にデザインし直されています。映画のセットのようですね。東京都交通局が運営している「三ノ輪橋おもいで館」には、昭和ノスタルジーを狙った商品が所狭しと陳列されています。

このようにこの駅が改修されたのは二〇〇七年のことですが、それ以前から、すぐ裏の商店街の「ジョイフル三の輪」は「チンチン電車に会える街」をキャッチコピーにして街の再活性化を試みていました。高度経済成長が終わる頃から三ノ輪も人口減少を経験し、観光客を呼び込もうと路面電車を街のシンボルにしてきたのです。この三ノ輪橋駅の近くには、一九二〇年代に建てられ、以来、この駅のシンボルだった「王電ビルヂング」が残っています。まさに建築遺産で、これこそ保存と再活用をはかるべきでしょう。

三ノ輪橋駅から日光街道をさらに北に少し行くと、第三日に彰義隊についてお話しするなかで触れた円通寺があります。正面の本堂上部に東南アジア風の金色の仏塔を背にした大きな観音像が立っていて、その意匠に少々驚きます。しかし、この寺でまず訪れなければいけないのは、彰義隊の若者たちの墓と、上野戦争で激戦の現場となった黒門です。移設された黒門には、今も生々しく新政府軍が撃った弾(たま)の跡がついていて、幕末の上野で何が起きたのかを一五〇年の時を超えて伝えています。しかし、寺側も特にそれを保存や展示しているふうでもなく、訪れる人も少なく、なぜこれほど日本の近代史にとって重要な文化資産が、かくも無造作に移設され、ほとんど放置されているのか不思議です。

円通寺まで北上した後は、やや南東に方向を変えて最後の訪問地である「山谷」に向かいましょう。「山谷」は江戸の外れ、日本橋から最初の日光・奥州街道沿いの宿場町だった千住宿の近くにあります。明治以降、ここに東京に流入する日雇い労働者が集まるようになりました。さらに第二次世界大戦後、東京都が被災者のための仮宿泊施設を建設し、それが後の簡易宿泊施設につながっていきます。東京の戦後復興、そして高度成長期の発展を支えたのは、「山谷」に暮らした肉体労働者たちでした。「山谷」は大阪の「釜ヶ崎」、横浜の「寿町（ことぶきちょう）」とともに日本有数の「ドヤ街」となりますが、日雇いで働く彼らの生活は厳しく、長く支援団体が元労働者のホームレスや生活困窮者のサポートを行ってきました。

この「山谷」を、私たちは夕暮れに歩いていくことにしますが、しかし本当は、「山谷」は街歩きができる場所ではありません。「山谷」の街歩きは、一種のダークツーリズム、つまり社会的困難や悲惨の現場を「観光」することともいえますが、過去の戦争被害や災害、公害などの現場と異なり、「山谷」は東京でうごめく資本主義の影として現在進行形です。そこを訪れるということは、訪れた私たち自身のまなざしが直接、問われてしまう経験を伴います。

一九八九年秋、アメリカの日本研究者エドワード・ファウラーは、夕暮れの「山谷」の通りで、仕事帰りの日雇い労働者が愉快そうに飲み騒いでいるのに目を留め、写真を撮るとそのまま歩き続けました。次の瞬間、彼は酔っぱらった労働者たちに囲まれ、顔面にパンチを食らうのです。「無言で近づいて写真を撮る外部のヤツはまっぴらだ」。そう罵声を浴びせられたのがきっかけになり、それから彼は定期的に「山谷」を訪れ、そこに泊り込むようになっていきました。翌々年、彼は「山谷」に住み込み、日雇い労働者として働くことで、この街の人々の内部に入り込んでいきます。彼は、自らを「山谷」の人々と同じところに追い込むことで、「山谷」の人々の職探しをめぐって交錯する期待と挫折、不安と安らぎを内側から浮かび上がらせたのです。

こうして彼は、外部の観察者から日雇い労働者と人生のある部分を共有する存在に自己変容を遂げ、日本社会のステレオタイプ的記述からはこぼれ落ちる東京の「底辺」についてのエスノグラフィーの傑作である『山谷ブルース』（川島めぐみ訳、洋泉社、一九九八年）を書き上げました。この本は、「山谷」という街と私たちの関係を考える際、ぜひ一読していただきたい本です。

こうして一日、谷中から「山谷」まで足を延ばしてきましたが、もう日暮れです。簡易宿泊施設が建ち並ぶ「山谷」ではだいたい一泊二〇〇〇円が相場のようで、リーズナブルな宿泊施設を求める外国人観光客の人気を呼んでいるそうですが、時間帯もあってか、ほとんど人影は見られません。他方、「山谷」からほど近い南千住は、かつて処刑場だった小塚原刑場などもある江戸の周縁でした。しかし今、JR南千住駅前は小ぎれいに再開発され、近隣はタワーマンションの建設ラッシュです。JR、地下鉄、つくばエクスプレスの三つの路線が使えるなど交通アクセスの便利さも人気上昇の一因でしょう。実際、「山谷」を歩いていると、そこここで更地や取り壊し予定の建物を目にします。跡地には「山谷」の歴史など何も知らないファミリーが入居するマンションが建つのかもしれません。戦後日本の資本主義を下支えした「山谷」のドヤ街は、タワマンの谷間に取り残される「昭和の残像」となってしまうのでしょうか。

《第四日のまとめと提案》

東京の隙間から湧き上がる歴史の時間

「より速く、より高く、より強く成長する」。それは、近代の東京が求め続けた価値でした。しかし、その行き着いた先は、バブル崩壊と平成の失われた三〇年だったわけです。一九九〇年代以降ずっと、私たちは成長だけを求めてきた社会がいかに破綻していくかということを体験してきました。少子高齢化に伴う地域の空洞化が進み、あちこちに生まれたシャッター商店街や空き家が立ち行かなくなって駐車場へと変わっていく風景は、もはやお馴染みのものです。そうして東京には成長の限界の果てに多くの隙間が生まれました。その隙間に新しい価値や時間の流れを与えていく活動が、今回歩いた谷中の街で次々と始まっています。

狭い土地の容積率を緩和してそれまであった低層の建物を壊して更地にし、タワーマンションを建てたり、道路を拡幅して自動車交通を便利にし、さらに地上げで大規模開発していくというやり方は、そこで長い時間をかけて営まれてきた暮らしも、積み上げられてきた歴史もすべてを破壊し、チャラにしてしまう、つまりその都市の歴史的営みに突然の死をもたらしてしまうやり方です。そして、そのようにして記憶を失った街には、あたかもそれまでそこに何もなかったかのように新しい住民が移り住んできます。そこにあるのは、地域との分断であり、過去との根こそぎの断絶、すなわち街の決定的な記憶喪失です。

一方、ＨＡＧＩＳＯや「上野桜木あたり」、スカイザバスハウスや未来定番研究所といった、谷中で進行中の事例は、老いていく建物を受け入れ、そこに蓄積された時間を引き継ぎつつ新しい時代にふさわしいやり方で建物を転生させます。つまり、都市の老いを老いとして受け入れ、そこに新しい価値を発見しています。街の風景には、単にそれが美しいとか醜いというだけでなく、その街が生きてきた歴史的時間が蓄積されています。その歴史的時間にいかなる新たな命を与えていくのかが、私たちの時代の課題なのです。

しかし、経済的な価値を追求し尽くす資本主義の原理が生き続ける限り、利益を生むのは高層ビルという答えが出てしまいます。だとすれば、法令や社会制度的なシステムとして、低く古い建物や街並みを守ることで、文化的な価値も出て、利益も高層に建て替えるのと同じくらい上がるという仕組みをつくる必要があるでしょう。

谷中で行われているような試みをもっと広げていくためには、改修にかかるコストや固定資産税、相続税など、経済的な問題を解決する工夫が必要です。重要文化財になれば財産評価額から七〇パーセントを差し引いた額での相続となりますが、重要文化財に指定される建物は限られます。となれば、容積率を減らし、地価を安くするのも一つの方法です。それで地価が安くなった分の損失を、国がオーナーや地主に補塡できればいいのですが、今の日本にその余裕はありませんから、たとえば低層住宅地域の容積率を高層ビルが建っても支障がない駅周辺などに売り、その利益でオーナーは古い建物を守っていくという方法も考えられます。他にも、街並みを残すために固定資産税を減免するエリアを設定する、古い建物を保全するファンドをつくるなど、さまざまなアイディアが出ています。

市場主義の徹底は、その行き着く先でコミュニティを破壊し、社会を分裂、解体させてしまいます。それは一見、身の回りを効率よくしてくれますが、最後は人生の潤いや豊かさを失わせてしまうのです。『モモ』のなかの「灰色の男たち」の世界です。今日、私たちは日々の仕事や学びも、〈性〉の空間も〈死〉の時間も、すべてが個室化し、ただ効率よく管理される資本のシステムに呑(の)み込まれています。そこで失われているのは共通(コモン)の時間です。「ともに生きている」という根本的な感覚が失われているのです。この感覚を再生させる資源として、都市のなかになお残る、あるいは新たに生まれつつある「隙間」は重要です。今回訪れたさまざまな都市の隙間の実践には、過去と未来の両方に開かれていく可能性があります。

第五日　都心北部で大学街としての東京を再生させる

第五日で巡るスポット

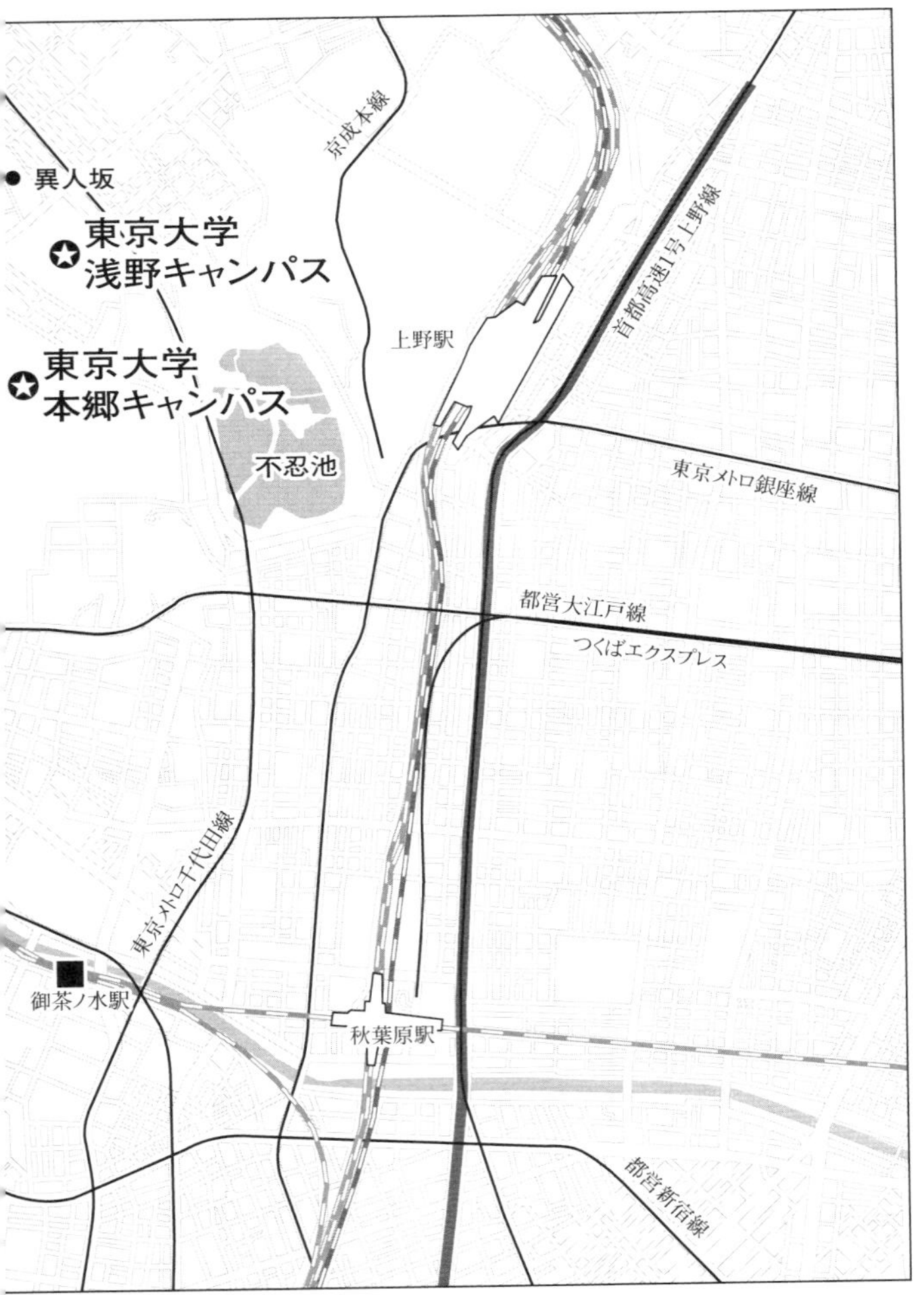

京成本線
異人坂
東京大学
浅野キャンパス
東京大学
本郷キャンパス
上野駅
首都高速1号上野線
不忍池
東京メトロ銀座線
都営大江戸線
つくばエクスプレス
東京メトロ千代田線
御茶ノ水駅
秋葉原駅
都営新宿線

根津神社
東京メトロ南北線
GOAL
東京大学
弥生キャンパ
求道会館
万
菊坂下
鳳明館本
旧伊勢屋質
東京メトロ丸ノ内線
首都高速5号池袋線
春日駅
都営大江戸線
飯田橋駅
水道橋駅
東京メトロ東西線
都営三田線
神保町書店街
START
東京メトロ半蔵門線
学士会館

《冒頭講義〜大学街としての東京》

（1）「役に立たない」漢学・国学／「役に立つ」洋学

本書の街歩きでは、これまで東京という都市に隠れた次元の時間軸を入れ直す試みを続けてきました。今回は、東京大学の教員である私、一緒に街歩きをしている集英社新書編集部という私たち自身の日常の時間を歴史の時間のなかに置き直し、都市にとって大学や出版とは何かを考えていきたいと思います。そこで最初に訪れるのは、神保町です。神保町は世界最大規模の古書店街で、多数の出版社を擁する「本の街」として知られています。その源流は、神保町周辺が日本最大の大学街となっていった明治時代に遡ります。

築地が慶應義塾や立教、青山学院など洋学系の大学の創立の地ならば、神保町周辺は、東大、一橋、東京外大などの官立大学、それに学習院、中央、明治、法政、専修、日大、共立女子大など主だった私立大学が基礎を築き、発展していった中心地でした（図５－１）。江戸時代までの神保町周辺には大名屋敷や旗本屋敷が並んでいたのですが、維新後、空き家になった屋敷が

図５－１　神保町と大学の創立・発展

学校校舎へと変わっていきます。学校には教室が必要で、それにはある程度の広さが必要だったからです。こうして神保町に大学が増えていき、それらの大学での教育と結びつき、教科書や辞書の出版が拡大していきました。江戸の木版出版の中心地は京橋でしたが、教科書や辞書は活版印刷です。この木版から活版への技術転換が、出版の中心地を京橋から神保町へと移動させたのです。

そもそも大学街としての神保町の始まりは、西洋の知識をハイスピードで導入する必要に迫られた徳川幕府が設立した蕃書調所（ばんしょしらべしょ）が、当時は「護持院原」と呼ばれた今の学士会館のあたりに移転してきたことにあります。蕃書調所は、西洋の知の翻訳センターですね。原書の翻訳と語学教育、西洋事情の調査が進められていました。この蕃書調所が名称変更を重ねながら、明治に入って新政府に接収され、大学南校になるのです。

大学南校という呼称は気になりますね。「南校」というからには、どこかに「本校」があったはずです。実は、大学本校は、現在の湯島聖堂のところにありました。この本校は、幕府における儒学の最高教育機関だった昌平坂学問所の流れをくんでいます。そして、この本校から見て南方向にあった蕃書調所が、やがて「南校」となったのです。

この大学南校は、一八七七年に現在の神田和泉町にあった大学東校、つまり東大医学部の前身と合併します。そしてこの合併後、大学南校は、東京大学理学部や文学部、法学部（一部）になっていきます。面白いことに、この時代にはまだ学問を分けるのは「文系」か「理系」かではなく、文学部と理学部の起源が同じなのです。これに対して、医学部、工学部、法学部（一部）は、その創立が東大の創立よりも古く、大学南校とはやや異なる起源です。東大という大学は、昔から全体がなかなかまとまらないのが特徴ですが、このまとまりのなさは、学部ごとに起源が異なることと無関係ではありません。

幕末期、学問において最も重要な知の区分は、「漢学」か「洋学」かでした。中心が漢学で、周縁が洋学です。黒船来航以降、幕府はその周縁の知を本格的に取り入れていくのですが、人々の頭のなかでのヒエラルキーは崩れません。ですから大学も、本校は湯島で漢学中心、そこから見て南にあったのがリベラルアーツ系の南分校、東にあったのが応用医学系の東分校というわけでした。

この知のヒエラルキーが劇的に変化するのが一八七〇年代です。大学本校は、南校と東校の統合に加わりません。というか、加わらせてもらえなかったのです。明治初め、それまで主流の江戸の漢学系の学者と、維新とともに京都から来て鼻高々の国学系の学者の間で内紛が激化し、どちらも明治政府に見放されてしまうのです。近代化に邁進（まいしん）すべき新時代に、「役に立たない」漢学も国学ももういらない、というわけでした。

この時、それまで周縁にいた洋学が一気に中心に躍り出て、中心にいた漢学は、知の支配的秩序から速やかに排除されてしまいます。東京大学は、「大学」という言葉を漢学の総本山から受け継ぎつつ、その元の漢学を排除し、周縁にいた分校だけが結びついて誕生した大学です。他方、慶應義塾大学は、今も「義塾」という言葉にこだわり続けます。福沢諭吉の考え方からすれば、「大学」という、幕府の正統的教義との結びつきが強い言葉よりも、「義塾」という、緒方洪庵の「適塾」に連なる言葉の方がずっと実質がありました。西洋の「ユニバーシティ」の原点は「教師と学生の協同組合」にあったのですから、その訳語として「大学」が本当に一番適していたかどうかには、若干の疑問符がつくのです。

ただし、神保町との結びつきでいえば、東京大学ができた後も、しばらく南校の文学系や理学系の人々は本郷には移りませんでした。東大が創立されたのは一八七七年、神保町の南校にいた人々が本郷に移るのは八六年頃です。この動きの遅さは、神田和泉町にいた大学東校の医学部の人々がいち早く本郷に移転したのとは異なります。今日、これから歩くように、実は神保町の蕃書調所の敷地はかなり広大でした。南校の人々は、本郷に移ることにあまり乗り気ではなかったかもしれません。他方、東校のあった和泉町の屋敷地は寄り合い所帯でしたから、東校の人々にとっては、本郷移転にメリットがあったと想像されます。その結果か、明治期の東京大学本郷キャンパスの構造では、最も中心的な区画がほとんど医学部や病院によって占められていました。医学部が、このキャンパスにやって来た最初の新地主だったからです。しかし大正期、東大本郷キャンパスの中心軸は大きく九〇度、回転していきます。この変化のなかで、法学部や文学部、理学部があった一帯の方が、大学キャンパスのなかの中心的な位置づけを得ていくのです。

(2) 神保町と本郷の学生・書生文化

ですから、本郷との結びつきが強いと思われている東京大学ですら、明治初期の拠点は本郷以上に神保町だったわけで、それだけ明治を通じ、大学街としての神保町は新しい東京の書生文化の求心点でした。書生や教師で賑わう当時の神保町では、彼ら知識人相手の飲食店や下宿屋、芝居小屋や寄席が栄えていきます。こうした商売の最たるものが書店、特に教科書や参考書を中心に知識人に需要が高かった書籍販売業でした。ちなみに、この神保町に一八八一年に開業した三省堂書店も、古書店から出発して辞書から百科事典までの出版事業を手掛けていきます。今でも三省堂は有数の大型書店ですが、かつてはもっと華々しく、出版と書店、学生のためのデパートを合体させた複合大企業でした。

一九六〇年代くらいまで、神保町には大学と本をめぐるある文化生態系が成立していたように思います。ここに創立された大学や専門学校の学生たちの需要が、古書店・書店を呼び寄せ、さらにそれらを取り巻くように教科書や専門書を出す出版社が増え、製版工場、印刷工場、製本工場、本を書店に流通させる取次店などが寄り集まり、このエリアは出版産業の一大拠点となっていきます。大学に集まる教師と学生によって集積された知が産業を生み、都市の姿を変えていく姿が明治以降の神保町の歴史にはよく表れています。

他方、神保町より北にある本郷は、江戸時代、加賀藩とその支藩の富山藩と大聖寺藩、それから水戸徳川家の屋敷地でした。それが明治になって新政府に接収され、やがて文部省用地となります。しかし、この地が東大キャンパスとなるまでには紆余(うよ)曲折がありました。衛生上の観点から、高台にあることが医学部とその病院の設置要件で重視されたため、上野の寛永寺跡地を大学用地にする構想がありました。しかし、お雇い外国人医師ボードウィンの「上野を公園にすべし」という進言により、上野から見て不忍池の対岸にある本郷台地が東校や南校の移転先に決まったのです。もし、当初の構想通りに上野に東大キャンパスが設置されていたら、藝大と東大は隣同士で、上野には諸学部の建物が林立していたでしょう。寛永寺にとっては、現状よりもっと悲惨だったかもしれません。上野は公園になって良かったですね。

東大が創立される一年前、一八七六年に東大医学部となる東京医学校は本郷に校舎を構えます。東京医学校は大学東校と同じで、このあたり機関名がくるくる変わるのでわかりにくいですね。いずれはすべて、かたちの上では東京帝国大学に統合されていきます。その大統合に向かう容器の役割を、本郷キャンパスは果たしたように思います。つまり、ある意味では東大があったから本郷キャンパスが生まれたのではなく、本郷キャンパスがあったから、大学東校や南校、工部大学校、東京法学校など、別々の機関が東京帝国大学という大きなフレイムに統合されていった面もあったのではないでしょうか。

こうして本郷周辺では、根津、西片（にしかた）、小石川などの街々に東大拡張の影響が及んでいきました。たとえば、根津では江戸時代から根津遊郭が栄えていましたが、東大生はずいぶんそこに入り浸ったらしい。結局、学生の風紀を乱すという理由で深川洲崎に移転させられます。この移転は、学生には不満でも、教師の立場からいえば理解できます。

また、福山藩阿部家の屋敷地だった西片は、東大で教える教員向けの和洋折衷住宅が建てられ、高級住宅街として発展します。他方、本郷の街は、学生向けの下宿や飲食店が軒を連ね、芝居小屋や寄席などの遊興施設、学生への布教を視野に入れたキリスト教会、医学部附属病院の需要を満たす医療機器店などが生まれていきます。このように、東大という装置ができることで多様な要素が呼び寄せられ、街の姿が変わっていったわけです。

このような大学と街の関係は、キャンパスの内側からではなかなか見えません。戦前の帝国大学や戦後の国立大学は国との関係で権威も予算も得ていたので、周囲の街との間には壁をつくりがちでした。そしてこの閉鎖性は、本郷キャンパスがもともと武家屋敷だったという歴史的空間性によっても強化されてきたかもしれません。というのも、武家屋敷はそもそも藩の単位で閉じた空間で、外部との接触は最小化するように設計されています。内部の秩序を完全にするには、外との接触を制限した方が安定的だからです。

現在でも、東大は街に広がるよりも、キャンパス内に都市的要素を入れていく傾向が強いですね。実際、東大本郷キャンパスでは、街に出ていかなくても日常の用はほとんど足ります。シャッターが降りたままの店もある本郷通りを見ると、本郷が今も学生街といえるのかどうか微妙なところで、キャンパス内部の制御された都市化の方が基調かもしれません。

ですから今日の街歩きでは、むしろ大学と街の境界に注目し、東大の「縁（ふち）」や「孔（あな）」がどのように存在するのかを観察していきましょう。それらの縁や孔は、現在の東大と過去のこの地域を結ぶ境界です。また、東大のキャンパスやその周辺には、太古から現在に至るいくつもの時間層が存在します。この大学には有名な赤門以外にも江戸時代の痕跡を伝える場所がいくつも残っており、キャンパスの縁の門や周辺の路地、古い遺構にもその手掛かりを見つけることができるはずです。そのように空間的・時間的に東大を読み直しつつ、大学と街との間に形成できるかもしれない新たな関係を探っていきましょう。

(3)「知の時間」と「街の時間」

この本での私の挑戦は、東京という都市にこれまでとは異なる時間軸を挿入することです。その意味で、大学キャンパスとその周辺の街々を歩く今回は、歩き出す前に「知の時間」と「街の時間」、より正確にはアカデミックな「学問の時間」と市井の「日常の時間」の関係について、少し整理しておきたいと思います。というのも、「学問の時間」の本質的な特徴は、それが「日常の時間」から独立している、つまり日常の時間の速さや短さ、リズムに従属しないかたちでその自律性が確保されている点にあります。逆にいえば、この集英社新書の『「文系学部廃止」の衝撃』(二〇一六年)のなかで書いたように、現代日本の大学の最大の危機は、この根本が社会に理解されなくなっている点にあります。

「学問の時間」は、「日常の時間」からは切り離されていますし、切り離されていなければなりません。学問が日常に従属してはいけないのです。しかも、「学問の時間」は、それぞれの分野によってかなり異なる尺度を内在させています。たとえば、宇宙や地球の歴史を扱う地学的な知ならば、何千万年、それどころか何十億年という尺度で物事を考えているでしょう。考古学や人類学、古代史ならば数千年から数万年ではないでしょうか。私は社会学者で、社会学の最大のテーマは一貫して〈近代〉ないし〈現代〉なので、私が物事を考える時の基本単位は数十年から数百年です。数年ではないし、数千年でもない。しかし政治学者ならば、ひょっとするともう少し短いかもしれません。医学や工学、農学についても同じようなことがいえるはずなのですが、専門外なので発言を控えておきます。

ところがここで注意していただきたいのですが、「学問の時間」は「日常の時間」から切り離されていても、「教育の時間」や知識人の「実践の時間」は必ずしもそうではありません。大学が「象牙の塔」だというのは虚構に過ぎず、大学人は昔から一貫して教師でもあったし、社会において発言すべき知識人でもあったはずです。この意味では、大学の内外で流れている時間は、社会的日常の時間から必ずしも独立していません。

わかりやすい例が、学事暦です。学生たちは何月に入学し、何月に卒業するのか。彼らは何年で学部を卒業し、何年、大学院にいるのか。一学期はどのくらいの長さで、夏休み、冬休み、春休みはいつに設定されるのか。大学で学生たちが学ぶ一つの授業の長さは何分ぐらいが最善で、その科目は一週間に何回ぐらい開講されるべきなのか。大学は学生たちが大学で何か本質的なものを習得するために、どのようなカリキュラム構造を設定していくべきなのか、等々。これらの教育にとって根本的な時間構造は、社会の「日常の時間」と不可分に結びついています。そして私がこれまで多くの本で指摘してきたように、まさにこの点で、日本の大学の時間構造はあまりにも多くの問題を抱えています。

本書は大学論ではなく都市論なので、こうした教育の時間構造の問題には深入りしません。しかし、強調しておきたいのは、「学問の時間」が「日常の時間」から切り離されているからといって、「大学の時間」はそもそも周囲の「街々の時間」から切り離されていていいわけではないということです。ですから、この二つの時間の関係を、大学の内と外という空間的な関係から捉え返していく、これが今日の街歩きで目指したいことです。

たとえば、明治から戦後までを通じ、本郷キャンパスの内部の時間は、本郷、西片、湯島や根津といった周囲の街々での生活の時間と、どのように共振していたでしょうか。その共振が、今よりもかつての方がずっと大きかったとするならば、その共振に、周辺の街々に教師の住まいや学生の下宿が散在していたことはどう作用していたでしょうか。また、近隣の書店や喫茶店、さらには出版産業や医療機器産業と大学の関係を、そうした時間構造の変化の問題として考え直してみることはできないでしょうか。

さらに、大学キャンパスの内部にも、歴史的な過去、つまり大名屋敷だった江戸時代やさらにその前、中世、古代以前にまで遡る時間が伏在しています。東大本郷キャンパスには、三四郎池や赤門をはじめ、江戸の街の痕跡が多く残っていますし、弥生式土器も弥生町にある東大キャンパス近辺で最初に発見されたものでした。大学の縁や孔は、空間的な境界だけでなく時間的な過去への回路もなしていて、実は、江戸時代や先史時代についての私たちのイメージそれ自体、多分にこの縁や孔を通じてのぞき見られた過去の姿だったりするのです。

《街歩きと路上講義》

（1）消えた東大、残った私学

今の神保町周辺にも明治大学や日本大学、専修大学などのキャンパスがまだありますが、ここが大学街として賑わっていた一九六〇年代以前と比較すると、「日本のカルチェ・ラタン」

と呼ぶには寂しい気がします。神保町は「本の街」としては有名ですが、ここが日本の大学の歴史の原点の地であることを知っている人はどれだけいるでしょうか。

かつて大学南校があった場所には、今も学士会館の重厚な建物が建っています。この建物は、旧帝大出身者の親睦と交流を目的に、帝都復興期の一九二八年に竣工したもので、国登録有形文化財にもなっています。中は誰でも見ることができます。旧館の正面玄関脇には、「東京大学発祥の地」と記された記念碑があり、第二日で訪れた神田和泉町の大学東校跡地に比べれば歴史の痕跡を残しています。他にも、野球ボールを手に握った「日本野球発祥の地」の記念碑が目につきますが、これは、お雇い外国人教師として来日したホーレス・ウィルソンが、校内の運動場で学生たちに野球を指導したことにちなみます。

まずは、かつての蕃書調所の敷地がどれくらいの広さだったのか、歩いて確かめましょう。学士会館は水道橋から内堀に通じる白山通りに面していますが、白山通りをはさんで向かい合う共立女子大学を右手に見ながら一ツ橋交差点を越え、首都高速の高架道路の手前を左に曲がります。そのまま直進して千代田通りを渡り、道なりに進んで最初の交差点を左折、神田警察署前交差点で左折し、正則学園を通り過ぎて千代田通りを渡って右折、最初の交差点を左に曲がってしばらく行くと、学士会館に戻ります。徒歩一〇分弱、広大な敷地です。このなかに三棟の木造二階建て校舎、寄宿舎、運動場、大きな池があったようです。しかし、今は高層ビル街のこの一帯にそんな過去を伝える痕跡はありません。

東大は神保町に創立されたのですが、この街にはまったく痕跡を残していません。一橋大学の場合、一橋講堂がありますが、それでも街とのつながりは薄いと思います。東京外国語大学も、かつては官立だった学習院大学も同じようなものです。神保町にあった南校の人々が本郷の地に移るのは一八八六年頃、一橋の前身の東京商科大学が国立に移っていくのが一九二〇年代で、東京外大の前身の東京外国語学校が王子方面に移るのは戦時期です。概していえば、大きな大学から順番に神保町から離れています。学習院が目白に移っていくのは一橋よりも早く東大に次ぐ。こうして通覧すると、神保町にその大学がどのくらい長くいたかは、それぞれの大学の「官立」度と反比例している気がします。

つまり、東大、学習院は「天皇の大学」で、神保町とはあまり馴染まない。相対的に一橋や東京外大は「民」に近かったのかもしれません。一方、私立大学は「民」そのものでしたから、戦後も大学紛争の頃までは神保町に残り続けます。そして、あの大学紛争の時代を迎えます。紛争後、中央大学をはじめ多くが郊外に移転していきました。大学の郊外移転の嚆矢(こうし)は一橋ですが、国立は大学を中心に街としても発展していきますから、これは成功例でしょう。しかし紛争後、学生運動を潰すという狙いも含めて八王子方面に移転していった大学は、移転によって失ったものの方がずっと大きかった。都心に残った明治は得をします。大学は学生とともにあり、街とともにあるのだという原点を忘れるべきではありません。

(2) アジアとつながる神保町書店街

気を取り直し、約一五〇店舗の書店が集まる神保町書店街へと向かいます。アマゾンで本を買うことが普通となった今でも、神保町では老舗書店や個性的な古書店ががんばっています。この界隈は戦災を免れたため、趣のある昭和初期の建物がたくさん残っており、また人気のグルメも多く、街歩きの楽しみにはことかきません。

大正初期までの神保町のメインストリートは、靖国通りから一本一ツ橋寄りに入ったすずらん通りで、読書人のファンが多い東京堂書店など魅力的な店が軒を連ねていました。そして、この知の集積は日本だけのためのものではありませんでした。日清戦争後、清は日本の明治維新に学んで近代化を成し遂げようと日本留学を奨励し、明治後期には一万人以上の中国人留学生が神保町周辺で学んでいました。その受け入れに大きな役割を果たしたのが、講道館創始者の嘉納(かのう)治五郎で、自宅があった神田三崎町(みさきちょう)に中国人留学生のための私塾を開きます。また、魯迅、孫文、周恩来といった、現代中国にとってのスーパーヒーローたちも神保町と深いつながりを持っています。ですからこの街には、大変な観光文化資源が眠っているのです。

日清戦争から辛亥（しんがい）革命の頃まで、大学街の神保町は、中国人留学生たちにとって格好の学びの街でした。大学があることで、海外からの学生が神保町に吸い寄せられていたのです。彼らの日本での生活を、安い中国料理を提供する華僑（かきょう）の飲食店や、理髪店、洋服店などが支えました。実際、中国とゆかりのある飲食店や書店、記念碑を神保町で探してみると、その数の多さに驚きます。たとえば、冷やし中華で有名な揚子江（ようすこう）菜館は、その頃からの老舗ですし、留学生との関わりでは、すずらん通りの中ほどにある内山書店は必見でしょう。一九一七年に上海（シャンハイ）で開業した内山書店は日中文化人のサロンとして賑わい、魯迅と深い縁を結ぶなど、日本と中国の架け橋でした。内山書店が現在の地に店を構えたのは一九六八年ですが、中国やアジアの専門書店として今も営業を続けています。

書店や出版社は今も神保町に多く残りますが、出版を支えた印刷業や製本業はどこへ行ってしまったのでしょう。相次いだ再開発で、それまで神保町一帯で営まれていた小規模な印刷・製本業は急速に姿を消しました。それでも今も、神保町から水道橋へと向かう西側の三崎町一帯には数軒の製本工場が残ります。しかし、デジタル化が進行する時代、これらの小工場の未来には多くの困難が横たわっています。

（3）大学街で生きる人々の変わらぬ時間

神保町から白山通りを水道橋、後楽園と北上すれば、やがて本郷台地の縁、菊坂下にたどり着きます。歩くと二〇分程度の道のりですが、まだ街歩きは続きますから、都営三田線で水道橋から春日まで一駅移動してください。春日駅を文京シビックセンター（文京区役所）とは逆の出口から出れば、もうすぐそこが菊坂下です。

東大のある向ヶ岡から小石川の谷へと降りていく菊坂には、樋口一葉がその短い生涯の最期の日々を過ごした場所があります。幼少期の一葉は、赤門の向かいにある法真寺の隣地で恵まれた生活を送っていましたが、一七歳で父を喪い一家の戸主となり、死ぬまで貧困に苦しめられ、菊坂下の谷間の家で一生を終えます。その終焉の地は、紳士服チェーン店の前に無愛想な説明板が置かれているだけです。むしろ、一葉とこの坂のつながりを今に伝えるのは、坂の下方に残る旧伊勢屋質店（文京区指定有形文化財）です。この質店は、生活に窮した一葉が通ったとされます。この建物も、一時は取り壊しの危機にありましたが、現在は跡見学園が取得・保存し、週末には一般公開も行われています。

旧伊勢屋質店を見た後は、そのまま菊坂を上るのではなく、菊坂の南側の少し低くなったところを並行して走る菊坂下道に少し降りてください。菊坂そのものは、だいぶ開発が進んで風景が普通の通りと変わらなくなっていますが、この菊坂下道は昔の雰囲気をかなり残しています。細い一本道に、かつての街を彷彿とさせる木造長屋が残っていて、突然、時代をワープしたかのような気分になります。とりわけ、この下道から狭い路地を入った奥に、一葉も使ったとされる井戸があります。この路地に入ると、一葉の時代にも通じる時間がまだ今も揺蕩(たゆた)っている気がします。プライベートな住宅地であることに無頓着な観光客に迷惑しているのか、「立ち入りお断り」の札がかけられています。

さらにこの近くには、最近まで「菊水湯」という、一部に大変人気のあった銭湯が残っていたのですが、開発の流れのなかで消えてしまいました。近年、この菊坂周辺でも古い建物の取り壊しが進行し、虫食いが広がるように無機質な新建材の建物が街の風景を侵食しています。この下道の濃密な風景も、あとどれだけ維持できるか心配です。

同じことは、東京大学の西に広がる本郷の街全体についてもいえます。かつて本郷には五〇〇軒もの下宿がひしめき、戦後は下宿を転用した旅館となって修学旅行生などを泊めていました。しかし、今ではそのほとんどが失われ、無機質なマンションなどに建て替えられています。

そうしたなかで、この地域に三軒の旅館を営業している鳳明館(ほうめいかん)は貴重な存在です。普請道楽の粋を凝らした旅館建築は一見の価値があり、特に、もともと下宿屋だった築一〇〇年余りの本館では往時の雰囲気を感じることができます（写真5－1上）。鳳明館では宿泊以外でも会議やイベント、撮影など幅広い利用が可能ですが、都心にありながら周囲の喧騒(けんそう)が届かない空間でしばしくつろぐのも贅沢な時間の過ごし方でしょう。

写真5－1　本郷界隈　（上）鳳明館（下）求道会館

鳳明館森川別館の近くには、武田五一設計で一九一五年竣工の建物が魅力的な求道会館があります（写真5－1下）。一見、キリスト教会のようですが、真宗大谷派の僧侶だった近角常観(ちかずみじょうかん)が開いた説教場です。現在は東京都指定有形文化財となり、イベント時などに一般公開されます。隣接する寄宿舎「求道学舎」はリノベーションを経て、コーポラティブ方式の集合住宅として活用されるなど、建物の保存につなげる工夫がなされています。

鳳明館から本郷通りの東大正門前に向かうと、老舗と呼ばれる店が何軒か営業を続けています。一九一四年創業のフルーツパーラー「万定」のハヤシライスは昔の東大生なら一度は食べたことがあるはずです。骨董屋（こっとうや）でしかお目にかかれないような古いレジなど、戦前のモダンな内装がいまだ現役で、ちょっとしたタイムトリップ感を味わえます。

（4）東大キャンパスに眠る奥女中たちの時間

いよいよ東大本郷キャンパスに入ります。東大に入るには三つの方法があって、一つは難関の入試を突破する、二つ目は東大の教職員になる、三つ目が散歩で東大に入る方法です（木下直之他『東京大学 本郷キャンパス案内』東京大学出版会、二〇〇五年）。明らかに最後の方法が一番簡単ですね。そこで今回私たちは、この方法で東大に入ります。最初の方法に裏口入学はないはずですが、最後の方法には裏口入門があります。文字通り、東大キャンパスに裏口から入るのです。赤門や正門からではなく、少し遠回りして春日通りに面した春日門から入ります。この門を入ってすぐのところには隈研吾さん設計の建物があり、その一階の「廚菓子くろぎ」は、いつも行列が絶えない和菓子カフェです。

その前を通り過ぎ、左手の懐徳館庭園の方へ回りましょう。東大の迎賓施設として使用されている「懐徳館」には二〇〇〇坪もの広さの庭園があり、二〇一五年に国指定名勝を受けています。前に建つ和風の木造建築も趣がありますが、実はこちらは戦後に建てられたもので、本当に価値が高いのは庭園の方です。現在の本郷キャンパスの南西側約一万三〇〇〇坪のこの一角は、旧加賀藩邸の大部分が東京帝国大学キャンパスになった後も、前田家の屋敷地として残されていたのです。ですからここには、加賀藩主の子孫である前田侯爵の壮麗なルネッサンス風邸宅が建てられていました（図5－2）。懐徳館庭園は、明治天皇の行幸を迎えるために造園されたもので、明治期に作庭された庭がキャンパスにあるのは、東京ではここと早稲田の大隈庭園ぐらいでし

図5－2　前田侯爵邸（出典／木下直之他『東京大学　本郷キャンパス案内』東京大学出版会）

よう。一九二六年、本郷の前田侯爵邸は、駒場にあった東大の敷地と交換され、本郷キャンパスに組み込まれて今日に至ります。

ただ、一般公開されている大隈庭園と違い、懐徳館庭園はホームカミングデーなど限られた日にしか公開されません。最大の理由は、維持管理の人件費が今の東京大学の仕組みではなかなか捻出できないからだと思います。そのため、学内の教員でも、ここを賓客の接待などに使いたい時には、事前に申請を出して許可を取り、常住する管理人はいないので、自分たちで建物の雨戸を開けて中の掃除をし、弁当や諸々の注文から接待が終わった後の掃除、後片付けまですべてしなければなりません。実際、私は二〇〇六年にかなり大規模な国際会議を開いた時、そのようなことをしましたが大変でした。素晴らしい庭園なのですが、そうした手間が面倒なので、学内の使用頻度も高くはないようです。

明治からさらに時間を遡り、江戸時代、加賀藩上屋敷がここにあった痕跡を探訪してみましょう。今、東大で門といえば赤門ですが、ここは徳川将軍の姫の住まいである御守殿(ごしゅでん)に通じる門で、前田の若殿が将軍の娘を正室に迎え入れた時に輿入れ(こしい)れのために朱塗りで建てたものです(図5−3)。つまり、赤門は姫のための門なのです。東京大学はジェンダーバランスが悪く、なかなか女子学生比率を増やせていませんが、赤門がそもそも姫のための門であることは、も

図5－3　江戸時代の赤門（『松乃栄 旧幕府の姫君加州家へ御輿入の図』）

っと宣伝していいと思いますね。試みに、東大入試に世間の注目が集まる時期、女性専用車両みたいに赤門を通れるのは女性だけという特別な日を「赤門デー」として設定してもいいかもしれません。キャンパス全体を女性優先にするのです。もちろん、単にシンボリックに女性優先にするだけでなく、女性教職員や女子学生が日々感じている不便や不満を大学にぶつけていく日にも、これをすべきだと思います。

　姫のための赤門に対し、加賀屋敷の表門、つまり藩主が政務を司（つかさど）る表御殿に通じる大御門は黒塗りの門でした。しかし現在のキャンパスで、この昔の大御門の痕跡を探そうとしても、説明板すら見当たりません。古地図でその場所に行ってみると、ゴミ捨て場のようになっていました。観光名所である赤門の前が記念写真を撮る人たちで賑わっている光景との落差が激しいですね。東大

写真５－２　三四郎池

本郷キャンパスには、本当は明治や江戸、古代以前にまで通じる時間の孔がたくさん埋もれているのですが、大部分は忘却されたままで、痕跡すら失われています。

時間があれば、もともと加賀屋敷表門があったはずの場所の近くにある東京大学総合研究博物館に寄ってもいいかもしれません。自然史展示が中心の博物館で、展示方法がユニークなのは、数年前までここの館長だった西野嘉章さんの思想ですね。東京駅の丸の内口に面したＪＰタワーのなかにもこの博物館が運営に関与する「インターメディアテク」がありますが、あそこにはもっと明瞭に西野博物学の世界が表現されています。

東大の観光名所の一つである三四郎池は、赤門を入ったすぐ先で、その正式名称は、「育徳園心字池」です。懐徳館庭園が明治の遺構とすれば、こちらは江戸の遺構です。池を訪れる人の多くは入口で写真を撮って引き返してしまいますが、この池は一周してみるべきです（写真５－２）。鬱蒼と繁った木々に囲まれた回遊式庭園には静謐（せいひつ）

な空気が保たれていて、小さな滝まであります。起伏もあり、足場もあまり良くないので、気をつけて回りましょう。

白幡洋三郎さんの『大名庭園』(講談社、一九九七年)は、江戸時代の大名庭園と茶会の密接な関係を俯瞰した労作ですが、三四郎池についても注目すべき指摘をされています。一般に、本郷キャンパスの中核はかつての加賀藩上屋敷とされていますが、白幡さんの考証によると、ここはもともと上屋敷ではなく下屋敷で、上屋敷は大手町にありました。上屋敷が本邸ならば下屋敷は別邸、いわば別荘のようなレクリエーションや祝宴の機能が大きくなります。実際、加賀藩が本郷を将軍から屋敷地として拝領した時、この一帯は本郷台地から不忍池までの起伏に富んだ斜面で、樹木や笹、草が一面に生い茂っていました。加賀藩は領民を動員して屋敷を整備するのですが、その敷地の大部分は自然地形を活かした庭園となったようです。大手町の屋敷では不可能な、自然のなかでの盛大な茶会が本郷では可能でした。その庭園の中心に心字池(＝三四郎池)があったのですが、周囲には樹木が繁り、小山が築かれ、あちこちに茶室が配置され、「深山幽谷」という言葉がぴったりの風景が広がっていたようです。やがて加賀藩ではこの本郷屋敷が上屋敷、つまり本邸となり、本郷屋敷が担っていた機能は、第一日に訪れた石神井川の渓谷近くの下屋敷に代替されていきます。そして本郷屋敷の方は、屋敷内の住人の人口増加によってだんだん庭園の規模は縮小されていったと考えられます。それでも幕末まで、三四郎池を囲む庭園は、現在の附属総合図書館や医学部の建物の一部も含んで広がっていました。

さて、三四郎池の東側には、前川國男設計の山上会館があります。私はよく会議で使いますが、建物のデザインが重たすぎるし、池に背を向ける格好で、あまりこの環境を活かしていませんね。もっと水面と建物内の空間のインターフェイスを良くするように、この建物の池側をリノベーションするのがいいと思います。三四郎池はもともと加賀屋敷の御殿女中たちが茶会を楽しむ池だったのですから、そのような女性的な柔らかなセンスの活きる茶室風の建物が池の周りにあるべきですね。

三四郎池を一周していくと、鬱蒼とした木々で囲まれた高台に出ます。ここは加賀藩邸時代、「傘御亭」と呼ばれ、庭全体を見渡せる特等席でした。育徳園は藩邸の御殿女中たちの住む「御住居」の裏手にあり、女たちは傘御亭で茶会を開いたり、月見を楽しんだりしていたのです。地形は変わりませんから、今でも素晴らしい眺めが楽しめるはずですが、木々が生い茂りすぎています。もう少し剪定(せんてい)をして、ここに茶室風のオープンカフェを建てるなど、活用する方法があるはずです。ここも、忘れられた江戸時代への孔です。

ところで、育徳園がハレの場だとしたら、もう一つの加賀藩邸の女たちの痕跡は、正門から入って左、工学部一号館前の広場の一角です。とても気持ちのいい広場になっていて、ここにある日本の近代建築の父ジョサイア・コンドルの立像も見栄えがしますが、その横に江戸時代へのもう一つの孔があります。ここは加賀藩邸時代、参勤交代で江戸に滞在する下級藩士たちの長屋があったところで、藩邸では舞台裏です。広場の灌木（かんぼく）の繁みの傍らに、古い石灯籠が建っています（写真5－3）。一説では、この灯籠は不義密通などを理由にここで処刑された御殿女中を弔うためのものといわれます。真偽はともかく、御殿女中たちの怨念がここにまとわりついているという観念はあったらしく、動かすと祟（たた）りがあるともいわれてきました。その前を歩く学生には、ひっそりと佇む灯籠の存在は気づきもされないでしょうが、東大キャンパスには今も江戸の女たちの時間が眠るのです。

写真５－３　不義密通をした女中のための石灯籠

（5）九〇度回転した東大本郷キャンパスの座標軸

三四郎池を山上会館の裏から出ると、目の前が安田講堂です。約一二〇〇人が入る東大では最大のホールがあります。卒業式や全学を挙げての式典などで使われていますので、入られたことのある方もいるでしょう。このホールへの正面入口が、銀杏並木をはさんで東大正門と向き合うことにより、キャンパスの主軸が形成されています。

秋に銀杏の葉が落ちる頃、黄金色の葉がこの道を埋め、光の反射であたり一面が黄色くなります。安田講堂の風景が最も美しくなる瞬間です。その少し前には、至るところに大量のギンナンが落ちます。たまに拾いに来る人もいますが、ほとんどはそのまま踏みつぶされてしまいます。もったいないですが、みんな忙しすぎて、銀杏の実を拾う余裕がないのです。昔は違ったのかもしれませんが、今の大学の時間には隙間がありません。

一九六九年一月の東大紛争の最終場面では、この講堂に向けて機動隊の放水車が大量の水を噴射し、中央にそびえる時計塔の屋上からヘルメット姿の学生たちが火炎瓶を投げていました。この場面はその後、繰り返しテレビで流されますから紛争の象徴として知られています。やがてこの塔の上部は東大の歴史的資料を集める大学史史料室（現東京大学文書館）となり、一時期、私はそこの室長をしていたので頻繁に塔の上に上りました。

時計塔の屋上に出るとよくわかるのですが、眼下に銀杏並木が正門まで一直線に続いています。その正門から機動隊が迫る風景は、戦国時代、城の天守閣から敵軍が迫ってくるのを見下ろすような感じだったのではないかと思います。ですから紛争当時、ここに立てこもった学生たちは、肌感覚で「自分たちは権力と戦っている」という実感を持ち、大いに戦意を高揚させられたでしょう。安田講堂はそれ自体、権力をめぐるスペクタクルにぴったりの建物で、学生たちは当時、この舞台の構造にうっかり乗せられていたようにも思います。

紛争の時もそうでしたが、現在も安田講堂は東大本郷キャンパスの象徴的中心です。しかし、この安田講堂が完成したのは一九二五年です。大正の終わり頃までの東大には、安田講堂はありませんでしたし、この講堂と同等の何らかの建物が同じ場所にあったわけでもありません。そもそも東大の今の正門ができたのも一九一二年で、こちらは大正が始まる頃です。つまり、今日の正門と安田講堂を結ぶ線を主軸とする東大本郷キャンパスの基本構造は、大正末から昭和初期にかけて、初めて形成されたのです。

これは、実は内田祥三という一人の建築学科教授のデザイン思想に従って作られたものです。この「一人の」というところに東大の歴史では例外的な幸運があり、今でも東大はその幸運の恩恵にあずかっています。というのも大概の場合、この大学は呉越同舟、学内でなかなか考えがまとまらず、全学で一つの方向を打ち出すのがとても下手な大学だからです。昭和の初め、まだ全学的な仕組みが整っていなかったのに、内田は大学キャンパスの空間全体に見事な統一を創り出してみせました。それが正門と安田講堂の間の並木道を主軸とし、総合図書館と工学部一号館を結ぶ並木道がこれと直交する構造であり、またそれぞれの建物を内田ゴシックと呼ばれる同じ建築様式で統一することでした。

なぜ、内田にそんな芸当ができたのか。理由は明瞭で、関東大震災です。震災で明治から建て増しを重ねてきた東京帝国大学の建物の多くが焼失してしまいます。東大は、文字通り焼け野原となり、多大な資産を失ったのです。そこで、内田はこの時とばかりに一気に震災後のキャンパスの骨格を、諸学部が自分の学部の利害優先で動き出すよりも前に決めてしまいました。その後、一九四五年の空襲では、米軍が東大の本郷キャンパスを戦後、占領軍本部に使おうと考えていたこともあるようですが、結果的に学内の建物は空襲を免れていました。こうして、東大には震災復興期の大学キャンパスが今まで生き残っているのです。

逆にいえば、明治の東京大学キャンパスは、今とはまったく違う構造でした。「東大」としてまとめ上げられるさまざまな学部が元の場所から加賀藩邸跡地に移転してきた当初、学部を超えた統一性はありませんでした。本郷に最初に移転したのは医学部で、その校舎と病院が敷地の南側に建てられ、時計台がそびえる擬洋風の本館が、当時の「正門」だった鉄門の奥に建っていました。その鉄門は春日通りの方に向き、南方向、つまり神田や皇居の方角に向いてい

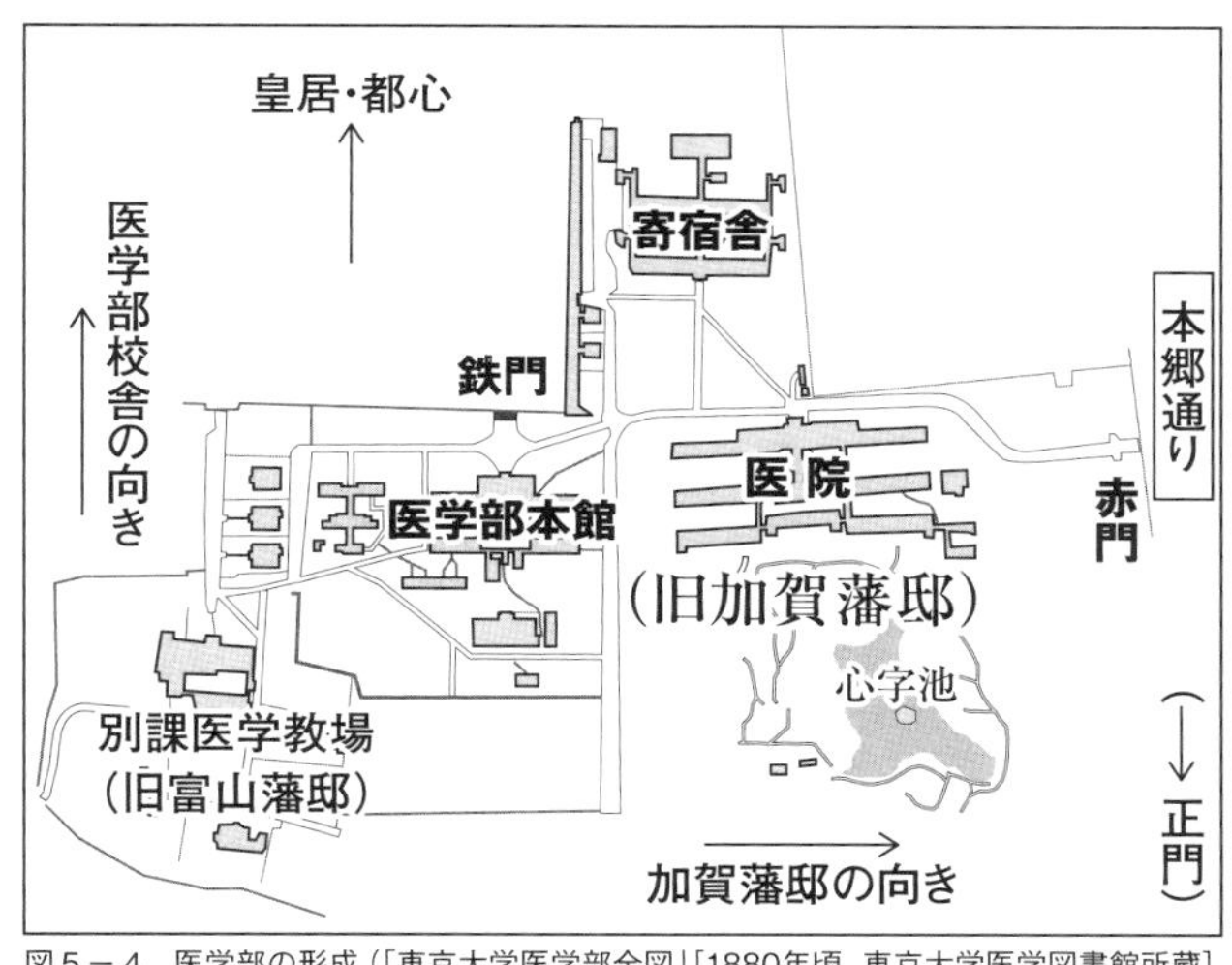

図５－４　医学部の形成（「東京大学医学部全図」［1880年頃、東京大学医学図書館所蔵］を基に作成）

ます。彼らが移転してくる前、加賀藩邸の大御門や赤門は今と同じように本郷通りに面していましたから、大学東校から移転してきた医学部は、藩邸とは九〇度回転した向きにキャンパスを形成し始めたことになります（図５－４）。

東を向くか、南を向くかは結構重要で、東の場合、当時の本郷通りは旧中山道でしたから、街道筋との関係を意識しているわけです。しかし南を向くということは、都心や皇居との関係を重視しています。そしてこの方向感覚は、昌平坂学問所のあった湯島聖堂などとも同じです。加賀藩邸は、藩邸内に閉じた秩序を作っていれば良かったのですが、東京大学は官のものなので、都心のある南を向いたのかもしれません。あるいは、医学部はまだ神田和泉町に病院を残しており、その神田との関係が意識されていたのかもしれません。

しかしその後、法学部、文学部、理学部が移転すると、共通の公式門が「正門」として本郷通り側に設けられ、鉄門は「正門」ではなくなります。さらに関東大震災でキャンパスが被災した後、内田祥三が主導する復興計画において、本郷キャンパスの座標軸は再び九〇度回転し、現在の中心軸が形成されるのです。ちなみに医学部本館は、今は重要文化財に指定され、小石川植物園に移築されています。東京大学総合研究博物館小石川分館として無料で公開されていますので、足を延ばしてみてもいいですね。

(6) 縁を歩いて東大本郷キャンパスを裏返す

東大本郷キャンパスにはおしゃれなカフェやレストランも多く、貴重な資料が展示されている博物館から生協まで、一般の人も利用できる施設がかなりあります。たとえば、東大病院・南研究棟一階の「健康と医学の博物館」は、日本の医学の歩みに関する資料を展示し、熱心に見学する入院患者の姿も見られます。しかし展示以上に、一九二五年竣工のこの建物は東大病院のなかでも最も古い建築で、その建築を活かした素敵なカフェ「麴町珈琲」も営業して、東大の歴史的地層を感じさせるスペースになっています（写真5－4）。

懐徳館、赤門、三四郎池、安田講堂と巡ってきた私たちは、安田講堂裏から御殿下グラウンド横の道を、エルヴィン・ベルツ像やユリウス・スクリバ像、レオポルト・ミュルレル像など、明治期の医学に功績のあった外国人教師の像を見ながら進みます。東大にある明治・大正の博士たちの像の配置にはある傾向があり、正門から左手にあるのは工学系の博士たち、龍岡門から先に並ぶのは医学系の博士たちです。この大学では博士の像にも所属があり、マイナーな学部だと、どんなに偉くてもまず像にはなっていません。逆もまた真なりです。外から見ると東大は一つの大学に見えても、内から見ると東大の歴史は学部連合の歴史です。

写真５－４　健康と医学の博物館

さて、私たちは「麴町珈琲」でちょっとお茶をしてから、明治に大学東校から医学部がここに越してきた頃にはキャンパスの正面口だった鉄門に向かいます。残念ながら、今の鉄門はすっかり建て直されていて、往時を偲ぶことはできません。

今の風景からでは過去を想像できないので鉄門はサッと見るだ

けにして、そこからさらに、このキャンパスの縁を通って不忍池に通り抜けられる池之端門の方向に進んでいきます。鉄門よりも少し進んだところに、「相良知安先生記念碑」というのがあります。相良知安は幕末維新期の蘭方医で、上野の寛永寺跡地の公園化を進言したボードウィンに学んでいます。明治期はまだ大英帝国の時代ですから、日本に導入する医学も英国系にしようとの意見が薩摩や土佐の主流派にはあったのですが、相良は日本の医学はドイツ系でいくべしと押し通したようです。実際、当時は学問分野によって、それぞれ神様となる国を決めていました。医学はドイツ、工学はスコットランド、法学はフランスといったふうです。よろず多神教の世界で、神仏習合の発想は明治の学問世界にまだ生きていたということでしょうか。一神教を強要された植民地の状況よりは、いくらかマシだったのかもしれません。

この相良の人生には興味をそそられます。彼は後に東大医学部となる医学校の初代校長を務め、ドイツ医学導入の基礎を築いた功労者ですが、政府との対立で罷免されます。佐賀肥前藩の人で江藤新平と親友でしたが、その江藤は一八七四年の佐賀の乱で敗れ、ほとんど裁判らしい裁判もされないまま処刑されてしまうのです。この事件は、おそらく相良のその後の人生に影響を与えたと思われます。やがて彼は、故郷に妻を残したまま、愛人と東京の貧民窟を転々とするようになり、最後は「最暗黒の東京」として知られた芝神明町で遊女相手の占い師に身を窶し、明治の終わりまで生きます。日本近代への怨念が、ここにも潜んでいます。そういう相良の数奇な人生を知ると、この碑を全然別の目で見ることができます。

さて、この碑を過ぎて緩やかな坂を下りていくと、左手にゴミ捨て場のような荒れた一角がありますが、中が見えないようになっています。隙間からのぞくと、何やらレンガ造りの小さな建物が見えます。実はこれは、明治期の東大に作られた発電施設の建物です。つまりこれも明治の遺構で、歴史的に価値あるものですが、なされているのはシートで見えなくしてしまうことだけのようです。塞がれた過去への孔がここにもあります。

こうしてスロープを下りきると、そこに東大の「裏門」のようになっている池之端門があります。この門は、東大本郷キャンパスで最も知名度の低い門かもしれません。しかし、ここを出ると不忍池はもう目の前です。つまり、本郷三丁目駅との関係ではなく、上野駅との関係で考えた時、この門は上野へ至近の門で、ここから一〇分もかからずに上野駅まで行くことができます（図5－5）。この門と不忍池の間には、最近開発されたタワーマンションが建っているだけです。戦後すぐ、東京がまだ焼け野原だった頃、東大に都市工学を導入していく高山英華は、東大の未来戦略として池之端門と不忍池の間の土地を買っておくべきだと南原繁総長に進言しています。素晴らしい進言でしたが、南原総長は進言を採用しませんでした。もったいな

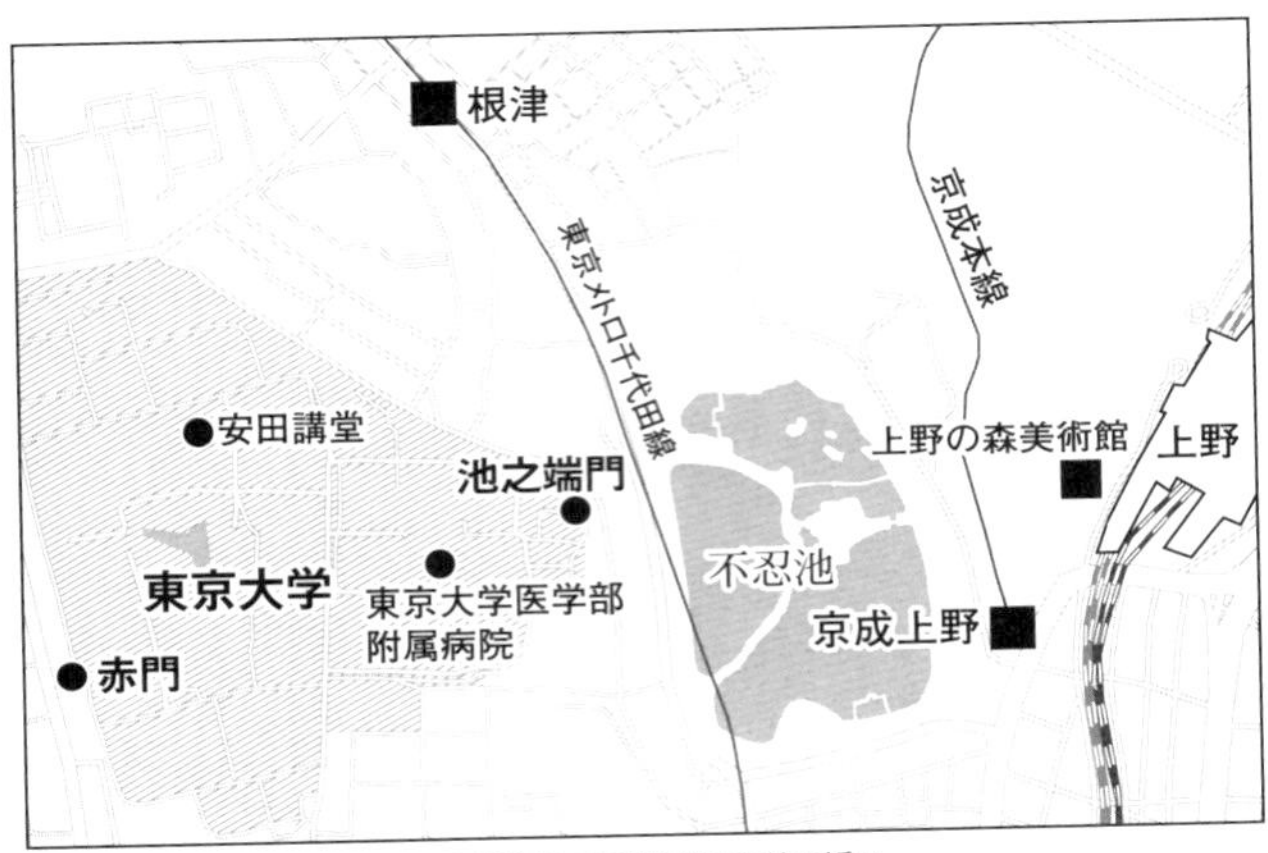

図5－5　東大池之端門から上野駅までの距離は意外に近い

い話で、結局、今はタワマンです。もし、借金をしてでも買っていれば、本郷キャンパスから上野公園までが地続きになったわけで、上野と本郷の都市空間のありようが、今とは決定的に違う姿になっていたでしょう。

つまり潜在的には、池之端門はとても可能性のある門です。すでにおわかりと思いますが、不忍池は上野と本郷をつなぐ媒介として特別の意味を持っています。そしてこの池はかつて東京湾の一部でした。その東京湾につながっていた不忍池から上野（忍ヶ岡）と本郷（向ヶ岡）を捉えれば、東大キャンパスの入口は池之端門です。日本列島で「表」日本と「裏」日本の関係を裏返すのと同じように、東大キャンパスでも「表」門と「裏」門の関係を裏返してみます。

そうすると、東大の池之端門、つまり不忍池との往来の道をもっと活性化し、キャンパスにもう一つの軸線を形成していく可能性が見えてきます。

しかし現状は、そうした未来とはほど遠い状態です。池之端門から弥生門までの道沿いは、城壁のような高い壁で街と大学が隔てられています。交通量は少なく、公衆トイレがぽつんと設置され、いつもタクシーが休憩で並んでいます。このよどんだ風景には疑問を感じますね。下から見ると、街が大学に拒絶されている感じです。本当は、この道はもっと緑道のような道にして、大学との間の敷居も低くデザインできるはずですね。

弥生門を出てすぐのところに、弥生美術館・竹久夢二美術館がありますが、私たちはこのまま浅野キャンパスに向かいます。浅野キャンパスは、明治初期、警視局（後の警視庁）の射的場だったところです。一八八四年、ここで当時東大生だった坪井正五郎らによって弥生式土器が発見され、学会発表されます。この土器が弥生式土器と呼ばれるようになったのは、発見された場所の地名が「向ヶ岡弥生町」だったためです。かつて向ヶ岡は入江の突端にあり、貝や魚が豊富に捕れた漁場の縁でした。ですから土器自体は、昔からこの一帯にかなりあったはずですが、大学で考古学を学んだ坪井らがいなければ、土器が「発見」されることはなかったでしょう。つまり、東大が本郷に移転し、考古学的なまなざしを身につけた学生たちがこの周辺を歩き回るようになったことで、「弥生時代」が「発見」されたのだともいえます。

　この「弥生時代」誕生の場所は、今、どうなっているのかを確かめるために、弥生二丁目遺跡を訪れてみましょう。言問通りに面した角に「弥生式土器発掘ゆかりの碑」が建てられていますが、「ゆかり」とあるように、ここで土器が発見されたのではありません。実際に土器が出土したと思われる場所は浅野キャンパス内にあり、一九七六年に国指定史跡となっています。しかし、キャンパス内に「弥生式土器発見の地」がどこにあるかを示す案内はどこにもありません。資料を頼りにたどり着いた場所は、建物の裏手に広がる草ぼうぼうの空き地でした（写真5－5）。史跡でありながら、まったく放置されています。

写真5－5　弥生式土器発見の地（東大浅野キャンパス内）

　浅野キャンパスは射的場の後、広島藩主だった浅野家の屋敷地とされ、一九四一年に東大が取得して、戦後は主に工学部原子力系の研究棟が建てられました。ですからここにはビッグサイエンスの研究棟が隙間なく建っています。他方、それらの研究棟の地面の下には、弥生式土器以外にも太古からの遺構があり、膨大な時間層が積み重なっています。しかし、ここではそうした歴史の厚みは単なる邪魔者としてしか扱われていない印象を受けます。これが、ひたすら科学技術開発に注力してきた東大の姿なのでしょうか。

　さて、浅野キャンパスを出て言問通りを渡ります。その先の根津には「異人坂」「お化け階段」など魅力的な坂や大正時代に建てられた根津教会、その周辺の古い木造長屋が並ぶ路地などを見つけることができます。根津神社と農学部にある野球場の間には、森鷗外の『青年』に登場するS坂があり、坂の上には瀟洒（しょうしゃ）な洋館があったりします。しかし、せっかくこんな魅力的な街と接しながら、東大と街は壁で隔てられています。

　実際、根津から坂を上ったところにあるのが、農学部がある弥生キャンパスですが、このキャンパスの門は本郷通り側の農学部正門と地震研究所正門しかなく、根津側からは容易にアクセスができません。キャンパスの奥にはおしゃれなレストランを備えたファカルティハウスがあり、そこに通じる裏口のインターホンを押せば中に入れますが、普通はそこまでして入ろうとはしませんね。聞くところでは、ここに東大の門を作ることに、周辺住民から反対があったようです。東大の壁を高くしているのは東大側だけではなく、東大生が自由に往来するのを嫌う周辺住民の意思でもあるようです。いつの間にか、東大は地域住民からは嫌われ者になってしまっているのかもしれません。これは、厄介です。

《第五日のまとめと提案》

東大総長南原繁の大学都市構想を復活させる

戦後、東京帝国大学最後の総長だったのは南原繁です。帝国大学は帝国の崩壊後も数年は続き、この時期にいろいろな転換が模索されました。とりわけ、南原が中心になり、若き丹下健三や高山英華も参加して練られていた大学都市構想は注目に値します。南原らは、上野の芸術、本郷の学術、小石川の慰安の機能を統合し、さらに湯島に国際文化施設や寄宿舎を配し、東京都心に大学都市を創造しようとしたのです。この計画は、東京都の都市計画をまとめていた石川栄耀(ひであき)の動きと連動しており、石川の構想は、東京全体で複数の大学街や娯楽街を整備し形成していこうというものでした。この娯楽街のうち、構想が実現したのは新宿歌舞伎町くらいですから、歴史は皮肉です。

残念なのは、単にこの構想が実現しなかっただけでなく、こうした構想の基底にあった考え方も、やがて忘れ去られてしまったことです。大学をその敷地内に閉じて整備するのではなく、周辺地域との関係性のなかで積極的な役割を果たす存在にしていく。そのために東大本郷キャンパスにとって大切なのは、上野や湯島、小石川との関係でした。

つまり敗戦を経て、南原が東大総長として目論んでいたのは、東京大学をイギリスのオックスフォード大学のようにすることだったと思います。彼は、一九四六年四月一二日の創立記念日の総長式辞で、「オックスフォードやケンブリッジにおける学寮生活が大学全体に統合せられ、教授もともに居住し、礼儀・道徳・宗教をも含めて、ここをイギリス『紳士』の教育の場として来たことは、英国大学の強味を示すものといわねばならない。かようないわゆる『学寮生活』(Residential University) や、米国にも営まれる『ハウス・システム』『大学クラブ』などは、われわれの新たに採り容れるべき点があると思う」と、未来の大学では、教職員や学生の「学問の時間」と「生活の時間」が一体化していくべきだとの理想を掲げています(『南原繁著作集』第七巻、岩波書店、一九七三年)。

明治以来、「国家に須要」な知を求められてきた帝国大学に欠けてきたのは、「カレッジ」の思想です。教師と学生がともに「学寮」において生活し、議論し、「自由な知(リベラル)」を育んでいく場として、南原は東大を組み立て直そうとしていました。そのために彼が駒場でしたのが、旧制一高を東大教養学部にすることだったのですが、本郷では、この「文教地区」の構想を通じて街の中にカレッジを実現していくことが目指されていました。大学の革新は、「思想においてのみならず、それと生活との統一」において実現されるべきとされたのです。

今回、東大キャンパスを歩いて問題を感じた場所は、湯島や池之端、根津などの上野側に集中しています。関東大震災後、東大は正門と安田講堂を結ぶ軸線を「表」の顔としたことで、背後に広がる上野側のキャンパスを「裏」の空間にしてしまいました。しかし、地域との関係からすると、不忍池や湯島、小石川との間には、実に多くの価値ある文化資産が点在しています。他方、西片や本郷方面でも、かつて学生の下宿街だった地域が大学との結びつきを失い、古い建物も次々にマンションに建て替わっていきました。東大が内向きに閉じている限り、これらの地域で「学問の時間」と「生活の時間」が再び共振することはないでしょう。戦後の南原たちの計画を、別のかたちで蘇らせる必要があります。

第六日　武蔵野台地東端で世界の多様な宗教が連帯する

湯島天神
湯島駅
東京メトロ銀座線
御徒町駅
GOAL
アッサラーム・マスジド
首都高速1号上野線
神田明神
メトロ千代田線
つくばエクスプレス
東京メトロ日比谷線
秋葉原駅
JR総武線
JR中央線

本郷三丁目駅
都営大江戸線
弓町本郷教会
東京メトロ丸ノ内線
湯島聖堂
START カトリック神田教会
御茶ノ水駅
旧駐在所
（神田猿楽町町会詰所）
ニコライ堂
都営三田線

《冒頭講義～東京のなかの「聖なる時間」を旅する》

（1）世界的にも稀有な東京の宗教的多様性

東京が持つ特徴の一つは、世界でも稀に見る宗教的多様性です。ニューヨークやロンドン、パリは、民族的には東京よりはるかに多様ですが、宗教的には東京ほど多様ではありません。東京では、たとえば上野から半径二キロ圏内に、神社、仏教寺院、カトリック、プロテスタント、正教のキリスト教会、イスラム教のモスク、儒教の聖堂と、さまざまな宗教施設が集中しています。これは東京が宗教的に寛容だからというよりも、宗教をあまり気にしていないからなのですが、それでも一つの可能性です。

上野・湯島を中心とするこの地域に宗教施設が集まってきたのは、江戸時代以来のことです。上野台地の突端には、将軍家の菩提寺で江戸の聖なる中心だった上野寛永寺の大伽藍が広がっていましたし、本郷台地の突端では、江戸総鎮守の神田明神や「学問の神様」菅原道真を祀る湯島天神が参詣者で賑わい、幕府直轄の学問所として権威を誇った昌平坂学問所（現湯島聖堂）でよりすぐりの秀才が儒学を学んでいました。

明治期には、さらに各宗派のキリスト教会がこの地域に進出し、近代日本の精神文化に影響を与えます。明治の東京のランドマークとなるニコライ堂、カトリックの神田教会などはいずれも明治の中頃までに建てられたものです。本郷近辺には東京大学を取り囲んで多くのプロテスタント教会が建てられました。東大生への布教も考えていたはずです。そのなかには、明治日本のキリスト教伝道に重要な役割を果たした海老名弾正が創設した弓町（ゆみちょう）本郷教会も含まれます。一方で近年、グローバル化に呼応して御徒町にイスラム教のモスクが誕生し、この地域に世界三大宗教が共存する状況が生まれました。

大学で営まれているのが「知」の時間ならば、これらの宗教機関で営まれているのは「聖」なる時間です。「知」の時間と「聖」なる時間は、ともに日常の「俗」なる時間とは異なる原理に基づいていますが、そのありさまはかなり異なります。学問的な時間において重要なのは尺度、つまりどのくらいのスパンで対象を捉えるかですが、宗教的な時間においては、現世に対する来世、此岸（しがん）に対する彼岸、要するに死者たちの時間が決定的な意味を持ちます。そのような彼岸における超越者、つまり祭神であったり、創造主であったりとの関係が、日常の「俗」なる世界を超えた価値を持っているのです。

そこで今回は、これらの宗教施設を巡りながら、東京の都市空間の時間のなかに、「聖なる時間」がどのように埋め込まれているのか、そしてそれはどのようにつながり、あるいはお互いに交錯しているのかといったことを考えていきたいと思います。

（2）東京に潜在し続ける「怨霊の時間」

東京の「聖なる時間」には、おおよそ四つの軸があります。第一は、「怨霊の時間」です。荒俣宏さんの『帝都物語』ではありませんが、東京の中心に「怨霊の時間」があるのです。たとえば神田明神が祀る三柱の祭神の一つは「平将門命（たいらのまさかどのみこと）」です。将門は、神田明神への江戸や東京の人々の信仰にとって最も重要な祭神です。彼は、東国の武将として京都の朝廷と敵対し、天皇との戦いに敗れて逆賊として討たれますが、なぜその彼が「神」になったかといえば、死後、怨霊として非常に恐れられたからです。一六一六年に江戸城表鬼門にあたる現在地に移転するまで、神田明神は大手町の将門首塚付近にありました。そして、この将門の首塚は今も大いに信仰を集めています。

七三〇年の創建時、神田明神は「だいこくさま」として知られる大己貴命（おおなむちのみこと）を祀っていましたが、一三〇九年に将門の霊が合祀（ごうし）されます。天変地異をもたらす将門の強大な霊力は、太田道灌や北条氏綱など多くの武将の崇敬を集め、徳川家康も関ヶ原の戦いに臨むにあたり、神田明神に戦勝祈願を行いました。やがて徳川幕府は神田明神を江戸総鎮守と位置づけ、その祭礼は幕府公認の「天下祭」として庇護（ひご）されていきます。つまり、道灌から家康まで、東国武将たちの意識の底には反京都的な、一面では反天皇的ですらある信仰があり、象徴としての将門はそれを代表していたのです。

その死後、やはり多くの天変地異をもたらして将門と並ぶ日本三大怨霊の一神となった菅原道真は、神田明神のすぐ近くの湯島天神に祀られています。ついでながら、ちょっとマイナーですが湯島天神と神田明神の間には湯島御霊社というのもあって、こちらは崇道（すどう）天皇（早良（さわら）親王）、吉備真備（きびのまきび）などの怨霊を祀っています。もっとも御霊神社は全国にものすごくたくさんあって、いずれも御霊信仰、つまり怨霊のパワーを鎮めるための神社です。将門は、そういう怨霊たちのスーパースターで、東京の中心的な守り神の地位を確立しています。怨霊こそが長く都市民の信仰の根幹を担ってきたのは興味深いことです。

二番目の時間軸は、「儒学の時間」で、これはある程度は学問の時間と重なります。「怨霊の時間」は民俗の時間でもあり、死者の魂への共同体の感受性と直結しています。ところがこの「儒学の時間」は、そのような民俗の地平から昇華され、もっと抽象的なレベルで不朽の時間として構成されます。この不朽の時間を言語化した古代ギリシャの代表選手がアリストテレスであり、古代中国ならば孔子です。ギリシャ哲学はヘレニズム的な時間観念としてヨーロッパの古層には生き続けますが、ヨーロッパから中近東までの支配的な時間軸となっていくのは、むしろヘブライズム的な聖なる時間です。ユダヤ教とキリスト教、イスラム教まで、一神教的な宗教が生きてきたのは古代的な意味での学問の時間ではありません。近代科学は、そのようなヘブライズム的な聖なる時間からの解放として、一六世紀から一七世紀にかけて徐々に支持を広げていったのです。

しかし東アジアでは、儒教によってこの二番目の知の時間が生きられ続けました。日本では、中国化が盛んだった古代に最初の大学寮がつくられます。この古代の「大学」では、試験に合格した学生に奨学金を出し、儒教、算術、漢文（中国語）を徹底的に学ばせました。そこで育成されたエリートが、律令国家運営の中枢を担ったのです。やがて律令国家体制が崩れ、荘園制へ移行していくと、有力貴族が自分たちで学校をつくり始めます。こうして「国立」よりも「私立」が優位に立っていきます。中世西欧に世界初の大学が誕生するのは一二世紀以降ですが、その頃にはもう日本古代の「大学」は衰退していました。

この日本的な「大学」が復興されるのは、江戸時代に入り、林羅山が上野寛永寺近辺の自邸に孔子廟と儒学の学問所をつくって以降です。羅山の「私立」の学問所は、儒学振興に熱心だった徳川綱吉によって現在の湯島聖堂の地に移転され、一八世紀末には規模を拡大して幕府直轄の昌平坂学問所になっていきます。いわば「私立」から「国立」への格上げですね。この学問所は、全国の藩校の元締めとして、学問・教育の総本山となります。明治に入って学問所は新政府所管となり、「大学本校」とされました。

(3) 東京のなかの「墓参の時間」と「礼拝の時間」

「怨霊の時間」や「儒学の時間」に対し、近世都市江戸に存在したもう一つの宗教的時間とは、「墓参の時間」だと思います。徳川幕藩体制のなかで仏教は、死の管理者として役割を与えられます。天海が徳川家康を死後に神聖化し、上野寛永寺という巨大な宗教空間を創り上げたように、この時代、寺院は生者の時間と死者の時間を媒介する役割を得たことで、空間的にも拡張を始めます。そのような役割は、神社には与えられませんでしたから、今日でも神社境内と寺院境内では、敷地の平均面積に大きな差があるのではないでしょうか。近世を通じて仏教寺院は、死んだ祖先の時間を「墓参の時間」という実践的形態によって抱え込み、その実践を墓地の拡張によって支えていくのです。

いうまでもなく、この実践とそれを支えるインフラの関係は、一七世紀初頭のキリシタン禁教の流れのなかで寺請制度として導入され、幕藩体制下の寺の檀家制度として確立していったものです。この制度によって、人々の来世は、イエと寺が結合した記録管理システムのなかに永続的に縛りつけられていくようになりました。その具体的な証明が、家墓を持つことの普及であり、子孫がその一家の菩提寺の先祖の墓に定期的に墓参りに行くという慣習化された実践だったのです。つまり、先祖たちの時間は、菩提寺の墓のなかにこそあることになったわけです。そんなわけで、私たちの街歩きも、頻繁に各所の寺の死者たちの墓を訪れています。それは墓が、近世からの不動のアーカイブだからです。

このようなわけで、実のところ、近世を通じて一般的な仏教寺院が庶民に経験させてきたのは、釈迦や高僧たちが説いた仏の時間ではなく、それぞれのイエの「ご先祖様」とのつながりの時間だったのではないかと思います。そしてこの「墓参の時間」は、今日においても日本の多くの人々にとって最も一般的な宗教的時間です。

このようなあり方は、明治以降に再受容されていくさまざまな宗派のキリスト教会が推進した聖なる時間とはかなり異なっていました。キリスト教会に限らず、イスラムのモスクの場合でも、最も重要な宗教的時間とは「礼拝の時間」です。「祈り」の時間のなかで経験することを期待されているのは、神との対話や感応であって、我が家の祖先とのつながりではありません。祈りの時間とは、過去に遡るような時間ではなく、日常の時間の流れに対して垂直に屹立するような時間です。もちろん、空海や道元、親鸞や日蓮などといった仏教の宗教者たちの教えが、そのような垂直的な時間の次元を持っていなかったというのではまったくありません。しかし、檀家制度によって都市のなかで寺の墓地が広がり、「墓参の時間」が広く庶民に普及していくなかで、宗教的時間がしばしば根幹的に内在させている時間の超越性は、近世以降の日本社会ではぼやけたものになっていったのです。

興味深いのは、宗教的超越性という観点からすると、以上の四つの時間のなかで似ているのは、意外にも「怨霊の時間」と「礼拝の時間」であることです。この二つの時間において、私たちは圧倒的に強大な力に対する畏れの感覚を持っています。古代から近世に至るまで、人々は世俗の支配者も含め、怨霊と化した将門や道真のスーパーパワーに怖れおののき、これを鎮めるべく崇めました。そのような民俗的なレベルと世界宗教的なレベルはもちろん異なりますが、一神教の根底には神への畏れがあります。しかし、制度化された檀家制度のなかで私たちが祖先の墓参りをし、あるいは儒教的な道徳を内面化して行動している時、その根底にあるのは畏れの感覚ではありません。それらは日常と地続きの宗教的時間で、そこから超越した非日

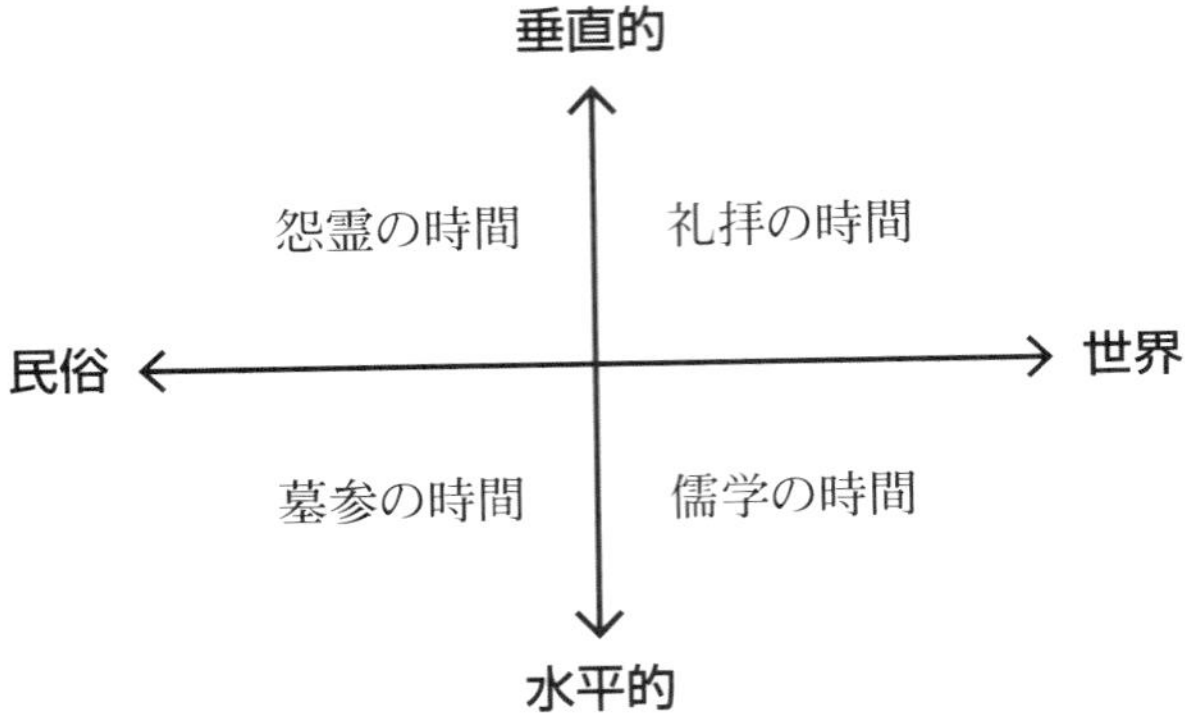

垂直的

怨霊の時間　礼拝の時間

民俗　世界

墓参の時間　儒学の時間

水平的

図６−１　聖なる時間の四象限

常的な時間ではないのです（図６−１）。

初詣は神社、葬式は仏式、一二月になればクリスマスというパターンで行動する私たち日本人は、宗教意識が希薄だといわれます。その通りでしょう。しかしある意味で、この宗教意識の希薄さが東京の聖なる時間の多様性も生んでいるのです。

そうしたなかで今回は、「怨霊の時間」「儒学の時間」「墓参の時間」「礼拝の時間」という四つの宗教的時間軸を手掛かりに、街を歩きながら東京の聖なる時間の地層を探っていきましょう。

《街歩きと路上講義》

(1) キリスト教会による近代東京の攻略術

南北は神保町、神田から谷中、根岸まで、東西は浅草、蔵前から水道橋あたりまでの私たちが歩いているエリアの多様な宗教施設を巡る方法は、北から南下するか、南から北上するかどちらかです。今回は南から北へ、つまり水道橋駅や神保町駅から徒歩七−八分のところにあるカトリック神田教会からスタートすることにしましょう。

白山通りから二本東側に入ったところ、神田女学園の向かいに登録有形文化財になっている一九二八年築の聖堂があります（写真６−１）。ロマネスク様式とルネッサンス様式を融合させた、いかにも歴史を感じさせる建物は結婚式場としても人気がありますが、ぜひ注目しておきたいのは、ここで時折開催されるコンサートです。たとえば、二〇一五年頃から古楽器によるコンサートが開かれていますし、他にも何度か教会音楽の演奏会が開かれています。回数が少ないのが残念ですが、機会があれば鑑賞してみるといいでしょう。

写真６－１　カトリック神田教会

カトリック神田教会が、フランス公使の斡旋で、パリ外国宣教会の司祭によってこの地に建てられたのは一八七四年、キリスト教の禁令が解かれた翌年のことで、東京では最初の日本人への宣教を目的とするキリスト教会でした。その後、紆余曲折がありますが、一八八〇年代からは、シャルトル聖パウロ修道女会が運営に加わり、現在の白百合学園などの運営と結びつくようになっていきます。その後、一九一三年に救世軍寄宿舎からの失火で広がった神田大火によって神保町、水道橋から白百合学園のあった九段までの一帯が焼けてしまいます。その一〇年後が関東大震災ですから、踏んだり蹴ったりですが、震災後に建て直された教会の建物が今日まで残っているわけです。

では、中に入ってみましょう。聖堂内部は明るい印象で、両側のステンドグラスもモダンな感じがします。奥まで進んでいくと、戦後、一時的にカテドラルとして用いられた際に使われた司教座や、聖フランシスコ・ザビエルの聖遺骨の保管箱など由来を詳しく知りたいものもあるのですが、パンフレットの説明文がほぼ唯一の頼りです。不案内というか、ちょっともったいないですね。掘り下げていくと、明治からの東京における文化的な「フレンチ・コネクション」というか、白百合学園の神田と九段、暁星学園の築地と飯田橋をつなぐ地理学が浮上しそうな気がしますが、今のところ、建物が単に残っているだけでは何もわかりません。

神田教会を出ると、その先の角に、レトロな建物がぽつんと建っています（写真6－2）。昭和初期の駐在所で、日本におけるコンクリート造りの最初期のものです。スティールサッシにガラスをパテで固定した窓など、当時の技術を伝える遺構として千代田区景観まちづくり重要物件になっています。しかし、まだ有効に活用されていません。本当はカフェやアートスペースなど、地域の文化拠点になり得る建物です。もったいない限りです。

さて、ここからニコライ堂がある駿河台方面へと足を向けますが、その前に、この近辺のキリスト教ゆかりの地を紹介しておきましょう。とはいえ案内板のようなものは何もなく、これまた宝の持ち腐れです。神田明神坂上の湯島聖堂前交差点を渡った角地は、一八八六年、熊本バンドの海老名弾正が東京で最初に伝道を始めた場所です。「博愛館」と名付けられた伝道所がこの地に設けられたのは、大学が多く、学生が集まるエリアであったことが理由の一つでした。「博愛館」には、津田梅子の父で青山学院などの設立に尽力した農学者の津田仙、日本の女医第一号の荻野吟子なども出入りし、現在、本郷二丁目にある弓町本郷教会へと発展します。同教会には、大杉栄（さかえ）、経済学者の田口卯吉（うきち）、主婦の友社を創業した石川武美など多くの知識

写真６－２　旧駐在所

人が集まりました。当時のキリスト教会には、若い知識層を惹きつける何かがあったのだろうと思います。

神田教会、博愛館、本郷教会と一覧すると、なぜ神保町から湯島、本郷にかけての一帯にキリスト教会が多いのかがわかってきます。要するに、大学や専門学校が多かったからです。ですから地政学的にいえば、書店と教会は似ているのです。神保町は大学街だったからこそ、書店、出版、印刷の街としても発展しました。キリスト教会も同じです。出版資本主義とプロテスタンティズムの結びつきを超えて、そもそも大学とキリスト教会には中世以来の結びつきがあります。しかし、ここで肝要なのはそれ以上のことです。明治の東京に布教にやって来たキリスト教の伝道者たちからすれば、この国で将来の伝道者として有望な候補者が、大学や専門学校に通う学生たちのなかにいました。神保町や本郷の書店が学生たちに教科書や辞書を売ろうとしていたのと同様、キリスト教会は学生たちに教えを広めようとしていたのです。この地政学は、地域により深く根づく神社とも、また近年、グローバル化のなかで東京に集まる外国人に支えられるイスラム教のモスクとも異なるものでした。

(2) 古代ローマ帝国をニコライ堂で体験する

日本では、全宗教団体総信者数のなかのキリスト教信者の割合は約一パーセントに過ぎません。そのなかで日本正教会の信者はさらに少なく、全国で約九五〇〇人です。しかし、御茶ノ水の聖橋近くにある日本正教会の「総本山」ニコライ堂（東京復活大聖堂教会）のことは、信者でなくても東京のランドマークとして昔から多くの人が知っています。

「ニコライ堂」の名は、日本に正教を伝えたロシア正教司祭ニコライ・カサートキンにちなみます。弱冠二四歳のニコライが函館で伝道を開始したのは一八六一年で、その一一年後に上京した彼は、駿河台に主教館と司祭館二棟を建設し、その後、一八八四年から七年の歳月をかけて、当時最先端だったビザンチン・リヴァイヴァル様式の本聖堂を完成させます。同時代の鹿鳴館の総工費が一八万円だったのに対し、ニコライ堂には総工費二四万円という巨費が投じられ、その費用はロシアからの寄付金と日本人信徒の献金によって賄われたそうです。高層建築が周囲になかった時代、ニコライ堂のドームは東京のランドマークとなっていきました。

現在のニコライ堂は、関東大震災被災後に復興されたもので、重要文化財に指定されています。一般公開は、夏季（四月－九月）が午後一時－四時、冬季（一〇月－三月）が午後一時－三時三〇分に行われており、清掃・維持管理のための献金三〇〇円（高校生以上）を払って中に入ります。内部の建築の見事さからすれば、慎ましやかな額です。

十字架のかたちやイエス・キリストの呼称（イイスス・ハリストス）など、正教にはカトリックやプロテスタントとは異なる特徴がいろいろとあり、聖堂も儀式を行う聖なる空間という位置づけが明確です。薄暗い厳かな雰囲気の聖堂内では、聖母や聖人を描いた美しいイコンや壮麗な内部装飾をじっくり鑑賞することができます（写真6－3）。原則、内部の撮影が禁じられている（外観は撮影可）のは、おそらく聖性を護るためでしょうが、どこか拒まれている感じがしないでもありません。しかし、そのように私たちが感じてしまうのは、ここでは一昔前の宗教施設の感覚が変わらず維持されているからかもしれません。

写真6－3　ニコライ堂の聖堂内部（許可を得て撮影）

「正教」という名称は、「初代教会の信仰を正しく継承してきた唯一の教会」という主張から来ています。実際、奉神礼と呼ばれる礼拝はビザンチン時代にほぼ確立された様式で行われ、今でも明治時代に翻訳された文語体の聖書が使われるなど、「正しさ」にこだわる姿勢は、聖堂内部の秘儀めいた雰囲気につながっています。プロテスタントが聖書の言葉に最もこだわり、カトリックがバチカンのローマ教皇との関係にこだわってきたとするならば、正教会がこだわるのは古代ローマ帝国における「正しさ」です。たしかに甘いお香の香りが漂うなか、パンフレットと一緒に手渡されるろうそくに火を灯して供えると、古代ローマ時代のキリスト教徒たちの世界に迷い込んだような錯覚を覚えます。聖堂から外に出た時は、一瞬、時空を飛び越えたようなタイムトリップ感がありました。

（3）エアポケット化する湯島聖堂の近代

ニコライ堂から出て聖橋を渡り、外堀通り沿いに湯島聖堂へ向かいます。下り坂を風情ある築地塀沿いに下ると湯島聖堂の入口に達します。木々の緑豊かな一角は訪れる人も少なく、都心とは思えない静かな時間が流れています。しかしここは、単に孔子廟のある儒教の聖堂という以上に、江戸時代の昌平坂学問所、明治初年の大学本校、文部省、博物館、東京師範学校（現筑波大学）、東京女子師範学校（現お茶の水女子大学）のすべての原点です。つまり、日本の高等教育制度はここから出発したのです。

江戸時代からの湯島聖堂（一七九九年竣工）は関東大震災でほぼ焼失し、現在の建物は震災後、伊東忠太の設計によって復興されたものです。迫力あふれる中国風の造形や棟飾りの聖獣など見どころがあります。一般見学者用の入口となる仰高門をくぐり、大成殿（孔子廟正殿）へと続く道の途中に、突然、大きな孔子像が出現しますが、これは一九七五年に台北市ライオンズクラブから寄贈された世界最大の孔子の銅像だそうです。

写真６－４　湯島聖堂大成殿

関東大震災と戦災を生き延びた一七〇四年建造の入徳門を入ると右側に手水鉢（水屋）、その先の石段を見上げると、杏壇門が建っています。その向こうが大成殿で、内部の公開は土日祝日のみです（写真6－4）。

湯島聖堂は「史跡」であって、「宗教施設」ではないそうです。しかし、中に入ると賽銭箱が置かれ、儒教の聖人像の前には供え物があります。売店にはお守りや絵馬も並びます。合格祈願をするなら孔子が最もふさわしいという感覚はわかります。ですからここで、何らかの「祈り」を捧げることが想定されていると思いますが、宗教施設ではない場所での祈りは誰に捧げたらいいのでしょう。孔子は願いをかなえてくれる神様なのでしょうか。

かつて湯島の学問所の敷地は、現在の東京医科歯科大学がある一帯まで含む広大なものでした。一八七一年に大学本校が廃されて後は、東京師範学校、東京女子師範学校が置かれ、また湯島聖堂内に書籍館が開設されるなど、この頃までこの地は東京の文教施設の中核だったのです。また、大成殿は一八七一年に設けられた文部省博物局の博物館（後の東京国立博物館、国立科学博物館）となり、一八七二年に開催された博物館主催の博覧会には多くの人々が訪れました。しかし数年後、書籍館の蔵書や博物館の収蔵物は上野の博物館へと移転されます。おかげでこれらの文書は関東大震災による焼失を免れましたが、明治を通じて主要機能は湯島から転出し、湯島聖堂は次第に「学問の中心地」の地位を失い、エアポケット化していきました。

現在、湯島聖堂では論語や史記、漢文、漢詩、書道などの文化講座が設けられ、学問所の伝統をつないでいます。しかし、外国人観光客が多数訪れる時代にこれだけの史跡に人影もまばらというのは、あまりにももったいない話です。デッドスペースになってしまっている大成殿前庭の活用など、もっとさまざまな展開が可能なはずです。

（4）神社の最先端を行く神田明神――清水祥彦宮司インタビュー

湯島聖堂から国道一七号をはさんですぐのところに、神田明神（神田神社）の鳥居が見えて

写真6－5　神田明神　（上）社殿（下）EDOCCO

います。江戸時代創業の甘酒店などが並ぶ参道を通り、総檜造り二層建ての立派な随神門をくぐると、境内は参拝に来た人々で賑わっています（写真6－5上）。特に、創建一三〇〇年記念事業として建設された神田明神文化交流館「EDOCCO」一階のショップとカフェは、若者や外国人も多く、活気に満ちています（写真6－5下）。関東大震災後の昭和初期に復興された社殿は、防災上の観点から当時の神社では画期的な鉄骨鉄筋コンクリート造りで、やはり伊東忠太が設計に携わっています。大勢の参拝客が熱心にお参りする盛況は、今回の街歩きで巡ってきた場所には珍しいですが、実はこれには神社ならではの「ビジネスモデル」が深く関わっているのです。そのことを教えてくれたのは、二〇一九年五月に神田神社宮司に就任した清水祥彦さんでした（写真6－6）。今回、清水宮司にインタビューする機会を得ましたので、そこでうかがった貴重なお話をご紹介したいと思います。

吉見　以前、清水さんにうかがって強く印象に残っているのは、神社とお寺の「ビジネスモデル」の違いについてのお話でした。お寺が基本的に檀家という固定層をベースとして「経営」が成り立っているのに対し、神社が対象とするのは不特定多数なので、必然的にオープンスペースにならざるを得ないとおっしゃいましたね。そこには、神道ならではの宗教文化があるということでしょうか。

写真6－6　清水祥彦宮司

清水　そうですね。欧米流の宗教進化論からすると神道はアニミズムとして何か劣ったもののように捉えられがちですが、本来はむしろすべての文化の基本となる、柔軟性と可変性に富んだ宗教文化なのだと思います。明治時代以前まで、神道と仏教は神仏混淆（こんこう）といわれるごった煮の文化を育んできました。日本人が仏教や儒教、あるいはキリスト教など外来の宗教を幅広く受け入れてきたのは、そうした宗教のあり方がベースにあるからでしょう。そのような柔軟性を育んできた日本文化や神社は、これからのグローバリズムの時代に重要な役割を果たせるはずです。

吉見　今、インバウンドで世界中のさまざまな文化を持った観光客が日本を訪れていますが、今のお話でいえば、そういう方々に対しても神社は必然的にオープンになるわけですね。共通の文化を前提としていない層に対して、日本古来の文化を前提に発展している神社がどのような文化的な交渉をする場になっていくのか、とても興味深いです。そして、神田明神ほどそのチャレンジを見事に成功させている宗教施設はないと私は思います。それは、神田明神が平将門を祀っていることにも何か関係があるのでしょうか。

清水　家康公が江戸に幕府を開くにあたり、京都の朝廷に弓を引いた関東の英雄・平将門公を江戸の総鎮守に祀ることは、古い京都に対する新しい徳川の時代を切り拓く都市をつくるという構想の要の一つになったと思います。そして、江戸の守護神である将門公を祀る神田祭を盛大に執り行わせることにより、敗者だった将門公に対する江戸庶民の判官贔屓的な親愛の情も非常に高まりました。いわゆる権威におもねらない江戸っ子の生きざまと将門公の生き方がぴたりとはまったんですね。

しかし、明治維新後の政治体制で、将門公は再び反逆者に貶(おとし)められてしまいます。徳川幕府の庇護の下で絶大な権威と格式を誇った上野寛永寺や東照宮とともに、神田明神は非常に冷遇されました。しかも将門公は朝敵だったわけですから、神として祀るべきではないという議論まで起こり、一八七四年の明治天皇の御親拝に際して、本殿の祭神から遷座せざるを得なくなったのです。しかし、氏子の方々の将門公への崇敬の念は途切れず、一九八四年、将門公を主人公とした大河ドラマ「風と雲と虹と」の人気にも後押しされて、将門公は御祭神に復帰なさいました。

明治時代以降の厳しい現実において、将門公の反骨のスピリッツは神田明神の支えにもなり、変化を恐れず新しい試みにチャレンジする精神を育んできたと思います。将門公はその時代時代の歴史観に伴い毀誉褒貶(ほうへん)にさらされてきましたが、今再び価値観が転換される時期が来ているのではないでしょうか。

吉見　神田明神は関東大震災で被災し、さらにその後の米軍による空襲で氏子町一帯は焼け野原になってしまいます。江戸の街並みがリセットされてしまったと思うのですが、そこからの復興で、神田明神はどのような役割を果たしたのでしょうか。

清水　街は焼けてしまいましたが、リセットされなかったのは江戸っ子の心意気でした。神田明神も関東大震災で社殿は倒壊・焼失しましたが、そこに込められたスピリッツは消えなかったんです。そこには江戸時代以来の神田祭に対する想いも含まれていました。日常の生活とは違う非日常的な何かを呼び覚ますのが祭りであり、本来目に見えない神の訪れを感じるのが祭りの時間です。焼け野原になっても祭りが残ることで、神田明神の氏子である神田や日本橋の人々の心に江戸っ子のＤＮＡが再生されていったのだと思います。

吉見　そうすると、ある意味で、将門公が祭りの時に守り神として戻ってきてくれて、人々の心の底にあるスピリッツを呼び覚ましてきたというわけですね。

もう一つうかがいたいのは、神田明神はメディアカルチャーと非常に親和性が高い神社ですね。これは同じ神社でも、国家がいわば大檀那である伊勢神宮や明治神宮にはない特徴だと思います。最近では、アニメやサブカルチャーとも積極的にコラボレーションしていますが、そうしたコラボについてはどう捉えていらっしゃいますか。

清水　「風と雲と虹と」や時代劇の銭形平次、神田祭の歌を歌った美空ひばりさんなど、神田明神はさまざまなメディアによって常に彩られてきました。現在も、アニメ・漫画の「ラブライブ！」や「とっとこハム太郎」、「こちら葛飾区亀有公園前派出所」（こち亀）とコラボレーションをしたり、ジブリの展覧会を開催したりするなど、さまざまなメディアカルチャーを受け入れています。神田明神の氏子である秋葉原でクリエイトされるサブカルチャーは氏子の町の文化ですから、まったく抵抗がありません。一三〇〇年の歴史がある神田明神は、伝統を継承しているという安心感のもとに新しい価値観や物語にも積極的にアプローチし、変化を恐れずに、常にオープンなかたちで新しい物語をつくっていきたいと考えています。

(5) 天神様の怨霊パワーで難関突破

東京の中心に祀られているもう一人の怨霊、菅原道真を祭神とする湯島天神（現在の正式名称は湯島天満宮）は、神田明神から北に徒歩一〇分程度の場所にあります（写真6-7）。午前中からこの地域の宗教施設を回ってきて、湯島天神にたどり着いた時はもう夕方になっていました。それでも、境内にはたくさんの参拝客の姿があります。特にイベントがあるというわけでもないのに人の流れが絶えないのですから、分け隔てなく人を呼び込む神社のオープンネスを改めて感じます。そして、天神様といえば何といっても合格祈願です。私たちが訪れたのは受験シーズンにはまだ遠い八月でしたが、合格を願う絵馬がびっしりと掛けられていて、その量

写真６－７　湯島天神

の多さに思わず圧倒されました。昨今の神社の周辺では戦前回帰を目指すような政治的な動きもありますが、神田明神や湯島天神に流れるおおらかで開放的な空気を経験すると、神社のイメージが一新されるように思います。

菅原道真は彼を陥れた政敵には恐ろしい災厄をもたらした怨霊だったでしょうが、庶民にとっては高潔な聖人であり、その遺徳が慕われたがゆえに「神」として崇敬の対象となりました。かつて武士たちが戦の神である八幡様を信仰したのに対し、学問の神である天神様のご利益が求められ、参拝客で賑わうのは、世が平和な証拠でしょう。

湯島天神が京都の北野天満宮から勧請されてこの本郷台地の東端に創建されたのは一三五五年、室町時代のことです。広重の浮世絵などを見ると、江戸時代には、人々は湯島天神から不忍池の眺望を楽しんでいました。湯島天神は縁日や富突き（現代でいう宝くじ）で賑わう盛り場で、周辺には粋筋の店が集まっていました。とりわけ神田明神も湯島天神も、境内の東側に急な男坂があり、その坂下は昔から茶店や料理屋で賑わっていました。東側が急坂なのは、武蔵野台地が東に張り出していたからです。この天神下に、現代では外国人向けのウィークリーマンションなども建てられて、一帯は国際化してきています。海外の目から見て、天神下や明神下はとても魅力的な空間なのだと思います。

(6) モスクに見る多宗教都市東京の未来

すでに日が暮れ始めましたが、最後に御徒町のモスクまで足を延ばします。モスクというと、大きなドームが特徴的なイスラム寺院を思い浮かべますが、このモスクはごく普通の五階建てのビルの中にあります。現在、東京二三区内には約一五ヵ所のモスクがあります(https://www.halalmedia.jp/ja/masjid/参照)が、こうした小さなモスクも多いようです。私たちの想像を超えて、イスラム教徒が東京で増えているのです。イスラム教徒は一日に五回お祈りをしますから、その度に遠くのモスクまで行けない事情もあるようです。

興味深いのは、その分布です。わかっている一五ヵ所の二三区内のモスクを見ると、台東区二ヵ所(御徒町と浅草)、新宿区二ヵ所(新大久保と歌舞伎町)、豊島区二ヵ所(大塚と池袋)、渋谷区二ヵ所(代々木上原と南新宿)、目黒区(目黒)、大田区(蒲田)、葛飾区(四ツ木)、品川区(五反田）などというように、はっきりした傾向があります。かつて明治の東京で増殖していたキリスト教会が、しばしば大学街に立地したのとは対照的に、二一世紀初頭の東京で増殖しているイスラム教のモスクは盛り場の近くに立地する傾向が顕著です。明治のキリスト教会が信者として取り込もうとしていたのが日本人学生たちであったのに対し、今日のイスラム教モスクを支えているのは、グローバル化のなかで東京在住人口が急増しているアジア諸国からの外国人労働者やビジネスマンだからです。

写真６－８　アッサラーム・マスジド

その一つ、御徒町のモスク「アッサラーム・マスジド」は、宝石商を営むスリランカ出身のモハメッド・ナズィールさんによって二〇一一年に開かれました（写真６－８）。御徒町には以前からナズィールさんのようなイスラム教徒が多く住み、また商売も営んでいたことから、近くにモスクが欲しいというニーズがあったそうです。入口を入り、ナズィールさんや受付にいる人たちからまず感じるのは、このモスクが宗派も国籍も気にしない、おおらかな多様性が体現されている場所であることです。ナズィールさんは、オープンでエネルギッシュ、宗教とビジネスの感覚を同時に兼ね備えている人です。そういえば、預言者ムハンマド自身、もともと商人でしたね。イスラム教的には、ビジネスマンや世俗的権力者でいることと宗教者でいることは、必ずしも矛盾しません。要求されるのは、聖典クルアーンの教えを守り、一日に五回の礼拝をすることや食事の制限を守ることなどで、きわめて日常的で実践的です。

御徒町は山手線や地下鉄が集まり、成田や羽田からのアクセスも便利なことに加え、世界の食材が手に入るアメ横も近所で、台東区はイスラム教徒も安心して食事を楽しめるハラールのレストランが多いエリアです。こうした地の利も関係し、このモスクができて以来、ここに集まるイスラム教徒は急激に増え続けています。金曜日の礼拝には約六〇〇人が訪れるので、一階から四階まですべてのフロアに人を入れ、細かく回を分けてようやくなんとかなるというのですから、増加の勢いがわかります。

しかも、このモスクが門戸を開いているのはイスラム教徒にだけではありません。仏教徒やキリスト教徒、ヒンドゥー教徒、あるいはどの宗教にも属さない人も、イスラム教に関心のある人なら誰でも受け入れてくれます。モスクを運営する宗教法人「アッサラーム・ファンデーション」のサイトには「イスラームについて学びたい方」専用の電話番号が掲載されていますが、これはナズィールさんの携帯電話の番号で、電話がかかってきたらいつでも対応するというわけです。このフットワークの軽さと開放的姿勢で、「モスクがどんなところか見たい」という人がふらっと来ても歓迎してくれます。エネルギッシュにイスラムの教えを広めていくナズィールさんは、現代の海老名弾正といえるかもしれません。

さらに、ナズィールさんたちはハラール認証の許認可も行っていますが、きわめて良心的な認可料で運営しており、多くの人々が利用しやすいようにと心掛けているそうです。東京のイスラム教はまさに拡張期ですから、ビジネスとしても発展していくでしょう。日本人にイスラムの文化を伝える博物館を併設する新しい文化センターも構想中で、すでに土地は購入ずみとのこと。モスクの建設資金は寄付金で賄うそうですが、この勢いをもってすれば、近い将来、御徒町に素晴らしいイスラム文化センターが誕生するだろうと思います。

《第六日のまとめと提案》

現代東京で神社とモスクはなぜかくも似ているのか

本で読んだだけでは、それぞれの宗教の違いはなかなか理解できません。今回の街歩きで実際にさまざまな宗教施設を訪れてみて、初めてわかることがたくさんありました。カギとなることの一つは、施設の開放性です。神田明神の清水宮司のインタビューでも触れましたが、多様な文化的背景を持つ人々がグローバルに行き交う時代、神社や御徒町のモスクのように、ふらっと訪れた人を迎え入れるオープンネスは非常に重要で、その先に未来の都市と宗教の結びつきの可能性があるのだということを感じました。実際、宗教的な教義が近いわけではまったくありませんが、歩いてみると、祈りの現場の雰囲気としては、日本の神道の神社とイスラム教のモスクが一番似ていることに気づきます。

これはなかなか驚くべき発見で、歩いてみなければ、現代の東京で神社とモスクが一番似ているなどとは、誰も思いつかないでしょう。しかし、両者の顕著な共通性は、どちらも概して盛り場の近くにあることです。近代日本でキリスト教は、どちらかというと知識層を相手に、学校文化に浸透していくことで広まりました。それは、市井の大衆的な文化として広がったのではありません。たしかに現代では、結婚式という人生の一部を商品化することでキリスト教は大衆的に受容されています。しかし、「婚姻の誓い」というところだけで「キリストの時間」を受容している私たちは何者なのでしょうか。他方、仏教は檀家制度のなかで何よりも葬儀や墓参と深く結びついています。

人が死ぬのは一度、結婚は人によっては複数回ですが、多くは一回です。しかし、人は神社には毎年の初詣をはじめ、もっと多くの回数お参りします。ただ毎回の滞在時間が短く消費額も少ないので忘れてしまうのです。それでも神社の賽銭箱の前で、どのように手を合わせ、お辞儀をし、鈴を鳴らすのかがまったくわからない人はいません。要するに、神社参詣は、今でも多くの日本人にとって最も日常的な行為です。この日常性は、神田明神の清水宮司が語ってくれたように、ある種の草の根的な大衆性と結びつきます。

神社は基本的に日本人を母集団とする基層文化ですが、グローバル化のなかで急増している東南アジアや南アジアからの外国人に最も広がっている宗教はたぶんイスラム教でしょう。もちろん、キリスト教徒もかなりいて、日本にはキリスト教会はかなりの数あるのですが、明治から知識層相手に発達してきた日本のキリスト教会と、今、急増しているフィリピンや南米からの外国人労働者のキリスト教文化の間には、大きな乖離があるのではないかという気もします。他方、イスラム教のモスクはそもそも東京では代々木上原にあったくらいですから、他の急増しているモスクの多くは、私たちが訪れた御徒町のモスク同様、グローバル化のなかで東京に来た外国人の日常文化と結びついています。

多宗教都市東京をつなぐ「崖東夜話（がいとうやわ）」プロジェクト

今日は一日、東京都心北部のさまざまな宗教施設に流れる時間をテーマに街を歩いてきました。歩く前に私は、これらの宗教施設には、「怨霊の時間」「墓参の時間」「儒学の時間」「礼拝の時間」という四つの「聖なる時間」が流れているのではないかという仮説を示しました。大きな括りで、神社に流れるのは「怨霊の時間」、寺に流れるのは「墓参の時間」、聖堂に流れるのは「儒学の時間」、教会やモスクに流れるのは「礼拝の時間」という仮説があったわけです。ところが歩いてみると、同じ「礼拝の時間」でも、少なくとも東京都心部では、伝統あるキリスト教会と急成長中のイスラム教モスクでは、その開放性に実に大きな違いがあることがわかってきましたし、「聖なる時間」の開放性という点では、意外にも神社とモスクがそこに祈りに来る人々の気分として似ています。

ただし最後に強調したいのは、これらの宗教施設間の違いは、あくまで相対的なものに過ぎないことです。東京の多宗教性という観点からすれば、むしろこれらのさまざまな「聖なる時間」の共通性にこそ、私たちは注目していくべきです。その際、地理的な近さは相互の交流を促進し、そのような共通性をさらに増幅させていく可能性を秘めています。すでにこの街歩きを通じ、私は東京という都市の根本的な特徴が、武蔵野台地の東端に入り込んでくる東京湾に面して立地していることにあると、何度も強調してきました。このトポグラフィカルな条件は、今日巡った宗教施設や、今日は足を延ばしませんでしたが、これまで訪れてきた宗教施設を考える上できわめて重要な基礎となります。

すなわち、ニコライ堂、湯島聖堂、神田明神、湯島天神、それに第四日に訪れた上野寛永寺を含め、東京都心の教会、聖堂、神社、寺院の多くが、武蔵野台地東端の際に立地しています。これは、東京の主要な宗教施設に共通する特徴です。この共通性から、明治の東京におけるニコライ堂が示したように、これらの宗教施設は東京という都市の風景に溶け込むランドマークとなってきました。ヨーロッパのゴシック教会は、その尖塔の建築的高さによって都市のランドマークになってきたわけですが、東京の宗教施設をランドマークにしてきたのは建築よりも地形です。したがって、東京という都市で「聖なる時間」を考えることは、「聖なる地形」を考えることと一体とならざるを得ないのです。

このような問題意識を基礎に、「東京文化資源区」構想のプロジェクトでは、二〇二〇年秋から、寛永寺、湯島天神、神田明神、湯島聖堂、ニコライ堂、アッサラーム・ファンデーションにご協力いただき、「崖東夜話」というナイトイベントを始めようとしています。「崖東」という言葉は、永井荷風の『濹東綺譚』から連想しています。荷風の場合、「濹東」の「濹」は、隅田川を意味します。隅田川の向こう岸、つまり東京の周縁と思われていた向島玉の井で展開する物語だからです。私たちの場合、もちろん「崖東」の「崖」が意味するのは武蔵野台地です。武蔵野台地の東の端で、その崖の上と下にある多宗教が協働しながら、世界にメッセージを発信します。このようなイベントを、宗教的にも政治的にも分断が広がる二〇二〇年代の世界において、あえて東京都心から展開していく意義は大きいと考えています。

第七日　未来都市東京を江戸にする

en
蔵前駅
厩橋
m+
START Nui.
カキモリ
蔵前国技館跡地
蔵前橋
東京工業大学発祥の地
つくばエクスプレス
首都高速6号向島線
JR総武線
柳橋
両国橋
都営浅草線
首都高速7号小松川線
隅
田
川
都営新宿線
都営大江戸線
日本橋
日証館
東京証券取引所
東京メトロ半蔵門線
銀行発祥の地
（現 みずほ銀行兜町支店）
日本橋水門
首都高速9号深川線
Cawaii Bread & Coffee
東京メトロ東西線
亀島川
京葉線
亀島川水門

JR中央線
首都高速5号池袋線
都営三田線
テロワール・カワバタ
聖橋
万世橋
都営新宿線
東京メトロ千代田線
東京メトロ丸ノ内線
鎌倉橋
GOAL
平将門の首塚
大手町プレイス
竜閑さくら橋
東京駅
首都高速4号 新宿線
東京メトロ有楽町線

《冒頭講義〜川筋からのポスト東京ビジョン》

（1）薩長と米軍の占領からオリンピックシティまで

私たちはこれまでの街歩きで、東京が三度、「占領」された都市であることを確認してきました。家康の占領、薩長の占領、米軍の占領の三つです。今日の東京の成り立ちの根本を特徴づけてきたのは、この三回の占領とその後に起きた空間の再編成でした。しかし、家康による占領後、徳川の世は二七〇年ほど続き、薩長による占領後、東京は帝都の時代を半世紀以上は続いたのですが、米軍による占領はわずか数年で、一九五〇年代初頭には、日本は表向きには独立国家になっています。それにもかかわらず、米軍の占領は、薩長の占領で始まった東京の江戸からの転換を、さらに徹底させる契機となりました。

ですから、三回の占領のなかで、薩長の占領と米軍の占領は連続的です。そして、この連続性の延長線上で、高度成長期、とりわけ一九六四年の東京オリンピック前後における東京の決定的な変容がありました。そこでは、三つの構造転換が起きています。

第一は、東京という都市のスピードの転換です。首都高速道路が建設され、路面電車が地下鉄に取って代わられ、車道が拡幅されていき、さらには新幹線が日常化していくことにより、私たちの都市生活は高速化の一途をたどりましたし、それは都市のインフラの高速化に支えられた変化でした。この高速化で東京がどう変わり、この都市が何を失ってしまったのかについては、これまで街歩きをしながらお話ししてきました。

第二は、東京の文化的重心が、日本橋、神田、上野、浅草などを中核とする都心北部から、六本木、青山、原宿、渋谷、新宿などを中核とする都心南西部に移動したことです。この重心移動も、一九六四年の東京オリンピックのための都市改造によって決定づけられました。それは、青山通りの整備や丹下健三設計の国立代々木競技場の建設を例に出せば、すぐわかります。このオリンピック関連施設、つまり国立競技場、国立代々木競技場、駒沢オリンピック公園など多くが国道二四六号線の軸線上にあったことは重要です。この軸線は、戦前から日本軍にとっての幹線ルートであり、麻布、六本木、青山、代々木といった一帯は、軍都としての東京の中核をなしていました。その日本軍の施設の中核地帯が、戦後は接収されて米軍施設が広がる地域となり、さらにそれらが返還されるなかでオリンピックシティとしての東京ができ上がっていったのです。

そして第三に、一九六四年の東京オリンピックに向けた都市改造は、「川筋の東京」を徹底的に犠牲にしました。すでにこの街歩きで私たちが体験したように、東京は東京湾に向けて突き出す武蔵野台地の東端に形成された都市です。この台地は、北は隅田川、南は多摩川の二大河川によって区切られていますが、台地の部分でも、北の石神井川や神田川から南の渋谷川や目黒川に至るまで、いくつもの中小河川が流れを形成し、複雑な凹凸を生んできました。結果的に、この都市は、多数の尾根筋と川筋や谷筋を持つ都市となり、この尾根と川や谷との高低差が、繊細な風景や文化を生む基盤となったのです。たしかに江戸初期、家康によって江戸の自然地形は大きく造り変えられました。その核心は治水にあり、治水は江戸の骨格を造る上で江戸城建設以上に重要だったといえます。

つまり、江戸・東京という都市のアイデンティティは、たとえばニューヨークの摩天楼、パリのルーブル、ローマのコロッセウム、北京の紫禁城のような、何らかのモニュメンタルな建物によって担われてきたのではありません。皇居はロラン・バルトにとってだけでなく、誰にとっても「空虚な中心」で、そもそも天守閣が失われた江戸城は、巨大都市を代表する何かを欠いていたのです。むしろ、この都市のアイデンティティの根幹は、最初の占領によって半ば人工的に、しかし自然を実に巧妙に取り込む仕方で造形された地形にありました。建物よりも地形こそが都市の象徴秩序の根幹をなすというこの特徴は、東京を欧米の都市とは異なるものにしてきた最大のポイントなのです。

一九六四年の東京オリンピックを目指した東京の都市改造は、この都市が歴史的に育んできたこのアイデンティティの根幹を否定しました。より速い都市を目指して大動脈として首都高速道路が急ピッチで建設されていきましたが、その建設は、東京の川筋を潰してしまうこと、つまり東京都心を縦横に流れていた川や運河の上に、まるで蓋をするかのようにしてなされたのです。その結果、日本橋川のほとんど、神田川のかなりの区間、渋谷川の大部分、これら以外の中小河川の多くが空を失いました。そして同じことですが、それらの沿岸にあった多くの街々は水辺との関わりを失いました。

(2) 隅田川・石神井川・神田川の歴史的変遷

今日の街歩きでは、この失われた川筋から東京を見つめ直してみたいと思います。私たちがこれから陸と水上の両方からアプローチするのは、隅田川、神田川、日本橋川、亀島川の四つです。しかし、東京都心北部と川筋との関係を考えるには、第一日に歩いた石神井川も重要です。東京都心の地形的骨格は、これらのなかの三つ、隅田川と石神井川、神田川の歴史的変遷に条件づけられてきたのです。日本橋川は、かつての神田川下流だった流路ですし、亀島川のような水路は、高度成長期以前の東京には無数にありました。

まず、川の規模からすれば、圧倒的に大きいのは隅田川です。古来、武蔵と下総の二国を分けていたこの川は、赤羽近くで荒川から分かれます。中世までの関東では、利根川と荒川の両方が東京湾に流れ込んでいました。当然、下流域は頻繁に大洪水に見舞われ、とても農地にも市街地にもなれる土地ではありませんでした。家康は、一方で利根川を霞ケ浦付近にあった内海に流れ込んでいた常陸川（現利根川）に合流させて東に移し、他方で現在の埼玉県熊谷から春日部、越谷方面に本流が流れていた旧荒川を、川越付近で入間川に合流させて西に移します。こうして現在の埼玉県に一大農業地帯を出現させたのです（図7-1）。

隅田川はこの西に移された荒川の下流域を指していました。つまり、赤羽よりも先の現在の荒川はまだ存在しなかったのです。したがって、こうして西に移された荒川の水がすべて隅田川に注ぎ込み、隅田川下流域は頻繁に氾濫しました。本所、深川、浅草、下谷の下町地域は、しばしば隅田川の大洪水の被害に見舞われます。

その際、隅田川氾濫に対する防災拠点の役割を果たしていたのが、実は浅草でした。幕府は隅田川の氾濫から下町一帯を守るために、ちょうど私たちが歩き、荒川線の延伸ルートとして

【旧河川】

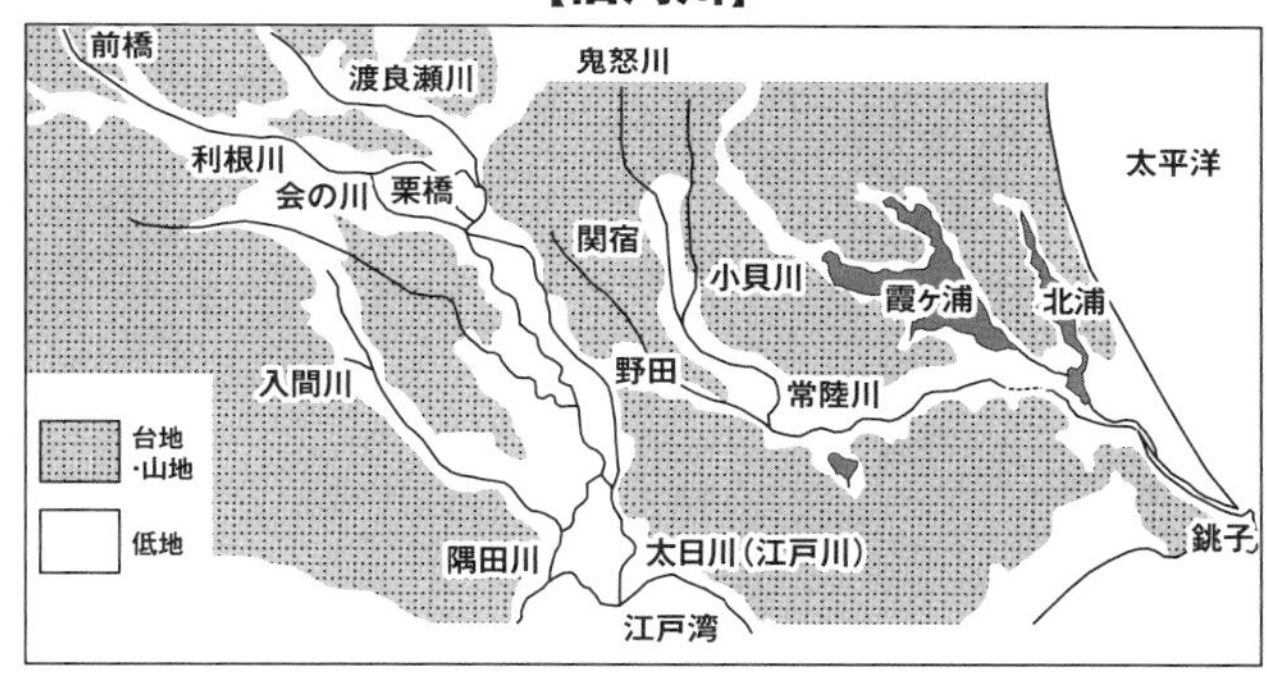

【新河川】

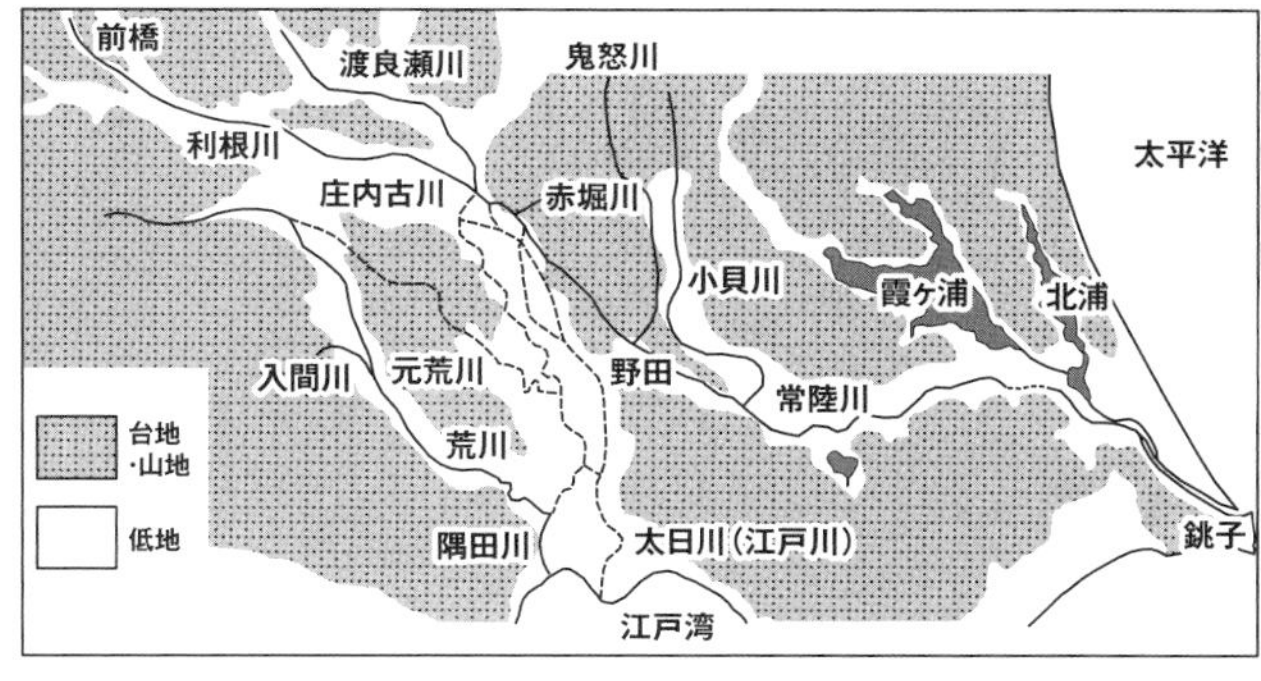

図７－１　利根川と荒川の流路変更（上）戦国時代（下）1654年（出典／利根川研究会編『利根川の洪水』山海堂）

提案している三ノ輪橋から山谷、吉原、山谷堀へのルートに総力をあげて大堤防を築きました。これが日本堤で、この堤防は吉原遊郭への通い道になります。つまり、吉原遊郭はこの堤防で守られる江戸のぎりぎりの場所にあったわけで、水害になれば真っ先に被害に遭うことがわかっている場所に、幕府は江戸最大の遊郭を追いやったのだともいえます。さらに、小塚原の刑場などがあった南千住はその外、つまり頻繁な水没が想定できる場所でした。

明治以降、隅田川の洪水対策には、荒川放水路の建設という別の方法が採られます。一九一〇年の大洪水で浅草、下谷、本所、深川などが甚大な被害を受けたことがきっかけとなり、赤羽に近い岩淵水門で荒川の水が隅田川まで入るのを堰き止め、本流はまっすぐ小菅、四ツ木、新小岩、葛西というように新たに開削された大水路に流します。これが、今の荒川です。隅田川は荒川ではなくなり、これ以降、洪水は抑えられていきます。

他方、赤羽からそう遠くない王子でこの隅田川に合流するのが、すでに歩いた石神井川です。小平・小金井あたりが源流とされる石神井川は、中世までは王子から上野不忍池を経て東京湾に通じていました。つまり、家康の占領以前の江戸湊の地には、利根川、荒川、石神井川、神田川といった大中河川の下流域が集中していたのです。そのため、数多の河川の流す土砂が東京の低地部を形成したり、漁師にはここが絶好の漁場になったりという良い面もあったのですが、新たに市街地を形成するには、江戸はあまりに多くの問題を抱えた場所だったのです。当然、家康から薩長政権までの治水の基本戦略は、その主だった川の流路を東に逸らしていくことでした。つまり、利根川を銚子方面に逸らし、石神井川は荒川に流し、神田川も荒川に逸らし、近代になってからはその荒川そのものを隅田川から東に分離させました。そうすることで、これらの川の西に位置する江戸・東京の市街地を流れる川を馴致してきたのです。

　石神井川の場合、家康以前から王子で隅田川に流れ込んでいたともされますが、この合流で不忍池に向かう流れを制御することは幕府の治水政策にも合致していたでしょう。こうして旧石神井川下流域は支流となりますが、それでも明治以降も残ります。この流域は、王子から先は谷田川や谷戸川、藍染川と呼ばれる川となって不忍池に流れ、そこから忍川、鳥越川と名前を変え、今の浅草橋のところで隅田川へと流れ込んでいました。

　谷田川は、今も北区に「谷田川通り」という道がありますからすぐにわかりますが、実は今もこの通りの下を谷田川が流れています。藍染川は千駄木から根津あたりまでで、不忍通りから一本、谷中方向に入った道です。実は、私たちはすでにこの藍染川沿いを少し歩いていたのですね。というのは、藍染川は大正期に暗渠化され、その上に「よみせ通り」という商店街が形成されます。よみせ通りは谷中銀座に接続しており、日暮里から「夕やけだんだん」を経て

図7－2　藍染川（出典／三土たつお氏の地図 https://mizbering.jp/archives/12955）

谷中銀座に入り、そのまま進むとよみせ通りに出ます。この通りも、最近では谷中銀座と並んで人気スポットとなりつつあります。しかし、実はこのよみせ通りの下には、今もかつての藍染川が流れ続けているのです（図7－2）。

そして、江戸・東京の歴史地形を知る上で最も重要なのが神田川です。井の頭公園の井の頭池を源流とする神田川は石神井川以上に暴れ川で、江戸時代初期、現在の日本橋や大手町のあたりはしばしば洪水に見舞われました。そこで幕府は伊達政宗に命じて本郷台地を掘削させる大工事を行わせ、飯田橋付近から御茶ノ水、秋葉原を通る仙台堀が完成しました。この人工の川のおかげで、神田川の氾濫から守られるようになった神田や大手町、日本橋は、やがて百万都市江戸の中心として繁栄していくことになります。

ちなみに、日本橋川はかつての神田川の下流で、その前は平川と呼ばれていました。この平川は、江戸のまさに中心部を流れていましたから、これをどう制御するかという「平川問題」が、家康の江戸建設にとって根本中の根本の問題だったのです。そしてこの神田川の付け替えという巨大プロジェクトの結果として、現在も東京の人々が日常的に接している御茶ノ水の豪壮な景観が生まれるとともに、日本橋川は氾濫の危険の少ない都心の中心を流れる川として江戸の商業活動に欠かせぬものとなっていきました。

(3) 渋沢栄一が描いていた川筋の東京という未来

今日は、もともと一つの川だった神田川と日本橋川の流域を中心に巡ります。都心の川に沿って、東京がそもそも、自然と人工が繊細に結びついて形成されてきた地形のなかで育まれた都市であることを一つひとつ確認していきたいと思います。

この川筋巡りは、これまで歩いてきたさまざまな場所を新たな視点からつないでいくことにもなると思います。私たちは、第一日に巣鴨から石神井川沿いに王子に向かい、第二日には神田川沿いの万世橋から隅田川に面した浅草までを歩きました。上野公園を歩いた第三日の街歩きでは、かつては東京湾の一部だった不忍池と「忍ヶ岡」と呼ばれていたかつての岬との関係がテーマでした。第四日には谷中から根岸、吉原、山谷までを巡りましたが、根岸と吉原と山谷は、上野台地と隅田川の間の沖積地帯に広がる街々です。

そして第五日には神保町から東大本郷キャンパスまでを歩きましたが、このルートは神保町の日本橋川岸と水道橋の神田川岸を結び、本郷の丘に登るルートでした。菊坂は、水道橋の先から東大赤門前までの上り坂です。そして第六日に訪れたニコライ堂、湯島聖堂、神田明神、湯島天神は、これらの川筋を見下ろす尾根筋の際にある点で共通していました。

川沿いのつながりは、私たちが街歩きで何度も出会ってきた渋沢栄一に顕著です。初回に訪れたように、渋沢はその実業の原点で、石神井川を見下ろす飛鳥山に屋敷を構え、王子周辺の川の水を利用して製紙業を興しました。その渋沢の墓は、飛鳥山と同じ上野台地の先の谷中霊園にあります。生前も死後も、渋沢は上野台地の上を動いていたのです。その一方で、彼の事業や未来の東京についてのビジョンは一貫して川筋で展開していました。最初の製紙工場を石神井川沿いに建設したのと時を同じくして、渋沢が日本橋川沿いで最初に起こした事業は兜町の第一国立銀行（現みずほ銀行）で、渋沢はそのすぐ近くにも邸宅を建て、職住近接の住居にしていました。

兜町は、今日の金融の中心である大手町からやや東、江戸時代から商業の中枢だった日本橋からもやや東になります。渋沢はここに、日本初の銀行である第一国立銀行を設立し、さらに日本初の公的な証券取引機関である東京株式取引所（現東京証券取引所）も置くことで、近代日本の金融中枢にしていこうとしました（図7－3）。現時点から振り返れば、東京における経済中枢は、江戸以来の日本橋から大手町へと西進しました。しかし渋沢が明治初頭、彼の実業の本拠地を大手町ではなく兜町に置いたことは、彼が東京の経済中枢は日本橋川沿いに東へ延びていくと考えていたことを示唆します。

実は、渋沢は霊岸島周辺に東京港を建設し、そこを日本最大の貿易港とする構想を描いていました。もし渋沢の東京築港計画が実現していたら、兜町はそのすぐ裏手になります。つまり、横浜港ではなく霊岸島の東京港が、近代日本の国際貿易の中枢となり、そのすぐ裏の兜町で世界を相手にした取引が活発化し、さらにその裏の日本橋が商業中枢であり続けるという未来の東京像を描いていたはずなのです。川筋の東京は、皇居に向けて求心化されるのではなく、東

図7－3　金融の中枢としての兜町

京湾に向けて開かれていくことになります。貿易と商業による資本主義の発展が、未来の日本の根幹となるべきだと考えていた渋沢は、丸の内や皇居ではなく日本橋川沿いの兜町と東京港を、近代都市東京の中心にしようとしていたのです。

残念ながら、渋沢のこの東京港構想は、横浜の財界から猛反対に遭い、実現しませんでした。もし、渋沢の構想通りに明治時代に東京港が造られていれば、兜町とウォール街の相似性が実際よりも明瞭になっていたでしょう。今回、兜町を歩きながら、明治東京のもう一つの選択肢であった「海を向く東京」についても考えたいと思います。

この冒頭講義の最後に強調しておきたいのは、今日の街歩きの重要なポイントが、高度成長期以降の東京の川筋文化の衰退とその復活の兆しにあることです。首都高速道路に覆われた日本橋川の惨状をはじめ、高度成長と一九六四年の東京オリンピックは、かつて江戸・東京の中核として栄えた地域に多大な痛手を与えました。その衰退の跡を、蔵前、柳橋から日本橋に至る隅田川沿いを歩きながらたどります。同時に、衰退はここに来て新たな局面に転じつつあります。ここ数年、「東京のブルックリン」と呼ばれ始めた蔵前では、新鮮なコンセプトのショップやカフェ、ホテルが次々にオープンし、東京有数のおしゃれエリアとなっています。こうした兆しは、戦後の東京を大きく変えた三番目の占領の時代が終わりつつあり、破壊の七〇年を経て、新たな東京が生まれ始めていることを示唆します。そこで今回の街歩きは、今、その新しい東京が浮上しつつある蔵前から始めます。

《街歩きと路上講義》

(1)「東京のブルックリン」に息づく新しい感性

蔵前という地名は、江戸時代に幕府の米蔵が置かれたことが由来となっています。浅草からすぐ南にあるこの地には、米を担保に貸し金業を行う札差(ふださし)などの富裕層のほか、商家や居職の職人も住み、やがて玩具などの問屋街も形成されていきました。高度成長期以降、蔵前の街の活気は失われていましたが、近年、次々とおしゃれなショップやカフェ、ホテルがオープンし、蔵前は今、東京で最も注目される街の一つとなっています。

リーズナブルな賃料で店舗を借りられるメリットに加え、職人が培ってきたものづくりの伝統が根づき、下町らしい人間味が感じられる蔵前の土地柄が、感性豊かな若いクリエイターたちを惹きつけたのでしょう。これらの店の多くが、かつて倉庫として使われていた建物をリノベーションし、新しい感覚で生まれ変わらせているのも特徴的です。

蔵前の街を歩いていると、古い建物とおしゃれな店舗が混在し、魅力的な街並みを形成しています。屋上にハンモックを吊って都会のオアシスを演出する、カフェなどの複合施設「en（エン）」、オリジナルカラーのインクやノートを取り揃える「カキモリ」、その姉妹店で自分好みのインクをオーダーメイドできる「ink stand by kakimori」、蔵前のおしゃれショップの草分けでこだわりの革製品が魅力の「m＋（エムピウ）」など、一度入ったらなかなか出てこられなくなるお店がたくさんあります。

なかでも先端は、「Nui.」というホステル＆バーラウンジです。宿泊客以外も利用できるバーラウンジ（昼間はカフェ）では、ライブイベントなども行われているそうです。玩具問屋の倉庫を改装した高い天井の広々とした空間は、非常にオープンな印象を受けます。ホステルに宿泊する外国人客の姿も多いせいか、雰囲気は全然日本ではありません。「Nui.」という名前の通り、スタッフ手縫いの革製ソファやナチュラルなインテリアは温かみが感じられ、居合わせた人とのおしゃべりも弾む居心地の良さです（写真7－1）。

私の研究室の大学院生にスペンサー・コーエン君という人物がいて、彼はコロンビア大学でキャロル・グラック先生の下で歴史学を学んだ後、東大の私の研究室に来た俊英のニューヨーカーなのですが、何度も「Nui.」には泊まったことがあって、ここでバーテンダーをしている若者とも知り合いだと言っていました。東京に来る海外の若者たちの間で、この店はもうだいぶ有名になっているようです。店の感覚が、完全にグローバルになっているのですね。その度合いは、六本木や原宿、銀座などよりはるかに進んでいると思います。今日のグローバル化が、単にGAFAやグローバルブランドだけのためのものなのではなく、移動し続ける無数の人々と文化のためのものでもあるとするなら、一方ではイスラム教のモスクを生んでいる御徒町が、他方ではこの「Nui.」のある蔵前が最前線です。

写真7−1　Nui.

「Nui.」を運営する「株式会社 Backpackers' Japan」のコンセプトは、「Beyond All Borders」、つまり国籍や宗教、人種、思想、性別、年齢、職業に関係なく、「人」として交流し合うというものです。代表の本間貴裕さんは三〇代前半の若さですが、「Nui.」などの成功を受け、国内だけでなく海外にも事業を広げつつある若手企業家です。彼のように一九八〇年代生まれの、自由でしなやかなビジネスセンスを持った若者たちが、これからの東京をつくっていくのであれば、東京の、そして日本の未来も捨てたものではありません。

（2）人文知と工学知を育んだ川辺の米蔵

同じ蔵前でも、新しい時代を感じさせる街中の動きと対照的なのが、隅田川沿いの風景です。「Nui.」にほど近い厩橋（うまやばし）の脇の階段を降りると、川べりに遊歩道が続いています。そのこと自体は良いとしても、せっかくの川のロケーションや蔵前という街と川との間にあった歴史的記憶をまったく活かせていません。整備されたランドスケープは、いかにもお役所的な凡庸さの極致で、日本の行政は、こんなにまでデザインのセンスがありません、と公言しているようなものです。そこでは素人臭いデザイン、手入れが行き届いていない緑、堤防の壁に唐突に施されたなまこ壁や大名の家紋など、すべてが中途半端で、ビジョンを持って取り組んでいる人がいないことがよくわかります（写真7−2）。

ちなみに、対岸の墨田区側の遊歩道のデザインのレベルの低さも似たり寄ったりで、もう少しなんとかならないかという気がします。この地に縁がある浮世絵のパネルなども描かれていますが、隅田川のパワフルな水辺風景を驚くほど活かせていません。舟に揺られて吉原に通った江戸時代の方がよほど粋に隅田川を楽しんでいたことでしょう。ジョギングや散歩以外でも、訪れる人が川辺を楽しめる仕掛けが必要です。もっと緑を多くすべきですし、これだけの広いスペースがあるのですから、夕方から夜間にかけて屋台を出すこともできるでしょう。レガッタのような川ならではのイベントを開催するなど、川辺の賑わいを演出する方法があるはずです。

写真7－2　残念な隅田川沿いのテラス

蔵前橋のたもとの階段を上り、蔵前橋通りを進むと、蔵前国技館の跡地があります。現在は東京都下水道局の施設ですが、ほとんど地域への配慮はありません。ここは江戸時代、「浅草御蔵（おくら）」といって全国の幕府直轄領で集められた年貢米を貯蔵しておくところでした。敷地はおよそ三万坪もあり、隅田川に沿って数多の蔵が建ち並んでいたのです。これらの蔵への米の運搬は隅田川からの水運でなされていましたから、蔵の前には八本の入船用の堀が作られていたようです。つまり、ここは江戸における食糧物流の中心地だったのです。莫大な利益がこの御蔵周辺で生まれていたはずです。そして、この浅草御蔵の前の一帯だったから、「蔵前」という街の名前も生まれたのです。

明治になってからの浅草御蔵跡地の変遷には、さらに興味深いものがあります。維新後、税は年貢米ではなく金納になりますから、年貢米の収蔵庫としての御蔵の機能は失われます。するとこの一群の蔵は、すでに上野公園の旧帝国図書館のところでお話ししたように、江戸時代を通じて湯島聖堂に収蔵されてきた書籍や文書類を集蔵し、閲覧に供していく浅草文庫となりました。つまり、「米」の収蔵庫は「知」の収蔵庫に転換したわけで、近代日本における公立図書館と公共アーカイブは、この浅草文庫において始まったのです。

しかし、一八七七年、八一年と寛永寺と徳川の記憶を抹消する企図も持って上野で開かれた内国勧業博覧会の後、そこに博物館（現東京国立博物館）が開設されることになり、浅草文庫のコレクションは上野公園内に移されて文庫は閉鎖されます。そして、この跡地に設立されていったのが、現在の東京工業大学、当時の東京職工学校だったのです。

この職工学校の設立は第二回内国勧業博覧会と同じ一八八一年ですが、この同時性には実は深い理由があったと考えられます。というのも、東京職工学校の設立を政府に強力に助言したのは、ドイツ人お雇い外国人のゴットフリード・ワグネルです。彼は東京大学工学部におけるスコットランド人のヘンリー・ダイアーと同様、明治日本に工学教育を導入した中心人物の一人でした。そしてこのワグネルこそ、一八七三年にウィーンで開かれた万国博覧会に明治政府が参加する際、元佐賀藩士の佐野常民と協力して、万博への日本からの出品や現地調査をまとめ上げた立役者でした。その彼が、内国勧業博覧会と並行して職工学校の設立を推進したのは示唆的です。当時、上野公園の歴史と蔵前の歴史は驚くほど連動していたのです。

幕府の御蔵から官立アーカイブへ、そして工業大学へと機能は変化するものの、蔵の建物そのものは当初は変化していなかったはずです。つまり、日本の公共図書館の歴史も、工業大学の歴史も、ともに草創期においては隅田川岸に林立していた米蔵のなかで育まれていたのです。文系（アーカイブ）も、理系（工業技術）も、ともに江戸の伝統的な蔵において胚胎していたという事実には、深く魅せられるものがあります。

しかしながら問題は、そのような浅草御蔵跡地の魅力的な歴史が、現在のこの一帯からはすっかり消去されてしまっていることです。現在、かつて浅草御蔵だった区画の片隅に榊神社という小さな神社があり、そこにはこの場所が東京工業大学発祥の地であることを示す碑と説明板があります。しかし、ごく地味なものですし、それ以外にこの地に東工大と蔵前の深い関係を示す痕跡はなさそうです。

（3）隅田川・神田川の失われた花街

蔵前から少し南に行き、神田川が隅田川に注ぎ込む一帯の柳橋は、かつて東京の花柳界の中心でした。その形成は江戸後期で、隅田川沿いに位置していたため、風光明媚（めいび）な花街として栄えます。明治以降は、新興の新橋、さらに新興の赤坂と並び、東京の三大花街となりますが、当時は柳橋芸者の方が新橋芸者や赤坂芸者よりもずっと格上と見なされていました。柳橋は、押しも押されもせぬ東京一の高級料亭街だったのです。昭和の初め、一九二八年になっても、料理屋や待合をあわせて六二軒、芸妓（げいぎ）三六六名が柳橋で働き、芸妓たちは明治座などの舞台にも出演するスター芸能人でした。

新橋の花街は、薩長が東京を征服し、新しい支配秩序を作っていくなかで、その藩閥政府の権力者たちと結びつくことで勢力を広げていきました。政治家たちは、柳橋よりもずっと政治の中心に近い新橋を密談の場として多用したのだと思います。他方、赤坂の花街を支えたのは軍人たちです。戦後、赤坂や六本木は米兵たちの街となりますが、それはここが戦前から軍人の街だったからです。主要な日本軍施設が麻布一帯に集中していたために、赤坂は軍の将校たちが遊ぶところとして栄えたのでしょう。これに対し、柳橋はむしろ財界とつながり、薩長とも日本軍とも異なる江戸以来の文化に親しむ金持ちたちに愛されていました。もちろん、いずれにせよ料亭で遊ぶにはお金がかかるので、庶民には関係のない世界ですが、柳橋はどちらかというと佐幕派の花街だったように思われます。

そして、この柳橋の繁栄を支えていた最大の基盤は川との関係でした。柳橋は、隅田川や日本橋川の水上交通を使えば、日本橋や兜町、浅草、両国、向島などとの間を、実に簡単に行き来することができる位置にありました。新橋の花柳界が、横浜方面からの鉄道や路面電車のネットワークとインフラ的には結びついていたのに対し、柳橋にとって最も重要なのは水上交通のネットワークでした。そして便利さだけでなく、風光明媚という点でも、かつての柳橋にはいくつもの有利な点がありました。人々は、夏には神田川を舟で涼みながら料亭に向かったり、隅田川の花火を座敷から至近距離で眺めたりするなど、四季折々の川の風情が感じられる絶好のロケーションを楽しんでいたのです。

ですから柳橋を衰退に向かわせたのは、単純に近代化だったのではありません。明治・大正を通じ、柳橋はむしろ隆盛に向かっています。柳橋を衰退させた最大の要因は、一九六〇年代の高度成長と東京オリンピックに向けての高速化、高層化、防災の徹底という流れのなかで、都市が川に背を向けてしまったこと、つまり川辺を価値が創造される場としてではなく、臭くて非効率なだけの無駄な空間と見なすようになってしまったことにあります。

一九五七年から七五年にかけて、隅田川の洪水対策のためにカミソリ堤防と呼ばれるコンクリートの護岸工事が行われたことで、柳橋の街は川から分断されてしまいます。川からの分断は、柳橋の賑わいを支えてきた根幹が失われたということでした。この街は、未来への可能性を失ったのです。やがて一九九九年には、最後まで営業を続けていた料亭も閉業し、柳橋花街は姿を消します。今の柳橋は、ぽつんぽつんとかつての名残が感じられる木造の建物が見られるぐらいで、何の変哲もないビル街となっています。

そこで、私たちはどうやったら街が川とのつながりを取り戻せるのか考えようと、柳橋花街があったあたりから隅田川べりに出てみました。しかし、街と川の間は三重の壁で隔てられ、その壁と壁の間には雑草が生い茂っています。それは緑化されているということではなく、もう誰も川との関係に目を向けなくなってしまったので、ただ放置されている状態でした。これでは、川べりの遊歩道を整備しても意味がありません。

隅田川側があまりにひどいので、神田川の川辺に目を向けることにします。そこには船宿が密集して停泊しており、水上交通の盛んであった時代の名残が多少は残っていそうだからです。しかし、実際に神田川筋を歩いてみると、陸上と川辺が有機的に結びついているようには見えません。陸上に建つのは、川との関係を意識しているとはとても思えない無粋なビルばかりです。川辺に浮かぶ多数の船宿も、神田川の未来を模索している様子はなく、ただ宴会用の営業をしている屋形船の「駐船場」として川を利用しているだけです（写真7－3）。本当は、後で訪れる日本橋の桟橋に倣い、蔵前で活躍している若い企業家たちに委託して素敵な観光桟橋を浅草橋付近に開設し、神田川や小名木川、隅田川一帯のクルーズを、浅草や押上、蔵前のまちづくりと一体になって仕掛けていくくらいの発想が欲しいところです。旧来型の屋形船営業だけに頼っているのでは、もうあまり未来はないでしょう。

写真７－３　駐船場になっている神田川の柳橋周辺

　辛うじて、柳橋の近くの老舗佃煮店「柳ばし小松屋」の店先では、往時の柳橋界隈の賑わいを伝えるアルバムを見ることができます。この店先に微(かす)かな昔の風情を感じつつ、そこで買った江戸前の佃煮の味から花街の昔を偲ぶのが精一杯でした。

(4) 兜町に渋沢栄一の足跡を訪ねる

柳橋から兜町まではちょっと距離があるので、ここは無理せず地下鉄浅草線に乗ります。日本橋で降りてそこからは歩きで兜町に到着したら、東京証券取引所の裏手にある日証館から街歩きをスタートしましょう。一八八八年、渋沢栄一は日本橋川に臨むこの地に辰野金吾設計のベネチアンゴシック様式の豪華な洋館を建てました。彼が飛鳥山に住むようになってからも、その建物は事務所として使用されていたのですが、関東大震災の時に兜町一帯を襲った火災で焼けてしまいました。跡地に一九二八年、東京株式取引所によって証券会社が入居するオフィスビルが建てられ、一九四三年に日証館と名称を変え、証券取引所の建物が米軍に接収されていた間は取引所の役割も担いました。戦後は兜町を拠点に不動産業を展開する平和不動産の所有となり、貴重な建築をリノベーションしつつ今日も使用され続けています。

見学(無料)は一階ホールのみですが、入口近くには、渋沢が兜町邸宅を建てた際、日本経済の繁栄を祈念して設置したといわれる「佐渡の赤石」が展示されています。階段手前の渋沢邸についての説明に添えられている明治期の写真や絵は、当時の日本橋川が水路として盛んに活用され、また岸辺にも多くの人の往来があったことがよくわかる貴重な資料です。かつてここにあった豪華な渋沢邸も写真でいろいろ見ることができますが、何よりも印象的なのは、豪邸の正面口が川に向いていることです。渋沢は、道路網の要衝ではなく、水路網の要衝をこそ押さえようとしていた。それが、兜町だったのです。

渋沢が兜町に日本初の銀行として第一国立銀行を設立したのは一八七三年、その五年後には日本初の証券取引機関である東京株式取引所を同じ兜町に誕生させています。銀行と証券取引は、資本主義の根幹です。それをここに置いたのは、兜町こそが日本の未来の資本主義の中心地になると考えていたからです。

すでに王子での製紙工場設立で触れたように、渋沢は資本主義を成り立たせるのは資本の循環、つまり「お金が回っていく」ことであるのを理解していました。この循環は、時間的なものであると同時に空間的なものです。もし、何らかの理由で、循環がストップすると、資本主義はたちまち危機に陥ります。それが、恐慌です。資本が恒常的に回っていくためには、モノやヒトが空間的にも絶えず動いていく仕組みが必要なのです。それを可能にするのは、大規模な物流・人流の仕組みです。渋沢の時代において、これを可能にしていたのは、陸上交通よりも水上交通でした。まだトラックも飛行機もなかった時代、紙が貨幣のメディアであったのと同じように、船こそがこの物流の基盤のメディアであると考えられたのでした。

デジタルアーカイブの世界を多少とも知る人ならば、日本で渋沢栄一ほどデジタルアーカイブ的に資料がしっかり整備・公開されてきた人物はいないのを知っているはずです。資料のアーカイブ化が重要な意味を持つ明治の偉人といえば、福沢諭吉（慶應義塾）や大隈重信（早稲田）、森鷗外や夏目漱石（東大）などの名も浮かびますが、慶應義塾も早稲田も東大も、渋沢の資料ほどのデジタルアーカイブ化はできていません。しかし、渋沢については、渋沢栄一記念財団が実に見事な資料のデジタルアーカイブ化と公開を実施しています。特に、ここで注目したいのは、「渋沢栄一ゆかりの地」と名付けられた検索項目で、そこを探っていくと渋沢が関与した事業の地理的分布がわかってきます。

知られるように、彼はその人生で数多の企業活動に関与していますが、概していえば東高西低で、東京・横浜以北に多く、関西に少ないのが特徴です。渋沢の時代には、大阪はある意味で東京以上に企業活動が盛んな都市でしたが、大阪の産業界に渋沢はそれほど関与していません。大阪の資本主義は、渋沢なしでもすでに強固で、出る幕がなかったのかもしれません。他方、東京での彼の活動は圧倒的で、とりわけ都心部、大手町を含む麴町区、日本橋区、神田区、深川区などに集中しています。金融を中心に事業を展開した渋沢ですから、大手町や日本橋が多くなるのは当然ですが、隅田川対岸の深川も彼の事業の中核的な拠点でした。

このことは、渋沢が川や運河を使い、さらには東京湾の海運までも見据えながら、製紙から金融、そして製造業の工場までをつなぐ東京の未来を構想していたことを示唆します。隅田川を軸に、石神井川、神田川、日本橋川、小名木川などをつないでいけば、電力や原料の供給から製造、金融、流通までの循環の仕組みを具現していくことが可能です。明治時代、そのような資本主義の総合的なネットワークをデザインできる都市としては、東京と大阪が突出していたと思います。

さて、その渋沢が開いた東京株式取引所の後身である東京証券取引所に少しだけ寄ります。取引所の見学施設「東証アローズ」は誰でも無料で入場できます。入口でセキュリティチェックを受け、中に入ると、日本の証券に関する歴史的資料が展示されていますが、ただ年代別に並べられているだけで、まるで面白くありません。二階へのエスカレーター脇にグッズ販売コーナーもありますが、ただロゴを配しただけの安易なデザインでは何も買いたい気は起きません。二階でも、マーケット監視業務を行うマーケットセンターなどを見ることができますが、取引はコンピューター化されていますからエキサイティングなことは何もありません。広々と立派な施設ですが、工夫はなく、訪れる人があまりいないのは当然です。

東京証券取引所を出てすぐのところに、渋沢がつくった第一国立銀行（現みずほ銀行兜町支店）があり、この地が日本の銀行発祥の地であることを伝えるプレートが外壁にはめこまれています。しかし、この一帯の人通りの少なさは、日本最大の証券取引所がある場所とはとても思えません。一九九〇年代に取引にコンピューターシステムが導入されたことで、売買に携わっていた人々の活気や熱気が失われてしまったようです。現在、この地域では再開発事業が進行中で、プロジェクトの一つに、蔵前の「Nui.」を運営する本間さんたちによる斬新なコンセプトのホテル「K5」（二〇二〇年二月開業）もあります。今後の兜町が新たな街の魅力をどのように生み出していくのか、注目したいと思います。

（5）水上タクシーでSF映画の世界に入り込む

今日の街歩きのクライマックスは、日本橋川から亀島川を経て隅田川に向かい、神田川をぐるりと船で巡る水上ツアーです。さまざまな水上ツアーがあり、貸し切りでオーダーメイドのルートを依頼することもできます。それぞれ予算に応じてということですが、団体用の安いものならば、一人二〇〇〇円台後半くらいからあると思います。

どれにするかはお好みですが、発着場所はほとんどが日本橋脇の日本橋観光桟橋です。そこから発着する主なツアーについては、たとえば「日本橋舟運案内」（http://nihonbashi-info.tokyo/cruise/）のようなサイトで一覧できます。ぜひお勧めしたいのは、周遊ルートに神田川が入っているものです。御茶ノ水の仙台堀を川から眺めるのはやはり圧巻で、神田川は上空も首都高速で塞がれていませんから爽快です。神田川のルートが入っているコースのなかでお好みのものを選べばいいでしょう。それから、水上ツアーは天候に著しく左右されますのでご注意ください。この辺は、それぞれの業者が丁寧に説明してくれるはずです。

私たちが利用したのは、「東京ウォータータクシー」という会社の船で、黄色い小型船は最大八人乗りでトイレ付き、飲食物も持ち込み自由なので、グループでわいわい食べたり飲んだりしながらツアーを楽しめます。また、乗船場所も下船場所も自由に指定できます。チャーター料は一五分五〇〇〇円からで、六〇分で一万八〇〇〇円（いずれも税込み）です。八人で乗れば、一人二〇〇〇円ちょっと。この金額で好きなルートを巡ることができるのですから、大変リーズナブルだと思います。大切な人を連れて東京を川筋から案内したい時には絶対にお勧めです。普段なかなか見られない水上からの東京の風景を貸し切りで堪能することができます。

私たちはまず、日本橋川を大手町方向に遡ることにしました。日本橋川に架かる数々の橋や江戸時代以来の石垣などを間近で見られるのは、水上ツアーならではでしょう。橋をくぐるという経験は普段ほとんどしませんが、橋の上を歩く時には気づかなかった一つひとつの橋の個性が感じられ、とても新鮮です。川の水質浄化も進んでおり、臭いも特に気になりません。船の舳先や後方の甲板に出れば、目の前に広がる東京を独り占めしているかのような素晴らしい臨場感に、思わず興奮してしまうこと請け合いです。ただ、橋の下部はかなり低いので、くぐる時に頭をぶつけないように気をつけましょう。

日本橋川がほぼ首都高速道路で覆われたのは一九六四年の東京オリンピックのためで、東京が「速さ」をひたすら追求した結果です。川や運河の上を高速道路が占領してしまったので、歴史と風格ある日本橋の景観もひどく損なわれました。江戸時代から明治・大正まで、東京の経済・金融・商業・物流・文化の中心地だった日本橋の伝統が失われたのです。現在、「日本橋に空を取り戻す」として、首都高速道路を地下に移すことが計画されていますが、完成は早くて二〇三〇年とのことで、空が取り戻されるまでにはまだしばらくかかりそうです。

この日本橋と同じことは、日本橋川の他の多くの橋でも起きました。この川の上を走る高速道路は、利便性ばかりを追求し、文化や伝統、景観を置き去りにした東京の過去の象徴です。首都高がいわば川の蓋になっているのですから、この蓋を取り払えれば、東京都心の川は青空の下でもっと魅力的な街並みを生み出すことができるはずです。

ただ、水上タクシーで実際に日本橋川をクルーズしてみると、思いもしなかった発見もあります。水上を移動しながら、下から首都高速を見上げていくと、陽の光を受けてきらきら光る

写真７－４　SF映画を思わせる川からの眺め

水面と頭上の高架がシンクロし、有機的な自然と無機的な高速道路のコントラストは、ＳＦ映画のなかに入り込んだような錯覚を起こさせます。めったに見られない「高速道路の裏側」の二〇世紀的土木建築美は、それなりに面白く、首都高速の存在が川の風景に斬新な印象を与えています（写真７－４）。つまり、首都高速は、陸上から見た川の価値を大いに貶めてしまったのですが、川面から見ると、首都高速自体には、独特のＳＦ的なダイナミズムがあるのです。これは、陸上からではわからなかった発見でした。

もう一つの発見は、日本橋川は現在も船の行き来が結構ある「現役」の水路だということです。クルーズ船や橋の補修工事物資を運ぶ船、川の浚渫（しゅんせつ）を行う船など、結構通行量があります。けれども、我がもの顔に通る船はありません。すれ違う度に船は汽笛を鳴らして合図し、手を振り合います。互いに譲り合いながら、仲良く川を行き交う様子もまた、忙しい東京の路上ではなかなか見られない光景といえるかもしれません。

（6）川筋に誕生するコミュニケーション空間

日本橋川を鎌倉橋で折り返し、茅場橋の先にある日本橋水門から亀島川に進みます。進行方向左側は、かつて渋沢栄一が東京港建設を構想した霊岸島です。岸辺には葦などが生い茂り、コンクリートの護岸が一般的な東京ではちょっと珍しい水辺の風景です。カヤック教室のカヤックがつながれている一角も見られ、また対岸の八丁堀側には川を眺められるレストランや、事前に予約をすればクルーズ客もパンを買える店（Cawaii Bread & Coffee）があったりして、日本橋川よりもずっと生活感にあふれ、川と人との距離の近さを感じます（写真7－5）。かつての東京の人々は、これくらいの近い距離感で川と生活をともにしていたのではないでしょうか。

写真7－5　亀島川沿いのカフェ（Cawaii Bread & Coffee）

亀島川水門を抜け、隅田川を北上すると、一気に視界が開け、遠方のスカイツリーが小さく感じられます。隅田川は「大川」なのだと実感しますが、川に架かる橋も行き交う船もスケールアップし、他方で個人所有のモーターボートも走り抜けていきます。川を渡る風が強くなり、私たちの船の揺れも大きくなりました。川岸にはタワーマンションが建ち並び、大規模開発されたエリアは岸辺のテラスはきれいに整備され、蔵前から柳橋にかけての遊歩道とは雲泥の差です。それを見て、複雑な気持ちになります。

両国橋をくぐると左手は、さっき歩いた柳橋が架かる神田川です。船は、柳橋の下をくぐり、先ほどは陸側から見下ろすだけだった船宿が連なる間をゆっくりと進み、浅草橋、美倉橋、和泉橋といったいくつかの橋をくぐっていきます。両岸は見慣れた東京都心のビル街ですが、川の上を行く私たちは都会の喧騒から隔絶された別世界にいるようです。和泉橋のたもとにある船着き場は防災船着き場で、東京の河川にはこのような防災船着き場がいくつも設けられていることに気づきます。災害時に路上の交通が途絶しても、川の水運を利用して医療物資を運ぶなど、都心の川筋は、防災インフラとしても注目されています。こうして船はやがて、万世橋、昌平橋、聖橋と、これまでの街歩きで巡ってきたエリアに入ります。上から見てきた風景を、今や下から見直すわけです。

この船旅でエキサイティングなのは、いくつもの橋や川岸で、そこに佇む人々がこちらに向かって上から手を振ってくれることです。とりわけ万世橋や水道橋など、人通りが多い橋では、必ず誰かが佇んでいて、その下を私たちのような船が通ると手を振ります。つまり、橋の上にはだいたい二種類の人がいるのです。一方では目的地に急ぐために橋を渡る人、他方ではその橋で川をぼんやり眺めている人です。このあたり、第一日で触れた今和次郎の考現学的調査にぴったりのテーマですが、この後者、橋の上に佇む人々の目は、船で川を観光する人々に向けられています。さらに、最近では川筋にテラスを張り出すカフェやレストランも増えており、そこで時間を過ごす人々も、船が通ると手を振ります。つまり、都心の川が人々の新たなコミュニケーション空間となりつつあるのです。

写真７－６　奥に見えるのが万世橋

（7）東照大権現は、死後も脈々と生きている

万世橋から先では、両岸や前方の高層オフィスビル群はまるでビルの山脈で、私たちはその渓谷に入っていくようです（写真7－6）。さらに進むと聖橋が見えてきます。昌平橋をくぐったところで、船は総武線の下を通りますが、もっとス

リリングなのは、その少し先で地下鉄丸ノ内線の線路の下を通る時です。丸ノ内線は御茶ノ水駅のところで突然、トンネルから川の上に出て、またトンネルに入ります。もともと地下を通っていますから、トンネルから出た地下鉄の線路と川面の高低差はわずかです。そのわずかな隙間を、船はくぐっていくわけです。ちょうど、私たちの船がこの地下鉄の鉄橋に差し掛かった時に、丸ノ内線の電車がやって来ました。その車両は、頭の上を轟音（ごうおん）とともに走りすぎ、それを私たちは水面から見上げることとなりました。もちろん、もっと上には、中央線や総武線の線路とホームが見えます（写真7-7上）。東京でなければ経験できないスペクタクルです。

丸ノ内線の下をくぐると、その正面に聖橋が登場し、さらにその先で御茶ノ水渓谷両岸の絶景が繰り広げられていきます（写真7-7下）。江戸時代に幕府の命を受けて伊達政宗が大工事を行った切通しは、その両側にそそり立つ崖、総武線、中央線、丸ノ内線が交差する線路の迫力ある光景に思わず息を呑みます。その上にかかる聖橋は、関東大震災後の復興事業のなかで一九二七年に完成したコンクリート橋で、最初の日に訪れた音無橋と似ていますが、豪壮さはこちらの方が数段上です。デザインは、晩年の京都タワーのような駄作のために、初期のデザインの先鋭的な価値が十分に評価されていないかもしれないモダニズム建築家の山田守です。聖橋は、山田の初期の傑作の一つで、御茶ノ水渓谷の豪壮な風景と橋のデザインが実によくマッチしており、震災復興で建設された橋のなかで最も美しいといってもいいと思います。そしてこのデザインの美しさは、川からでないと十分には味わえません。そのせいか、とても残念なのは、湯島聖堂背後の道など、この聖橋周辺の陸上の景観が、最悪といっても過言ではない状態にあることです。

写真７－７　御茶ノ水付近の神田川
（上）交差する線路のすぐ下を通る（下）御茶ノ水渓谷

ついでながら、船に乗らずにこの絶景を味わいたいなら、第六日に訪れた湯島聖堂の正面の道路を渡ったところに、神田川に張り出すような仕方で店があるフレンチ「TERROIR Kawabata（テロワール・カワバタ）」がお勧めです。船からでも川岸の上に店が見えますが、このレストランの窓からの風景は、まさにこの絶景、神田川の深い堀と中央線、総武線、丸ノ内線の交差を見渡すロケーションです。料理も超一級の味で、圧倒的に東京らしい風景とフレンチの味を一緒に楽しめる、世界中を探してもここしかないレストランです。必ず事前に、窓側の席を予約するようにしましょう。

御茶ノ水から先の神田川は、深い渓谷から一変、水道橋をくぐるあたりは平地になります。つまり私たちは、伊達政宗が開削した本郷台地の切通しを通過してきたのです。神田川は、これより上流では、本郷台地と麴町台地の間を流れる川なのですが、水道橋から昌平橋の間で本郷台地を突っ切っているのです。ですから私たちが見た風景は、まさしく本郷台地の断面です。そのような断面を街の風景に変えてしまったところに、家康による江戸占領のすさまじさがあります。私たちは、この徳川幕府が創り出した風景を今も楽しんでいるわけです。あな恐ろしや、まさに東照大権現、死後数百年を経て、今も脈々と生きています。

水道橋から先のルートにも、簡単に触れておきましょう。水道橋は、日本橋や御茶ノ水橋と並んで交通量のきわめて多い橋です。その分、この橋周辺の景観をもっと工夫すれば、かなりのインパクトがあるはずです。水道橋のたもとに新たに船着き場を作ってもいいかもしれません。現状は、ＪＲ水道橋駅周辺の景観全体に問題がありすぎて、どこから手をつけたらいいかわからないような状況です。さらに水道橋から先、後楽橋、小石川橋の手前までの川岸の風景は、どのビルも醜い背面を川に晒(さら)しています。右手の先には東京ドームシティのアトラクションが少し見えますが、いっそのこと神田川岸まで含め、川全体をテーマパークに取り込んでしまったらどうだろうかとすら思えてきます。

水上ツアーもそろそろ終わりですが、船は小石川橋の手前で左折し、日本橋川を下っていきます。ここからは、頭上はずっと首都高速道路が塞ぎ、空はあまり見えません。しかも、三崎橋、あいあい橋、新川橋、堀留橋、南堀留橋、俎橋(まないたばし)、宝田橋、雉子橋、一ツ橋、錦橋、神田橋、鎌倉橋、常盤橋等々と、ひっきりなしに橋が続いていきます。まさしく橋の博覧会です。つまり風景は一気に人工的になり、最初に触れたSF的風景が展開されていきます。あっという間の時間でしたが、ジェットコースターで数百年のタイムトラベルをしたかのような川旅を終え、夢見心地のまま船を降りました。

（8）街歩きの締めくくりに平将門の首塚へ

朝一〇時に蔵前を出発し、すでに夕暮れですが、今回の街歩きで最後に訪れておきたい場所があります。そこで、日本橋で船を降りてから大手町に向かいます。向かった先は、逓信総合博物館などの跡地に建てられた大手町プレイスで、この再開発事業の一環として日本橋川に架けられたのが「竜閑さくら橋」という歩行者専用の遊歩橋です。幅七メートル、全長約一二〇メートルの橋ですが、そこからの景観が圧巻です。

まず、大手町側から渡って右手前方には、首都高速道路が曲がりくねりながら折り重なっていくSF的な風景が見えます。ちょうど神田橋ジャンクションで、複数路線が合流しているのです。その両側、とりわけ大手町側には超高層ビルが首都高速に覆いかぶさるように林立しています。そして右手には、JR各線の線路が集中し、ひっきりなしに列車が通過していきます。その線路を支える鉄道橋は石造りでかなり古いものと思われ、橋の側面に昔の鉄道省のものと思われる紋章が彫り込まれています。しかも遊歩橋は、鉄道高架と同じぐらいの高さなので、鉄道ファンが来ればきっと歓声をあげるでしょう。さらに下方に流れるのは、たった今、私たちが通過してきた日本橋川です。

しかし、きれいに整備された大手町側の遊歩道と雑居ビルが乱雑に林立する対岸の神田側の景観はまったく対照的です。神田側にはホームレスの姿もありますが、再開発された大手町側にいられなくなり、対岸に行かざるを得なかったのかもしれません。

そして、この遊歩橋を大手町側に戻り、やはり大手町再開発によって建てられた高層オフィスタワー、フィナンシャルシティのプロムナードを通り抜け、いよいよ旅の最後に目指すのは大手町一丁目一番一号、ここに平将門の首塚があるのです（写真7－8）。

すでに第六日の街歩きでお話ししたように、将門は一〇世紀、東国の武将として朝廷と敵対し、逆賊として処刑されます。その「逆賊」が、やがて江戸・東京の守護「神」になっていくわけです。この大逆転のきっかけは、処刑後、晒し首になっていた彼の首が、なんと首だけで京都から東国までの空を飛んでいったという「事件」に由来します。言い伝えによれば、京都から東京までの約三七〇キロの距離を飛んだ将門の首は、大手町付近でポトンと落ち、そこが将門の首塚になっていきます。もちろん、これは言い伝えですので、私が事実だと思っているわけではありません。しかし、そのような語りを成立させていった歴史的文脈は重要です。そこには東国の京都の朝廷権力に対する敵対意識と支配的な権力に対する民衆的なパワーの両方が作用していたように思います。そして、そのようなパワーを、幕府は狡猾に利用しました。江戸において将門の首塚を丁重に祀ることで、神田明神と将門の首塚は

写真7－8　平将門の首塚

人々の基層的なエネルギーを吸い上げてもいたのです。

この将門の首塚があるのは、今では超高層オフィスビルが密集する真っただ中です。まさにこの首塚だけが、ぽっかりと空いた異空間なのです。周囲の風景と首塚との差に目も眩(くら)みますが、敷地内はきれいに清掃され、塚の前には新しい花も供えられています。もう日が暮れているのに、お参りに来る人の姿は後を絶ちません。粗末にすると祟りがあるという言い伝えがある将門の首塚ですが、強力な怨霊の霊力は現代のビジネスマンにとってもリアルなものとして生き続けているようです。私たちもこれまでの街歩きの旅が無事に終わった感謝を込めて、手を合わせました。——合掌。

《第七日のまとめと提案》

川筋から東京都心を眺め直す

七日間の東京都心の街歩きは、これでおしまいです。お疲れさまでした。振り返れば、最初の二日間で私たちは、出産と子育ての神様である鬼子母神から出発し、都営荒川線に乗って雑司ヶ谷霊園、「おばあちゃんの原宿」とされる巣鴨の地蔵通り商店街に寄り道し、石神井川を通って渋沢栄一が拠点とした王子・飛鳥山に向かいました。さらにその荒川線の延伸構想を頭に描きながら、秋葉原、上野、浅草というその主軸を移動していきました。次の二日間では、上野公園のなかに徳川以前からこの地にいた人々の痕跡や薩長がここを占領する以前の寛永寺の繁栄の跡、上野戦争での彰義隊の顛末、明治国家の威容といった数々の歴史の地層を発見し、谷中方面を歩きながら過去を未来に活かす取り組みについて紹介してきました。さらに次の二日間では、東京大学のキャンパスを歩きながら「知の時間」と街々の交渉史やキャンパス内に露出する異なる時間層を眺めました。また、この一帯に集中する神道、仏教、キリスト教、イスラム教、儒教などの施設を歩き、「聖なる時間」の諸相に近づきました。

私たちが街歩きをしたのは、いずれも川筋や谷筋と尾根筋が複雑な地形を織り成していて、それが土地の個性を生み出している場所でした。石神井川と飛鳥山の関係はその典型ですが、上野においては、「忍ヶ岡」と呼ばれた台地と「不忍池」、それに「向ヶ岡」と呼ばれた本郷の台地の関係は、古代や中世の人々が、かつては不忍池まで入り込んでいた海とその両側の岬の関係を、主に上野側からどう眺めていたかという空間感覚を微かに想像させます。また、谷中霊園の北や東を仕切る崖線は、今日では何本もの鉄道線路によって暴力的に切断されていますが、もともとは上野という巨大な宗教空間がその外縁の農村地帯に連担していく、変化に富んだ境界領域でした。さらに東京都心には、すでに私たちが渡り歩いたように、実に多様な宗教施設が集中していますが、その多くが武蔵野台地東端の崖の上にあるという共通の特徴を持っています。この点では、やはりこの地域に集中している大学も同じで、東京では古代都市の神殿にも似て、「知の時間」と「聖なる時間」が地形と結びついているのです。

今日、日本橋川や亀島川、隅田川、神田川の川筋から眺めた東京都心の風景は、第一日に私たちが体験した石神井川からの眺めとも合わせ、東京のさまざまな地域が川で結びついていく新しい東京地理の可能性を内包しています。川でつながっていた、柳橋と両国、蔵前、浅草、日本橋はすぐそこだったのですし、渋沢が考えたように王子と兜町、それに大川端も結ばれていました。東京のウォーターフロントは、再開発された湾岸地帯で完結しておらず、古くからの歴史を積層させてきた大小の河川部、都心の奥まで入り込んでいるのです。

しかも、この川筋を移動する各種の水上交通の基本的な速度は、本書の冒頭で提案した都心の路面電車と同じように、だいたい時速一五キロくらいまでです。この速度が、川の上を移動する人々と岸辺のカフェやレストランに憩う人々、あるいは橋の上にぼんやり佇む人々との豊かなコミュニケーションを可能にします。川筋は、本来、東京という都市の貌です。表通りから見えなくしてしまっていい「裏側」なのではありません。むしろ川筋こそ、二一世紀の新しい東京の貌にしていく、つまり今の東京を裏返していくことが必要なのです。

未来都市東京を江戸にする

このような未来の東京は、しかし江戸においてすでに実現していました。それどころか、明治になっても、大正時代にも「川の東京」は死んでしまったわけではありません。そうした原風景的な東京が失われていくのは、関東大震災後の帝都復興、第二次大戦末期の米軍空爆、そして東京オリンピックに向けた都市改造によってでした。あの時、東京は、オリンピック開催が可能な都市になろうとして、大急ぎで都市の高速化を進めました。そのために、川や運河の上に高速道路網を張り巡らし、「川の東京」に徹底的に「蓋をする」大事業が完遂され、最終的に林立する超高層ビル以外には貌の見えない都市になってしまったのです。

冒頭で触れた『モモ』に登場する「灰色の男たち」の思惑通り、生産性とスピード、無駄のないこと、役に立つことばかりを追求した結果、東京には、もうモモのような存在の居場所がなくなってしまったのです。何かを得ようとして必死になってきた私たちは、それなりに得たものはあったかもしれませんが、同時に失ったものもあまりにも大きかったのです。

二一世紀の東京でなされるべきは、このような二〇世紀の巨大な破壊からの回復です。私たちは本書の街歩きを、一九六〇年代に失われた東京都心の路面電車網を復活させていく構想について歩きながら考えるところから出発させました。時速一三ー一四キロのモビリティの仕組みを、さまざまな仕方でこの都市に再挿入していかなければなりません。すでに論じたように、この速度は、路上の人々と自転車や路面電車、船の上にいる人々のコミュニケーションを維持しますし、バリアフリーですし、沿線の商店街を活性化します。つまり、「速いだけが能じゃない」のであって、「速さ」以外の多くの点で、路面電車は地下鉄や高速道路よりも都市生活の媒介者として優れているのです。いうまでもなく、同じことが川筋の水上交通にも当てはまります。都心の交通システムのなかで自動車交通が占める割合をだんだん減らし、徒歩や自転車、路面電車、船といった多様な交通手段の組み合わせが快適さを演出する仕組みになるよう、東京の中心部のあり方を組み替えていくことが、この都市の未来構想の主軸になります。

そのような発想から、何度か触れてきたように、私はここ数年、友人たちと「東京文化資源区」構想を推進してきました。東京文化資源会議のホームページや『TOKYO１／４が提案する東京文化資源区の歩き方』(勉誠出版、二〇一六年)を見ていただければ詳細がわかりますので再論しませんが、要するにこれは、上野、谷中、根津、千駄木、本郷、湯島、神保町、秋葉原などに点在する多様な文化的資産を、遊歩道や路面電車、新しい地域計画などのハードウェアとさまざまなイベント、組織、制度的措置などのソフトウェアで結びつけ、「より愉しく、よりしなやかで、より末永い」新しい東京都心を形成していこうという構想です。東京の都心北部に文化的な特別地域を出現させ、これを六本木や青山から原宿、渋谷までの一帯に広がるようなタイプの東京とは異なる、東京のもう一つの、より未来的な価値を実現する貌にしていこうとしています。

このもう一つの東京都心では、「古いからこそ新しい」ことが何よりも大切です。本書のさまざまな場所で私たちが目撃してきたように、ゼロから新しいものを作るのではなく、過去から引き継がれてきた文化資産を再発見し、新しい手法で再生させるのです。私たちは谷中や湯島、あるいは蔵前で、そうしたさまざまな取り組みが実際にもうかなりの成果を上げているのを目にしました。これまでのところ、それらの多くはカフェやゲストハウス、ギャラリー、工房、アートプロジェクトといった草の根的なスタイルを取っています。

ですから次のステップで必要なのは、それらを横断的に結び、生じつつある流れをより規模も大きな施設や制度の転換につないでいくことだと思います。路面電車の復活はその大きな挑戦ですが、並行して首都高速道路の撤去や上野駅正面玄関口前の広場の新たなデザイン、不忍池を分断する動物園の柵の撤去、上野仲町通りを中核とした上野スクエア地区のまちづくり、江戸時代の寛永寺境内のさまざまな文化資産の再生と多様な宗教の結びつきによる文化創造、さらには谷中などの地区に残る低層の住宅を守る容積率や相続税に関する特別措置などについて具体的に提案してもきました。

最後ですのでさらに大風呂敷を広げれば、本書が街歩きの先で構想しているのは、二一世紀の未来都市東京を江戸にすることです。「江戸」という言葉の「江」は入江や川を、「戸」は入口を意味します。つまり、かつて入江だった不忍池や後に神田川や日本橋川となる平川、隅田川、石神井川などの入口が江戸＝東京なのです。徳川幕府は、この「水辺の入口」であることがアイデンティティそのものだった江戸の治水に力を注ぎ、丘と谷、川や運河と坂が入り組んだ巨大都市を創り上げました。この江戸を一九世紀半ばになって占領した薩長政権は、徳川の記憶を徹底的に抹消していきましたが、微地形のなかでさまざまな記憶の痕跡は残りましたし、「川の東京」は昭和の初めまで生き続けました。

しかし戦後、高度成長のなかでこの抹消プロセスが貫徹されると、その後に残ったのは江戸の根幹をなすトポグラフィーを全否定する、個性のない巨大都市東京でした。そのような高度成長型の都市が限界に達した現在、これからの可能性として浮上してくるのは、二一世紀の東京に、江戸のトポグラフィーをそれに根づいた文化とともに再生させることです。ある意味で、戊辰戦争のやり直しといってもいいかもしれません。

私たちはこの街歩きで、多くの敗者たちの記憶の場を訪れました。それは、上野の黒門跡と彰義隊の墓であったり、板橋の近藤勇の墓であったり、浅草裏の吉原の遊女たちが大量死した弁天池跡であったり、南千住の円通寺にある黒門、さらには先住民の記憶を感じさせる上野台地の縁の穴稲荷です。そして、最後にわれわれは、大手町の平将門の首塚で合掌しました。神田明神や湯島天神などの神社を訪れた時には、その祭神たる敗者たちの「怨霊」が、東京という都市の文化的根源を考える時にどれほど重要かを強調しました。

東京は、今はグローバルシティであり、その前はオリンピックシティ、さらにその前は大東亜の帝都というように、近代を通じて勝者の立場の中心的シンボルであり続けたように見えますが、その内部に無数の敗者の記憶を潜在させています。近代という巨大で今もなお終わってはいない歴史を裏返し、その裏に潜んでいる者たちとのコミュニケーションを回復すること、これこそ私たちの街歩きが目指してきた最終的な到達点です。

あとがき

本書は、事前調査を入れると二〇一九年二月から一〇月までの九ヵ月をかけ、しかし街歩きとしては七日間、私が集英社新書編集部の皆さんと東京都心北部を街歩きした記録である。私たちは、毎回、朝早くに出発地で集合し、冒頭講義を私がした後、ランチの時間も惜しみながら東京を歩いた。私自身は大の雨男だが、この時ばかりはなぜか全日晴天に恵まれた。私たちは今まで気づかなかったスポットに遭遇し、思いもせぬ結びつきを知り、多くの魅力的な風景を発見し、その度に興奮した。東京がこれほどエキサイティングだったとは――。

その興奮を、本書の読者にも味わってみていただきたい。本書は街歩きの記録であると同時にガイドであり、七日間で東京都心北部のエキスパートとなるためのガイドブックとしてさまざまな工夫が凝らされている。まず、各章の冒頭に、その日に街歩きをするスポットを地図で掲げた。また、紙幅の関係からかなり絞り込まなければならなかったが、できるだけカメラマンが撮影してくれた写真を埋め込もうと努力した。この街歩きのために、地図や図版資料も相当集めたのだが、ハンディな本にすることを優先し、厳選して収録した。

本書は街歩きのガイドではあるが、単なるガイドブックではない。本書が読者に伝えようとしているのは、あそこには何があるとか、ここはこれを訪れるべきだとかいった街歩きのための情報だけではない。むしろ本書の狙いは、街歩きを通じて都市に対するある考え方を獲得してもらうことにある。それは、この本で私が一貫して話しているように、街歩きを時間論として、都市を時間的存在として理解することである。つまり本書は、読者が東京都心で、緩やかな速度（スローモビリティ）、長い歴史的時間の重層（三つの占領）、異なる次元の時間の共在（聖学俗）を、街歩きをしながら体験できるよう仕組まれている。

さらに本書は、東京再生のための提案書でもある。本書で提案した多くの構想は、東京文化資源会議というネットワーク組織で議論されてきたものだ。そこで目指されているのは、都心北部の諸地域をつなぎ、二一世紀東京の文化の中心にしていくことである。本書で提案した多くが、いずれこれらの地域の地元と企業、行政の連携により実現されると信じている。

もともと本書は、二〇二〇年春の出版を目指していたが、新型コロナウイルス感染症のパンデミック的拡大が起きた。全世界で「ステイ・ホーム」、つまり厳しい外出規制がかかり、世の中は街歩きどころではなくなった。移動すること、集合すること、交流すること等々、グローバル化のなかで拡大してきた過程に急ブレーキがかかり、人々は家に引きこもり状態となった。「街歩き」と「ステイ・ホーム」は両立しない。仮にバーチャルに都市のいろいろな場所を訪れることができる仕組みをネット上に実現したとしても、それは街歩きの代替には決してならない。実際に家から出て、自分の足で移動しながら、そこにある場所を訪れるのが街歩きである。体を動かすから、思わぬ発見も生まれるのだ。

そんなわけで、私たちは本書の刊行を数ヵ月延ばし、八月半ばとすることにした。感染症の拡大を越えて、人々が街との出会いを求めていく季節がやがて必ず来るはずだ。

本書は実質的に、集英社新書編集部の落合勝人さんと細川綾子さん、編集協力の加藤裕子さん、カメラマンの宮崎貢司さんと私の五人のチームでの共同制作である。映画制作なら、落合さんと細川さんがプロデューサー、加藤さんがシナリオライター、宮崎さんがカメラマン、私が監督兼主演となる。街歩きでは、とりわけ伊東史子さん、栗生はるかさん、椎原晶子さんに大変お世話になった。他にも、映画のエンドロールのように感謝すべき人がここに書ききれないほどいる。そのすべての人々とのチームワークの賜物(たまもの)として本書を出版する。

二〇二〇年七月　感染症拡大を越えてまた出会う日のために

吉見俊哉

本書は、「すばる」二〇一九年八月号―二〇年一月号に掲載された文章を基に大幅な加筆修正を加えました。本文中に登場する施設・店舗等の情報については、取材当時のものです。

撮影／中川亮（第一日）宮崎貢司（第二―七日）
構成／加藤裕子
図版作成／クリエイティブメッセンジャー
章扉・図版レイアウト／ＭＯＴＨＥＲ

吉見俊哉（よしみ しゅんや）

一九五七年、東京都生まれ。東京大学大学院情報学環教授。同大学副学長、大学総合教育研究センター長などを歴任。社会学、都市論、メディア論、文化研究を主な専門としつつ、日本におけるカルチュラル・スタディーズの発展で中心的な役割を果たす。著書に『都市のドラマトゥルギー』『五輪と戦後　上演としての東京オリンピック』など。

東京裏返し　社会学的街歩きガイド

集英社新書一〇三三B

二〇二〇年八月二二日　第一刷発行

著者……吉見俊哉

発行者……茨木政彦

発行所……株式会社集英社

東京都千代田区一ツ橋二-五-一〇　郵便番号一〇一-八〇五〇

電話　〇三-三二三〇-六三九一（編集部）
〇三-三二三〇-六〇八〇（読者係）
〇三-三二三〇-六三九三（販売部）書店専用

装幀……原　研哉

印刷所……大日本印刷株式会社　凸版印刷株式会社

製本所……加藤製本株式会社

定価はカバーに表示してあります。

ISBN 978-4-08-721133-7 C0236

Printed in Japan

a pilot of wisdom

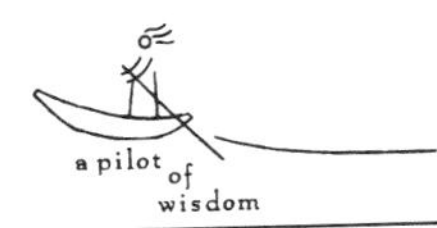
a pilot of wisdom